前 言

诸葛亮（公元181—公元234年），字孔明，琅玡阳都（今山东沂南县）人，三国时期蜀国的谋臣，中国历史上著名的政治家和军事家。

东汉时期，诸葛亮的父亲诸葛珪做过泰山郡丞，但他在诸葛亮很小时便已去世。失去依靠的诸葛亮投靠了叔父豫章太守诸葛玄。后来战乱频仍，诸葛玄便带着诸葛亮投奔荆州牧刘表。叔父去世后，诸葛亮到了襄阳西北二十里的隆中，在那里过起了清贫的隐居生活。

诸葛亮志向很高，以天下为己任，常常以春秋时候的大政治家管仲和战国时候的大将乐毅自比，准备大干一番事业。他通过潜心钻研，熟知了天文地理，精通了战术兵法；同时，他对当时的政治局面和社会状况进行了细心的观察和深入的分析，有了自己一整套的关于谋划天下和安邦治国的大略。

建安十二年（公元207年），刘备三顾茅庐请诸葛亮出山辅佐他。诸葛亮早就听说刘备爱惜人才，又见其心地坦诚，对自己极为尊重，就毫不保留地把他对时局的看法和设想详细地讲给刘备。他明确提出西取益州，南抚夷越，外结孙权、内修政理，北图中原，为以后的蜀汉制定了总的战略，即著名的《隆中对》。不久他成为刘备主要的谋臣。第二年曹操南伐，他和江东鲁肃共同努力，并亲自到东吴游说，使孙权、刘备得以联合，取得了赤壁之战的胜利。随后，他帮助刘备攻下荆州四郡，出任军师中郎将。后协助刘备包围成都，推翻了刘璋的统治，夺得益州，升为军师将军。刘备出征时，他常镇守成都，稳定后方以保证前方的供给。刘备称帝后，他出任丞相、录尚书事。

诸葛亮当政期间，主要的支持力量是从荆州带来的旧属，同时他又把原来刘璋的部下和益州豪强大族笼络在自己的门下。对出身贫寒而有才干的士人，他更是大力提拔，被称赞为"能尽时人之器用"。他力推申、韩法术，法令统一，赏罚严明，不论何人犯法，都一视同仁。当时参军马谡是一位难得的军事人才，极受器重，北伐中马谡为先锋，竟违反节度，使所率军队惨败，诸葛亮虽极为伤心，但仍按法令将他处死，并以用人有误自请贬官。

诸葛亮作为丞相，能够安抚百姓，明定法规，整顿吏治，遵循权制，开诚布公。因为他用心公正，赏罚分明，所以举国上下对他既畏惧又尊敬。诸葛亮可称得上是精通治国之道的优秀人才，在他持政时实施的一些措施使蜀国政治清明、民心安定。

章武三年（公元 223 年）四月，刘备东征失败，病死于白帝城永安宫。临终前，他派人把诸葛亮请到白帝城，把后事托付于诸葛亮。他真诚地对诸葛亮说："你的才能要强于曹丕十倍，必能安国，终成定国大事。若刘禅值得辅佐，你便可以辅佐他，如果他不能做君主，你取而代之便可。"诸葛亮哭着说："我一定竭尽全力，效忠君主，死而后已！"

诸葛亮辅政后恢复了西蜀和孙吴的联盟。蜀汉建兴三年（公元 225 年），南中（主要是当今的云南、贵州地区）发生叛乱，他亲率大军，深入不毛之地进行讨伐，施行恩威并重的做法，狠狠打击为首分子，同时尽量争取当地上层大族，把他们任命为地方长官。当时，南中地区极为落后，诸葛亮为改变那里的境况，便派人在那里推广汉族地区先进的农业生产技术，兴修水利，发展农业生产。后来南中逐渐富裕起来，成为蜀汉政权比较稳定的后方和财政收入来源。

北伐曹魏，统一中国，是诸葛亮《隆中对》中的既定目标。为此，他坚持与孙吴结成联盟，以消灭曹魏，恢复汉室。但由于力量悬殊，虽筹划详备，却屡屡受挫，未能成功。

蜀汉建兴十二年（公元 234 年）春，诸葛亮率领十万大军，从斜谷口出发，开始了第五次，也是最后一次北伐。为这次北伐，诸葛亮足足准备了三年时间。他设计了称为"木牛流马"的运输工具，并与孙权联合，准备同时举兵。但在八月份，诸葛亮却因积劳成疾，病逝于五丈原军中，终年 54 岁。虽然军中大将姜维和杨仪按照诸葛亮生前的嘱托，秘不发丧，从容撤军。但北伐曹魏的战争，却也因此以失败告终。

虽然北伐没有达到预定目的，但诸葛亮的军事才能和他为蜀汉统一事业所付出的努力却是不能否定的。诸葛亮死后，谥忠武侯，被后代封建统治者奉为"鞠躬尽瘁，死而后已"的忠君典型。

谈永华 ◎ 著

中国名人大传

诸葛亮传

卓越的军事家和政治家

辅佐刘备建立蜀汉政权

贵州大学出版社
Guizhou University Press

图书在版编目（CIP）数据

诸葛亮传 / 谈永华著． -- 贵阳：贵州大学出版社，2024.8． --（中国名人大传）． -- ISBN 978-7-5691-0977-1

Ⅰ．K827=362

中国国家版本馆 CIP 数据核字第 20242GX081 号

诸葛亮传

著　　者：谈永华

....

出 版 人：闵　军
责任编辑：葛静萍
装帧设计：立丰天

....

出版发行：贵州大学出版社有限责任公司
　　　　　地　址：贵阳市花溪区贵州大学东校区出版大楼
　　　　　邮编：550025　电话：0851-88291180
印　　刷：三河市金兆印刷装订有限公司
开　　本：787 毫米×1092 毫米　1/16
印　　张：13
字　　数：230 千字
版　　次：2024 年 9 月第 1 版
印　　次：2024 年 9 月第 1 次印刷

....

书　　号：ISBN 978-7-5691-0977-1
定　　价：68.00 元

版权所有　违权必究
本书若出现印装质量问题，请与出版社联系调换
电话：0851-85987328

目　　录

第一章　人间卧龙 / 001
　　一、生逢乱世 / 001
　　二、躬耕陇亩 / 005
　　三、广交名流 / 008

第二章　三顾茅庐 / 014
　　一、群雄逐鹿 / 014
　　二、明主刘备 / 016
　　三、隆中献策 / 018

第三章　初试锋芒 / 025
　　一、临危受命 / 025
　　二、结盟柴桑 / 028
　　三、赤壁鏖战 / 034

第四章　得失荆益 / 041
　　一、计取荆州 / 041
　　二、巧夺益州 / 047
　　三、力取汉中 / 063

第五章　三国鼎立 / 071
　　一、大意失荆州 / 071
　　二、冲冠一怒 / 077
　　三、火烧连营 / 083

四、白帝托孤 / 090

第六章　运筹帷幄 / 092
一、依法治国 / 092
二、任人唯贤 / 097
三、务农殖谷 / 105

第七章　决胜千里 / 110
一、再联孙吴 / 110
二、平定南中 / 113
三、"和抚"政策 / 121

第八章　五次北伐 / 129
一、奏请北伐 / 129
二、痛失街亭 / 133
三、征战陈仓 / 142
四、流马木牛 / 144
五、鞠躬尽瘁 / 151
　　1. 对阵宿敌 / 151
　　2. 大星陨落 / 157
　　3. 名垂千古 / 166

第九章　德音流远 / 176
一、子孙忠烈 / 176
二、长兄仕吴 / 183
三、后嗣绵长 / 195

第一章　人间卧龙

一、生逢乱世

东汉灵帝光和四年（公元181年），诸葛亮出生在琅玡郡阳都县（今山东沂南县）的一个官宦家庭。

诸葛亮出生的年代，也正是东汉政治黑暗、社会动荡不安的时期。

地主、贵族、官僚肆意占据大片肥沃的土地，拥有众多华丽的住宅，蓄养成千的奴婢，役使上万的依附农民，"妖童美妾，填乎绮室；倡讴伎乐，列乎深堂"（《后汉书·仲长统传》）。而广大农民丧失土地之后，不得不依附豪强富户，全家老小替地主官僚们种田服役，而且祖祖辈辈都无法脱离所依附的豪强富户。遇到荒年，只能鬻妻卖子，甚至沦为奴婢，或冻饿而死。

那时候，东汉政治非常腐败，以汉灵帝刘宏为首的中央政府十分贪婪。汉灵帝专门建造了"万金堂"，把搜刮来的大量民脂民膏，积贮其中，据为己有。为了满足自己的私欲，汉灵帝甚至把各级官爵定出价钱，公开拍卖。如规定郡守之类的"二千石"官为二千万钱，"公"为一千万钱，"卿"为五百万钱。地方官比朝官的价钱贵，是因为地方官能够直接搜刮民财。有钱的可以现钱交易，无钱的可以赊欠，以后要加倍偿还。于是，买官者上任后，挖空心思搜刮人民，一个个从"民之父母"变成了"视民如寇仇，税之如豺虎"的贪官污吏。这种交易的确搜刮到了不少金钱，灵帝于是在离宫的西园建造豪华宫室，整天在里面饲养名贵犬类，封以高官，嬉戏取乐。朝廷官员也纷纷效尤，一时间狗的身价陡涨。这样腐败的政治局势必然要引发严重的社会动乱。

就在诸葛亮出生的第四年，震撼半个中国的黄巾起义爆发了。虽然灵帝立刻号召全国有志之士协同镇压，但局势已经恶化到了不可挽回的地步。

黄巾党人的主要力量，分布在洛阳附近的颍川地区，即北起冀州，南至南阳一带。朝廷以皇后之兄何进为河南尹，担任总指挥，由左中郎将皇甫嵩、右中郎将朱儁、北中郎将卢植率领的司隶军团中最精锐的部队负责作战。

为保护京城洛阳，皇甫嵩将主力布防在颍川附近。张角率领数万兵马层层包围。皇甫嵩到前线视察，看到黄巾军均以茅草结营，就趁夜色掩护，以火攻战术突然袭击，张角军大乱。布防在颍川南岸的东汉大将朱儁也趁机反攻，从洛阳前来救援的典军校尉曹操，也率领骑兵及时赶到。在三方面强敌的夹击之下，黄巾军队大败，死伤多达数万人，这也是朝廷部队第一次成功阻挡黄巾党人攻击的正式记载。

张角在起兵半年后，于中平元年（公元184年）八月病死。十月，其弟人公将军张梁的军团在颍川附近中了皇甫嵩的埋伏，死伤三万余人，张梁本人也死于乱军之中。十一月，地公将军张宝也战死在南阳会战中。黄巾军的主力部队，到此已彻底瓦解了。

但黄巾军余部势力仍然散居各地，如并州的白波军，冀州的黑山军，益州和青州的黄巾军，他们的声势浩大，使得地方政府头痛不已。皇甫嵩等所率领的主力部队，在数次大规模会战后，也遭到了重创，已经无力协助各地方政府剿乱。为了平定黄巾军和巩固地方政权，中央政府不得不强化北方首长的行政权及军事权。

中平五年（公元188年）三月，朝廷接受江夏太守刘焉的提议，扩大部分严重动乱地区刺史的权限，使之能够掌握地方军权，并改称"牧"。例如刘焉为益州牧，黄琬为豫州牧，刘虞为幽州牧。这些地方州牧，权限扩大之后，渐渐形成了一股独立的力量，朝廷也逐渐丧失了对地方军队和官吏的指挥权和控制力，汉末群雄割据的局面终于形成了，东汉王朝随之到了名存实亡的境地。

于是这些军权在握的州牧形成了割据一方的军阀。例如袁术，占据扬州一部分（今淮河下游和长江下游以北地区）；张绣，占据南阳（今河南西南部）；陶谦、刘备、吕布，先后占据徐州（今江苏北部、山东东南部）；孙策，占据江东（今长江下游以南地区）；刘表，占据荆州（今湖北、湖南）；刘焉，占据益州（今四川、贵州和云南地区）；张鲁，占据汉中（今陕西南部）；董卓，占据司隶（今陕西中东部、河南西部）；马腾、韩遂，占据凉州（今甘肃、宁夏和青海湟水流域）。

这些军阀为争夺土地和人口，不断地发动兼并战争。这些战争，使大量人民四处流亡，造成大量田园荒芜，极大地破坏了社会生产力。数年间，人口稠

第一章 人间卧龙

密、经济发达的中原地区变得数百里不见烟火，出现了王粲从中原逃往荆州避乱时在《七哀诗》中所描述的"出门无所见，白骨蔽平原"的悲惨境况。

诸葛亮的先祖原姓葛氏，居住在琅玡郡诸县，后来他们整族人迁往阳都县。由于阳都县也有很多人姓葛氏，为区别起见，诸县迁移过来的葛氏，便改称诸葛氏，成了一个复姓。

诸葛亮的祖父诸葛丰曾任东汉王朝的司隶校尉，他刚强正直，尽职尽责，对任何违法的权贵都依法严加惩处，从不姑息。例如官位高居侍中的外戚许章，平常为非作歹，诸葛丰下令逮捕他，许章吓得逃往皇帝后宫，要求皇帝加以庇护。诸葛丰正式上文弹劾许章，要求严惩不贷。诸葛丰义正词严，皇帝不得已，便只好惩处了许章。然而不久，诸葛丰便被免除职务，贬为庶人。他这种执法严格的个性，后来也被诸葛亮所继承。

诸葛亮之父诸葛珪，曾任泰山郡郡丞。诸葛亮兄弟姐妹共四人，诸葛亮排行老三，长兄诸葛瑾，弟弟诸葛均，另有姊姊一人。诸葛亮九岁时，其母章氏去世，为照顾年幼的子女，父亲另娶了一个妻子，但三年后父亲也因病去世了。由于后母无力抚养，父母双亡的诸葛兄弟，只好全靠叔父诸葛玄接济。长兄诸葛瑾比诸葛亮大七岁，母亲去世前，曾"游学京师"，在洛阳太学学习，专攻《毛诗》《尚书》《左氏春秋》。母亲病逝后，为了服丧和照顾弟妹，诸葛瑾毅然放弃了学业，回到了家乡。

诸葛亮的家乡属于徐州，原来较为安定。董卓在洛阳一带倒行逆施时，中原人民向东逃亡，大多都寓居徐州。但好景不长，从献帝初平四年（公元193年）开始，这里也变成军阀厮杀的战场。雄踞兖州的曹操，因为其父曹嵩在徐州意外被害，乃兴兵攻打徐州，徐州牧陶谦奋勇抵抗，整个徐州立刻陷入兵荒马乱中，当时死亡者达数十万人，处在徐州北部的琅玡郡也受到影响。有些地方甚至"鸡犬亦尽，墟邑无复行人"。为了一家安危，诸葛亮的叔父诸葛玄，不得不离开家乡，暂避战乱。

诸葛亮十四岁的时候，诸葛玄被扬州军阀袁术任命为豫章郡太守（郡治所在今江西南昌附近），于是诸葛玄带着年幼的诸葛亮姊弟们前往赴任，以尽抚养之责。但诸葛瑾时年已二十一岁，想自己承担抚养弟妹的责任，决定另找生路，以免寄人篱下，几经思索后，和继母远赴江东。一家人从此离散，各奔东西。

豫章是扬州的大郡，辖21城，人口166万。郡治南昌，是江淮间数一数二的大县。因此豫章郡一直是军阀们争夺的据点之一。

从徐州北部经豫州，南下至豫章，这一带战乱最严重，曹操及陶谦间数度恶战都在此处。这里土地荒芜，人民妻离子散，农业生产遭到严重破坏，百姓被迫铤而走险，走上打家劫舍的道路。少年诸葛亮目睹了战争带来的恶果，这对他的人生观有着深远的影响。

诸葛玄上任后，安顿好诸葛亮姐弟们在府中住下，就忙于郡务。当刚理出些头绪时，又发生了一场不幸的意外变故。原来，朝廷听说原来的郡守死了，又任命了一位新的豫章太守朱皓。此前不久，汉朝闻扬州刺史陈温被杀，还任命了扬州新刺史刘繇。其实，刘繇、朱皓都是曹操、袁绍假借朝廷名义派去争夺地盘的。因为那时董卓的部下李傕已入长安，汉献帝被劫持，为了结好袁术，李傕封袁术左将军、假节，并封为阳翟侯。刘繇在领到让他去做扬州刺史的诏书后，怕得罪袁术，不敢上任，便只好待在曲阿（今江苏丹阳）。而朱皓被任命为豫章太守后，便来向刘繇请军队，准备强行赶走诸葛玄。

诸葛玄事先并不知道这些消息，又加上自己是被袁术任命的，"名不正，言不顺"，而且袁术正忙着与别的军阀混战，帮不了他什么忙。诸葛玄势单力薄，无法抵挡，只得匆匆带着诸葛亮姐弟撤离。家乡不愿也不可能回去，诸葛玄只好将诸葛亮姐弟带到荆州的襄阳城，去投靠老朋友荆州刺史刘表。刘表早年名列"八俊"，声望颇高，是清流派主要领袖之一。他一向闭关自守，对董卓和反董卓联盟间的战争，对袁绍、袁术兄弟间的明争暗斗，都不愿卷入，也未加干预，因而荆州受汉末战乱的影响很小，而且由于大量文人学者避乱荆州，因此这里文风鼎盛，是个相当不错的"避难港"。

刘表很热情地接待了诸葛玄。诸葛玄丢掉了官职，屈身在刘表府里当幕僚，寄人篱下，生活还要依靠刘表接济。作为一个高傲的有原则的知识分子，这打击对他来说实在是太大了，诸葛玄又急又恨，一年后，便忧愤成疾，与世长辞。幸好，看在老朋友的面子上，刘表仍然承担起诸葛亮一家的生活所需。在短短的一年内，诸葛玄结交了一些文人名士，他们也给这个不幸的家庭不少精神上和物质上的鼓励及支持。

由于刘表的牵线搭桥，诸葛亮的姊姊嫁给了荆襄名门庞德公的儿子庞山民，一桩心愿总算有了个了结。十六岁的诸葛亮不愿再依靠别人施舍生活，决定带领弟弟独立生活，他将叔父留下的财产变卖，换成礼物，直接去见刘表，表明自力更生的决心。刘表便帮助他们，在襄阳城西二十多里的一个人称隆中的地方，将兄弟两个安顿下来，让他们自行耕种，时值汉献帝建安二年（公元197年），诸葛亮终于结束了作为一个流浪少年的生涯，开始隐居隆中，晴耕雨读，开始了他的青年时代。而这一带的文人名士也必然对他产生重大影响。

二、躬耕陇亩

隆中，在汉代属南阳郡邓县管辖。襄阳城西八里有个万山，万山便是南郡的襄阳与南阳郡的邓县的分界处，出襄阳城西行八里便到了邓县地界。因此，诸葛亮隐居于隆中，也便自称"躬耕于南阳"了，其实，他所在的隆中更接近襄阳。

襄阳跨连荆豫，控扼南北，地理位置重要，水陆交通也极为便利。由陆路向北，可直达京都洛阳；往南，又可达广州、交州；沿汉水，可直达夏口和扬州；向西，能到达梁、益二州。刘表统治荆州时，社会一直比较安定，各地避乱而来的文人学士也甚多，他们带来了各种各样的信息和各地的文化成果。这给近在咫尺的诸葛亮提供了学习知识、拜谒名流、观察国情、寻求社会出路的良好条件。

隆中山清水秀，群山环抱，周围重峦叠翠，鸟语花香，环境幽静。登山北眺，汉水如玉带；远望襄阳，城市亦历历在目。由于距离襄阳较近，消息比较灵通，因此外出交游士林，寻师访友，都极为方便。正是因为这些原因，诸葛亮发现这一宝地后，便立志隐居在此。

他们先盖了几间草房，置了一点田产。一边参加劳动，一边读书，有时也外出寻师访友。生活虽然清淡了些，但趣味无穷。春天，他们在田间犁地；夏日，戴月荷锄。诸葛亮"躬耕陇亩"时，还喜欢停下手中的农活，望着远处的白云、山谷、绿树和近处的田野，久久出神，回忆儿时的乡间生活，特别是跟随父亲到泰山、梁父的那些岁月。

耕耘之暇，诸葛亮读了大量书。他熟悉儒家的各种典籍，尤其是《春秋左传》；而且也喜欢读《申子》《韩非子》《管子》等法家著作，至于《六韬》《孙子》等各种兵书，他更是仔细研读，烂熟于心。诸葛亮读书求其实用，不为章句之学，看不起俗儒的死读书。他从书中汲取了大量有益于经国济民的知识。

诸葛亮耕耘田亩时，好为《梁父吟》，那么《梁父吟》是一首什么样的诗歌呢？诸葛孔明为什么喜爱吟唱它呢？

《梁父吟》是一首流传在齐国——诸葛亮家乡的古代歌曲。

其歌词是：

> 步出齐城门，遥望荡阴里。
> 里中有三墓，累累正相似。
> 问是谁家墓，田疆古冶子。
> 力能排南山，又能绝地纪。
> 一朝被谗言，二桃杀三士。
> 谁能为此谋，相国齐晏子。

前句大致可译为：出了齐国都城，远远望见那个叫荡阴里的地方，那儿有三个坟墓，其坟头高高的，形状类似。

至于二桃杀三士的故事，发生在春秋晚期的齐国。《晏子春秋》中，有详细描述，其情形如下：

齐景公在位时，齐国有三位勇士：公孙接、田开疆及古冶子，皆武勇过人，有万夫不当之勇。有一天，晏子从他们身边经过，三人没有起身敬礼，当时晏子是齐国宰相，对此，晏子认为：他们骄傲狂妄，任其发展，会威胁齐王室的政权。

于是晏子和齐景公共谋，想设法除掉这三位勇士。晏子知道这三个人狂妄、骄傲而又爱面子，于是便等待下手的时机。

一天，鲁昭公访问齐国，带来几个美桃，齐景公将它们分给大臣后，只剩两个桃子。晏子趁机建议，应该把这两个美桃送给最有功劳的勇士，以表彰他们的功绩。

齐景公当场下令，他们三个可以自表功劳，以争取这项荣誉和奖品。公孙接首先挺身而出说："几年前，我陪从主公在桐山打猎，遇到了猛虎袭击，我一个人力杀猛虎，保护了主公的安全，这个功劳应是最大的吧！"说完上前，便拿起了一个桃子。

古冶子也奋然而起，大声道："诛虎不足夸耀，我那次陪主公渡黄河，妖龙作怪，情况极其危急，我奋力斩妖，使得风平浪静，救了主公和全船的人。当时波涛汹涌，若不是我斩杀妖龙，就不能解除危难，这才是盖世奇功也，值得食此美桃！"古冶子也立刻上前，拿了一个桃子。

田开疆冲上来，大声喊道："我曾奉命征讨徐国，斩其大将，俘获五百余

第一章　人间卧龙

人，徐侯恐惧，主动投降，并使郑国和莒国的国君因此也畏惧，共商推举我主公为诸侯盟主，这样大的功劳应该有资格吃美桃吧！"

晏子也趁机说："开疆的功劳最大，可惜美桃没了，请饮酒一杯，以后有机会再另作赏赐吧！"

齐景公也道："将军的功劳最大，可惜讲得太晚，已没桃子来赏赐你了。"

田开疆按剑激昂地表示："斩龙杀虎，只是小事，我血战功成，反而不得食美桃，在齐鲁两国国君的廷宴上受此奇耻大辱，有何面目再立于朝廷？"说罢，挥剑自刎而死。

公孙接大惊，亦拔剑说："我立了微小的功劳却抢着吃桃，田将军功劳最大，却吃不到。取桃而不推让，非廉洁之士；视友死而不能从，非勇者的行为！"说完也自杀了。

古冶子大叫道："我三人情同手足，誓同生死，两人皆死，我怎忍苟活？"说完也自刎而死。

因为三人皆表现出豪杰之气，景公便以大礼厚葬他们。这就是有名的"二桃杀三士"的故事。

对这三位豪士坚守气节而死的结局，齐国人民颇为同情，便作《梁父吟》哀叹他们，同时也讽刺了作为一代贤相的晏子，以奸智残害无辜的不仁。

有些学者认为，诸葛亮好为《梁父吟》，只是怀念故乡，与此内容无关。还有人认为《梁父吟》是齐地的通俗歌谣，诸葛亮所吟诵的，并非"二桃杀三士"这首。虽然目前已无任何史料证实诸葛亮喜欢吟唱的《梁父吟》是否就是讽刺晏子的这首歌谣，但以年轻诸葛亮的个性，以及陈寿如此强调地来做记录，想来别有深意。

有些学者认为，梁父是太山下的小山，汉代张衡曾作《四愁诗》，其中道："我所思兮在太山，欲往从之梁父艰。"其大意是说天下渐弊，张衡郁郁不得志，乃思以道术奉献时君，而惧谗邪不能通达。后代诗人作《行路难》等诗，意境多与此相同。诸葛亮所吟《梁父吟》，想来也是希望能以道术辅佐一位明君，以治国平天下。

诸葛亮在隆中"隐居"之时，心情并不平静，他也想投身到政治的潮流之中，早日实现自己的政治抱负，可又怕轻率地投奔一个庸碌无为、刚愎自用的军阀，很难保证实现自己的政治抱负，且会受到陷害。所以，他一直犹豫不决。未遇明主，只好耐心等待，厚积而薄发。他好为"梁父吟"，也从侧面反映出他盼望辅佐贤明有德的明主，有像管仲、乐毅那样干一番事业的理想和抱负。

三、广交名流

青年时期的诸葛亮，不论是外在的才能，还是内在的性格，都已基本定型。陈寿在《三国志·诸葛亮传》中写道：

> 亮躬耕陇亩，好为《梁父吟》。身长八尺，每自比于管仲、乐毅，时人莫之许也。惟博陵崔州平、颍川徐庶元直，与亮友善，谓为信然。

三国时的"八尺"，约合现在的市尺五尺四寸左右，由此可见，诸葛亮绝非文弱书生。相反，长年的劳动，使他成为体魄强健、雄壮威武的山东大汉。常自比管仲、乐毅这两位春秋战国的政治家、战略家和军事家，可看出诸葛亮早年的志向，是想做个文能治国、武能安邦的文武全才。由于历经战乱，他对战争颇为关注，年轻时他便熟读兵书，对军事学有相当深入的研究。

多年的苦难生活，使诸葛亮变得严肃、谨慎，尊重礼节，思虑周密，颇具自信。交际方面，他总是要求对方无论年龄或知识要在自己之上，以促使自己上进。如徐元直，比诸葛亮大十五六岁，崔州平、石广元、孟公威等比徐元直年龄还要大。即使当地名族庞德公家族，诸葛亮似乎也比较喜欢和年龄至少比自己大三十岁左右的庞德公接触来往，而庞统与自己年龄相仿，只大自己三岁，交往上就少得多了。因而，同辈和他来往也很少，对他了解不多，对自比于管仲、乐毅的说法，更是"莫之许也"，以为他自吹自擂。

下面我们谈一下诸葛亮常与之交往的这几位长者。

庞德公是豪强贵族中的头面人物，是当时襄阳地区声望颇高的名士。他交游广泛，见多识广，刘表多次请他做官，都被他拒绝了。有一次，刘表亲自去劝庞德公，说："你不肯出来做官，将来拿什么东西遗留给子孙呢？"庞德公回答说："别人可能给子孙留下危险，我要给子孙留下平安。我不是没有遗留，只是遗留的东西不同罢了！"

其实，庞德公并非真心不想做官，只是他见刘表平庸无能，不求进取，成不了大事，因此不想出来辅佐刘表，免得自己政治上失足，给自己和家人招来杀身之祸。庞德公周围团聚了不少有才能的人，他们经常在一起评论政事，切磋学问。庞德公善于识人，经常品评人物，他的评语在当时当地的士大夫中有很大的影响。诸葛亮对庞德公非常敬重，"以小徒弟自居"，经常登门求教，而

第一章　人间卧龙

且每次都是"独拜床下""跪履益恭",非常谦虚、虔诚。开始,在庞德公眼中,这位十七八岁的年轻人,只是早熟又懂些礼貌罢了,庞德公"初不令止"(《三国志·庞统传》裴注),但也没有把他当成外人,把家里的藏书借给他看,但是未加任何指导。后来,善于识人的庞德公对诸葛亮的为人、才能和抱负逐渐有了了解,觉得他有很强的进取心,胸怀大志,才气非凡,将来必能干出一番事业来。在庞德公的安排下,后来其子庞山民娶诸葛亮的姊姊为妻。作为荆襄首席豪主,却和外地的诸葛氏联姻,震动了荆襄地区的士人。这也是庞德公器重诸葛亮的一种表现。从此两家的关系更加不一般,诸葛亮同庞德公的来往更密切了。

那时品评人物的风气很盛,如得到一个"德高望重"的大名士的良好评价,被称誉者马上就会"身价百倍",被士林投以青眼。庞德公对诸葛亮非常器重,寄予很大希望,称诸葛亮为"卧龙"。"卧龙"是对尚未施展抱负的俊杰的比喻,一条蛰伏在大泽里的龙,一旦条件成熟,时机到来,就会升入云霄,施展非凡本领。这种雅号的评定和传播,使年轻的诸葛亮成了当地的名人。

庞德公很有政治眼光,议论政事,指陈时弊,十分中肯。在诸葛亮的成长中,他的作用是不能低估的。

庞德公有个侄儿叫庞统(字士元),长诸葛亮三岁,外表质朴,但很有才华,荆襄士人除了因他是庞家人而尊重他外,对他的才能,很少有人了解,只有司马徽,深知庞统非凡的才华,称赞他为"凤雏"。诸葛亮也经常与他交往,他们是亲戚,又是志同道合的好友。后来,庞统和诸葛亮都成为刘备的军师中郎将。

庞统的弟弟庞林,娶的是襄阳城南"宗族富盛,世为乡豪"的习祯的妹妹。当地人对习祯颇为尊崇,时人评论习祯"有风流,善谈论,名亚庞统,而在马良之右"(《三国志·杨戏传》裴注)。这样一来,通过庞家,诸葛亮同习家也攀上了亲戚关系,也有相当密切的来往。

马良所在的马家,住在离襄阳不远的宜城,马良是当地青年中的领袖人物。后来颇受诸葛亮器重的马谡,便是马良最小的弟弟。马良在写给诸葛亮的信中,曾称之为"尊兄",显示马家与诸葛亮的密切关系。后来刘备在荆州建立政权时,马家更是给了他最为重要的支持。庞统、庞林、马谡、习祯也随诸葛亮出山,成了蜀国的重要骨干,对蜀国的政治、军事、外交各方面的发展,起了很大的作用。

当地还有一个势力上仅次于庞家的名门望族,即河南黄家。黄家的家长,是荆襄地区的名士黄承彦,他也是蔡瑁的姊夫,因此与同是蔡瑁姊夫的刘表有亲戚关系。他和庞德公一样,没在刘表府里做官,而一直保留在野豪族的地位。诸葛亮同黄承彦交往。黄承彦也非常喜欢这位外貌和才华都很优秀的年轻人,想选他为婿。有一次,黄承彦在聊天时直截了当地对诸葛亮说:"听说你还没有娶亲。我有一个女儿,长得丑了些,头发黄,皮肤黑。她相貌虽然不好,可是品德、才能都不错,不知你意下如何?"诸葛亮欣然应下了这门亲事。黄承彦喜出望外,诸葛亮长得高大英俊,又有才华,受到不少前辈的器重,知名度也很高,因此不少荆襄名媛的父母,都认为他是理想的女婿,只是大家都认为他一定眼光很高,不敢随便提媒说亲。谁也想不到"身长八尺,容貌甚伟"的诸葛亮,居然会成为黄家的乘龙快婿。

时人对这门亲事,是无法理解的。裴松之在《三国志·诸葛亮传》注中,曾记载了当时一则俚谚:"莫作孔明择妇,止得阿承(指黄承彦)丑女。"意思是以诸葛亮这样好的条件,却挑了一个丑媳妇,警告人们千万不要去仿效他。

后来,有不少人认为这是诸葛亮为了讨好黄承彦,求得黄承彦对自己事业的帮助,才受此委屈的,其实,这并不合乎实际。当时诸葛亮已获得庞德公和司马徽的器重,在名士中建立了良好的声誉和联系,根本不必以婚姻为跳板,去讨好黄承彦。而且从诸葛亮日后对刘备政权"鞠躬尽瘁"的性格来看,诸葛亮绝不是功利主义者。

从婚后生活看,婚后的诸葛亮与妻子始终相敬如宾,即使后来贵为丞相,诸葛亮也未曾轻视黄氏。而黄氏对诸葛亮更是体贴入微,举案齐眉,家务处理得井井有条,让诸葛亮完全无后顾之忧,专注于学问和事业上的发展,的确是位让丈夫"放得下心"的贤内助。

我们再考察一下对诸葛孔明有影响的、来自荆襄之外的名士。其中有的是他的师长,有的是他的同学、朋友。先说对孔明一生影响最大的"水镜先生"司马徽。

司马徽,字德操,颍川(今河南禹州)人,是颍川地区颇负盛名的学者。荆襄名士庞统不远千里,亲赴颍川拜访他,劝他避居荆州,这样他才来到荆州,寓居襄阳城东。司马徽是汉末著名的古文经学家,从学者甚众。就在孔明之前,蜀人尹默因益州多看重今文而不崇章句,古文经学无人能懂,乃与同县人李𢰵,远游荆州,师从司马徽及宋忠,学习古文经学。后来,尹默博通经史,并精通《左传》,刘备平定蜀地后,曾任劝学从事;及刘禅被立为太子,又为太子仆射,专门给刘禅教授《左传》。诸葛亮住汉中时,还拜尹默为军祭

第一章　人间卧龙

酒。李馔后来在蜀担任过太子仆射及右中郎将等职，并注有古文《易》《尚书》《毛诗》《三礼》《左氏传》《太玄指归》等多种典籍。后来曾任诸葛亮丞相长史的襄阳宜城人向朗，年轻时也曾师从司马徽，并与徐元直、韩德高、庞士元等人相互友善。"水镜先生"，学问好，人品也极高，不慕荣利，常以锄菜园为乐，对学生尤其和蔼。也许是同为异乡人的缘故，司马徽特别喜欢诸葛亮，除互相切磋、尽传所学外，还特别安排诸葛亮去拜见汝南宿老酆玖。酆玖深通韬略、诸子百家，特别对兵法造诣很深，颍川名士皆尊称之为"酆公"。司马徽前往拜见并与之深谈后，便以"如蠡测海"形容酆玖的才学。酆玖一直隐居汝南灵山，一般人难以见到他，更别说想登堂入室，受其传教了。司马徽亲自带着诸葛亮，并倾力推荐，酆玖才答应收孔明为弟子。据说诸葛亮前后在酆玖处待了一年半，在"兵法学"上，深得酆玖的真传，这对其后来事业的发展有很大的影响。

这期间，诸葛亮除师从司马徽和庞德公外，还交了几位志同道合的朋友，这就是徐庶、石韬、崔州平和孟建。徐庶，字元直，本姓单，名福，颍川人，年轻时好任侠击剑，喜为人报仇；后弃武从文，钻研学问，终于精熟义理。徐庶与同郡石韬（字广元）相友善，值中州乱起，两人于初平年间（公元190—193年）中俱南下荆州。不久，即与诸葛亮结为朋友。孟建，字公威，汝南人，建安（公元196—220年）初，开始与诸葛亮、徐元直、石广元等人结识并一同游学。崔州平，博陵人，汉太尉崔烈子，西河太守崔钧弟，比诸葛亮等人稍稍年长一些。其父崔烈曾于灵帝时交钱500万，被任为司徒，中平四年（公元187年）又任为太尉，以致清淡人士说崔州平浑身沾满铜臭气。后因崔钧与袁绍一道起兵山东，崔州平曾被董卓俘获；董卓被杀后，任为城门校尉。初平三年（公元192年），崔州平为乱军所杀。大约崔州平南客荆州，也就在其兄起兵山东前后。不过崔州平却与其父志向大为不同，为人正直，且对朋友过失能直言相陈。后来，诸葛亮回忆起他们间的友谊时，曾说："和崔州平交往，常常会听到善意的批评；结交徐庶，我又能得到许多启发和教导。"

诸葛亮与他们常常在一起相聚。开始时，他们聚会的地点一般是襄阳城南的学业堂；待到诸葛亮在隆中安居后，隆中草庐便成了他们聚会的场所。他们有时畅谈人生理想，纵论国家大事；有时也一同游学，去得最多的地方还是司马徽与庞德公那里。诸葛亮除"好为《梁父吟》"外，早晨和傍晚，还喜欢抱膝长啸。

一天，闲谈时他对石建、徐庶、孟公威三人说："你们三人仕途可以做到刺史、郡守。"

"那你呢？"三人反问道。

诸葛亮笑而不言。他们朝夕相处，对各自的志向、才华都了如指掌，只是心照不宣而已。孔明常自比于管仲、乐毅。管仲曾辅佐桓公，"九合诸侯，一匡天下"，成就霸业；乐毅则是燕国著名大将，曾一举攻下齐国的70余城。徐元直和崔州平认为，凭着诸葛亮的才能，要建立起像管、乐那样的功业是指日可待的。

其实司马徽与庞德公，也曾高度评价过诸葛亮的才能。一次，刘备向司马徽咨询国事，司马徽便说："一般的儒生俗士，他们只会死读书。精通国家时事的才是俊杰。这儿有卧龙、凤雏，是真正的人才俊杰。"刘备忙问谁是卧龙、凤雏，司马徽说："诸葛孔明、庞士元。"称诸葛亮为卧龙，庞统为凤雏。

诸葛亮与这四位同学都是北方人，又都是为躲避战乱而客居荆州的。那时，与他们一起避难到荆州的文人学士很多，只是这些人见刘表目光短浅，大都不肯与刘表合作，而刘表也胸无大志，不知道去任用他们。这些人只是把荆州当作暂时安身的地方，把浓厚的学术氛围当作增长才干、观察时局的有利条件。他们大多对于现实有着清醒的认识，不急于出仕，也不盼着归乡。但也有些人因得不到刘表的重用，深感失望而急于北归建立功业，如王粲等人便是。而此时的诸葛亮，离家已经很久了，多年来由于目睹了朝廷分崩离析、百姓在军阀刀枪之间东奔西走的现状，早已下定决心，要用自己的才华来平定天下。至于家乡，他未曾牵挂在心。所以当孟公威思念乡里，想要北归，向他征求意见时，诸葛亮说："中原士大夫太多了，要建功立业何必回到故乡去呢？"

诸葛亮的这番话曾被人认为也是说自己的，意思是说，中原人才济济，北归不一定能得重用。其实，诸葛亮终不北归，是因为汉室已经倾覆，权力已落入军阀手里，而他又是怀抱兴微继绝、兴复汉室的情怀的志士，所以他不随从某一军阀出山，而是静静地观察当时的各个势力集团，以其敏锐的洞察力收集各方面的信息，综合考察，最终确定在当世的"豪杰"之中，只有刘备才是他可以辅佐成就大业的主人。但他绝不会主动投奔刘备，他要待价而沽。孔子说过"君使臣以礼，臣事君以忠"，这种观念深深地植根于其灵魂深处并影响了其一生。

诸葛亮在隆中一共隐居了十年（公元197—207年），十年中，他并没有远离尘世，忘却世事，过真正的隐居生活。随着年龄、阅历和学识的增长，他在政治上逐渐成熟了。频繁的社会交往，名士们的垂青，使他的社会影响不断扩大。这为他结束"隐居"生活，登上政治舞台，施展自己的才华，实现远大政治抱负，奠定了基础。

第二章　三顾茅庐

一、群雄逐鹿

襄阳是荆州的政治经济中心，水陆交通发达，名流汇集，各种信息的获取十分方便。诸葛亮在隆中期间，虽和弟弟诸葛均亲自下田耕种，但在农闲期间，他经常四处拜访此间的耆老名流。对天下大势发展的情况也有完整的搜集和分析及深刻的感受，日后《隆中对》详细又富前瞻性的分析，就是这段时间的成果。这位年轻的策略家，经过十年的磨炼，在对时事的观察力、分析力及透视力上，的确已有很深的造诣。

诸葛亮在隆中的十年，正是东汉末年政治形势急剧变化，各地军阀混战胜负明朗化的十年。在北方地区，曹操的势力发展得最为迅速。

曹操，字孟德，出身于沛国谯（今安徽亳州）一个有官宦背景的地主家庭，以镇压黄巾起义军而发迹。消灭董卓后，任东郡太守。汉献帝初平三年（公元192年），又做兖州牧，打败青州黄巾军并加以收编，以其精锐组成"青州兵"，军事力量大为加强。建安元年（公元196年），曹操把汉献帝迎接到许县（今河南许昌东），取得了"挟天子以令诸侯"的有利的政治地位。在经济上，实行屯田制，利用国家直接控制的土地，组织农民进行粮食生产，解决当时军阀混战中决定胜败的粮食问题。他招纳了不少有谋略的人，如荀彧、荀攸、郭嘉等，为其出谋划策，消灭了吕布、袁术，降服了张绣，驱逐刘备，控制了黄河以南的大片地区。建安五年（公元200年），官渡之战，曹操以少胜多，消灭了最有实力的大军阀袁绍的主力部队，接着乘胜追击，消灭了其残余势力。到建安十二年（公元207年），长江以北的广大地区，除西北的马腾、韩遂所占据的地区外，基本上都被曹操控制。从此曹操成为当时各军阀中实力最强的

第二章　三顾茅庐

一支。

在江东，孙权的势力发展也很快。

孙权的父亲孙坚，因为参加镇压黄巾起义军和其他农民起义军有功，被封为乌程侯、长沙太守。关东联军讨伐董卓军队时，孙坚起兵北上，随袁术征战，被袁术表荐为豫州刺史。初平三年（公元192年），孙坚在进攻刘表时战死。孙权的哥哥孙策统领孙坚众部，向江东地区拓展，先后消灭了割据江东的刘繇、许贡、王朝等地方武装，占据了丹阳郡（今安徽宣城）、吴郡（今江苏苏州）、会稽郡（今浙江绍兴）等地，接着又占据庐江郡和豫章郡，控制了扬州等南方富庶的地区。建安五年（公元200年），孙策被人刺死，孙权统领其部众。孙权善于团结部下，安抚人心，在其父兄旧部张昭、周瑜等人的协助支持下，很快稳定了内部，再加上他重视"招延俊秀，聘求名士"（《三国志·吴主传》），经过短短五六年的时间，江东地区就出现了"猛士如林"的局面。其中就有鲁肃。鲁肃深谋远虑，为孙权提出了巩固江东、夺取荆州、伺机夺取天下的三步计划，被孙权采纳。为了夺取荆州，建安八年（公元203年），孙权开始进攻刘表的江夏太守黄祖，经过几年的血战，终于在建安十三年（公元208年）春，消灭黄祖，对刘表构成了严重威胁。

再看益州。益州是"天府之国"，土地肥沃，物产丰富，但在昏庸无能的刘焉、刘璋父子统治下，生产没有什么发展，社会矛盾尖锐复杂。刘焉是汉朝宗室，中平五年（公元188年）为益州牧。他被派入蜀时，亲戚故旧跟随的很多，后来他又把进入益州的流民编成"东州兵"，二者有矛盾。而且以"客籍"为主的刘焉集团与本地"土著"地主集团之间的矛盾也十分尖锐，例如本地官员任岐和地方豪强贾龙等起兵反对刘焉，被刘焉镇压下去。兴平元年（公元194年），刘焉死后不久，当地出身的官员赵韪，又联合地方豪强大姓起兵反对刘璋，刘璋依靠"东州兵"才平息了这场叛乱，但益州政治形势并没有什么改观。刘璋"性宽柔，无威略"（《三国志·刘璋传》裴注），放任豪强地主和军队官兵侵夺人民，阶级矛盾十分尖锐，而且不重视选拔有才能的人进入统治集团，统治集团内部矛盾也很突出。因此，益州处于风雨飘摇之中，很不稳定。

至于荆州牧刘表，虽处在有利的地理位置，实力雄厚，人才济济，但他性格有严重弱点，他对人表面友善，而心怀猜忌，忧虑颇多，缺乏决断能力，不能识才，更不能任用有识之士，对谏言不能采纳，更不能实施，妄想在天下大乱之际奉行"从容自保""以观时变"的政策，显然是不能保有荆州的。建安十二年（公元207年），刘备前来投靠刘表，曾劝说他趁曹操北征乌桓的大好时机，出兵偷袭许昌，劫得天子，以取得"挟天子以令诸侯"的政治优势，但刘表并未采纳，失去了一次壮大力量的良机。再加上刘表偏爱后妻蔡氏及其妻弟蔡瑁、外甥张允、少子刘琮，而讨厌长子刘琦，家庭一直不和睦，所以很难有大的作为。

而当时一代枭雄刘备却东奔西突，虽有兴复汉室之志，但缺乏辅佐之人，无稳固地盘，只好到处求人。当时刘备正寄于刘表篱下，郁郁不得志。

这就是诸葛亮隐居隆中十年间演进的"天下大势"，而年轻时即有"逸群之才，英霸之器"的诸葛亮，对这些当然是了如指掌的。

二、明主刘备

二十七岁那年，胸怀大志，自比管、乐，又被当地知识精英器重的诸葛亮，经过仔细观察思考，选择了当时兵亦不强，马亦不壮，正落魄寄居在刘表篱下的刘备，作为他终生奉献心智的明主。

刘备，字玄德，幽州涿郡涿县（今河北省涿州市）人，是汉皇室的远房宗亲（三百五十年前西汉景帝之子中山靖王刘胜的后代），后来，他就不断利用这块招牌，树立自己在群雄争霸中的威望。

刘备的祖父刘雄曾举孝廉，做过东范郡郡令。父亲刘弘只做到郡县小吏便过早去世。从此刘备家道中衰，变得十分贫穷，少年刘备只好和母亲一起织草席维持生活。

不过这位落魄的贵族少年，心胸颇为宽广。刘备家东南角有棵桑树，高五丈余，其枝叶像个车盖。善于看风水的，说这棵树长相非凡，附近必有贵人。年少即有大志的刘备，在树下和童年玩伴过家家时，就表示："我有一天一定会乘上这样的羽葆盖车（意思是做皇帝）。"其叔父听了大惊失色，训斥道："不要乱说，要灭族的！"其叔父心里却对刘备的远大志向颇为赞赏，经常给予接济。

作为贵族后代，刘备仍有机会结交地位显赫的家族的朋友，如公孙瓒和刘德然等，在十五岁那年，他们共拜同郡名儒九江太守卢植为师。卢植文武兼通，刘备当时文的没学多少，武的呢，可能学得也不是很精通。刘备的学费，几乎全由刘德然家资助。刘德然的母亲颇不以为然，但其父亲却表示："刘备

第二章 三顾茅庐

是我们家族中不平凡的人，资助他是值得的。"

但在一般人的眼中，刘备的表现并不突出。和少年曹操的好学不倦、见识广博相反，刘备少年时，"不甚乐读书，喜狗马、音乐、美衣服"，依旧是一副浪荡公子的架子。

刘备个子虽不高，比曹操稍高一点，长相却颇怪异，耳朵特大，双手特长。据说他双臂下垂而立时，手掌会伸过膝盖，眼睛可以看到自己的耳垂。这样的"异相"，在那个重视怪异外貌的时代，对他的事业发展有一定的积极影响。例如他的祖先刘邦便是因为鼻子特高，大腿上有七十二个黑痣子而受某些人崇拜的。刘备性格豪爽豁达，好结交豪侠，吸引了当地许多青少年团结在他的周围。中平元年（公元184年），刘备二十四岁时，在中山（今河北定州）大商人张世平、苏双的资助下，同河东解县（今山西临猗西南）人关羽、同郡人张飞一起，组织武装，协助东汉政府军镇压黄巾起义军。

刘备的私人武装在镇压黄巾军起义中屡立奇功，因而在战事结束后，被任命为安喜县（今河北定州市区东）县尉。

以袁绍、曹操等为领袖的关东诸军讨伐董卓时，刘备也起兵参加，但未起多大作用，后来刘备被黄巾军余众打败，只好投奔师兄幽州牧公孙瓒，然后任平原（今山东平原西南）相。初平四年（公元193年），曹操为报父仇征讨徐州时，刘备领兵支援陶谦，陶谦表举刘备为豫州刺史。第二年，陶谦病死，陶谦遗命推举刘备为徐州牧。建安元年（公元196年），占据淮南地区的袁术勾结吕布打败了刘备，刘备又到兖州依附曹操。曹操推荐刘备为豫州牧，命他率军进攻自领徐州的吕布，又被吕布打败。建安三年（公元198年），曹操亲自东征，消灭了吕布，刘备随曹操回到许都，曹操表举他为左将军。刘备不满曹操"专权"，于是同献帝的岳丈、车骑将军董承等密谋杀掉曹操，兴复汉室，没过多长时间，刘备疑心会被曹操发觉，寻机离开许都，杀死了曹操所置的徐州刺史车胄，公开打出反曹旗号。建安五年（公元200年），董承等泄露计划，被曹操杀死。接着曹操领兵东征，刘备大败，妻子被俘虏，张飞走散，关羽被擒，刘备只好又北上投靠袁绍，袁绍派刘备领兵去袭击曹操后方，结果又打了败仗。北方官渡一战，袁绍一蹶不振。建安六年（公元201年），也就是诸葛孔明在隆中耕读的第四个年头，刘备前往荆州投奔刘表。刘表表面上厚待刘备，但却心怀猜忌，仍不敢重用他，只给他少量军队，让刘备屯兵距襄阳百余里的新野（今河南新野），为刘表守护荆州的北大门。而且，由于荆州豪杰归附刘备者日渐增多，刘表更加怀疑，常常暗地里提防他。只是刘备习惯了寄人篱下的生活，并不介意。

刘备在荆州一共待了七年。这是他前半生中比较安定的岁月，他不再到处漂泊了，只是每念功业未建，也常感悲凉。

有一次，刘表请刘备赴宴。当去厕所时，刘备发现自己大腿肌肉松软，身体胖了，不禁一阵心酸，泪流满面。刘表一见，吃惊地问他是什么原因。他说："过去我南征北战，身不离鞍，腿肉瘦硬，现在长期闲居，腿肉增多。时光真快，不觉将老，而功业没有建立，所以悲伤。"

的确，十多年来，刘备始终没有使自己力量壮大起来，东奔西逃，先后辗转依附于公孙瓒、陶谦、曹操、袁绍、刘表等人，寄人篱下，多次惨遇失败，并且险些丧命，更谈不上实现"兴复汉室"的抱负了。

刘备一直在反思自己坎坷的征战生涯，个人方面，拥有全国性的知名度，帝王之贵胄的牌号，形象和声望俱佳；武装方面，拥有天下闻名的勇将关羽、张飞和赵云；文职人员方面，有孙乾、简雍、糜竺等忠诚而又负责的策士；一度还曾拥有徐州和部分豫州，但最后仍一无所成，流离失所。

刘备为什么会沦落到如此地步呢？原因很多，比如起步较晚，缺乏家族势力。但其中很重要的一条就是没有得到智能之士的辅佐，于是他决心争取有智谋的人辅佐自己。他开始重视与襄阳地区有影响的地主阶级知识分子结识，求得他们的帮助，从他们中间物色人才。

经朋友介绍，刘备结识了"水镜先生"司马徽，他凭着几乎"死赖"的态度，纠缠司马徽，求他对自己的事业生涯，做一番彻底诊断。司马徽为其诚心所打动，直接对他说，孙乾等书生型人才固然努力尽责，但到底只是儒生俗士，守成尚且不足，更谈不上创业。辅佐您的创业者必须是识时务者。识时务者必须是真正了解天下大势，而且有真才实学的俊杰，就是说刘备最缺少的是能做全盘发展规划的人才。司马徽便进而向刘备推荐荆襄地区两位最有名的年轻策士——卧龙先生诸葛亮和凤雏先生庞统。

三、隆中献策

促使刘备下定决心寻求"平定天下"良才的是诸葛亮的好友徐庶。

徐庶，原名单福，少年时好击剑，打抱不平，一心想做个侠客。中平年间

第二章　三顾茅庐

(公元184—189年),他在故乡颍川仗义为乡人报仇,杀了里中恶霸,以垩涂面,逃亡在外,乃改名徐庶。从此弃武从文,立志求学,"学业大有长进,终至义理精读"。中年以后,中原大乱,他避居荆襄,和诸葛亮结为忘年之交,互相议论时政,探讨学问。徐庶不喜欢刘表,认为他优柔寡断,爱慕虚名,善善不能用,恶恶不能去;宁可忍受苦些的日子,也不愿在刘表手下任职。刘备到新野后,徐庶很想结识这位敢参与谋刺曹操的英雄,便主动前往拜见。他认为,刘备这人不仅是帝室之胄,而且志向远大,待人宽厚,信义素著,将来必成大事。经过深思熟虑后,他决心为刘备效力。

那时,刘备率领几千人马驻在新野,手下文有孙乾、糜竺,武有关羽、张飞、赵云,但仍势单力孤。而且新野乃荆州的北大门,随时都会受到曹操的攻击。曹操已平定了北方,已有南下之意,而刘表却还搞什么静观待变,根本不去想御敌之策。实际上是坐以待毙。刘备正一筹莫展,在新野县学的议事堂内以氂牛尾结耗,解除忧闷。这时有人报告,说门外有人求见,刘备忙去迎候,只见来人虽书生打扮,却生得十分雄伟,先有了几分敬意。

刘备问:"先生来此,有何见教?"

而徐庶问道:"将军可知自己目前的处境吗?"

"曹孟德随时便将南下,新野将要失陷,而刘景升不考虑御敌之策。"刘备说出了他多日来的担心。

"此事不能靠他人,还要凭您自己决定大计。将军应先从增加兵员,训练军队做起。至于用兵,到时再相机而动。"徐庶显然胸有成竹,同刘备谈了许多有关军队训练的措施,刘备虽领兵打仗多年,但当年从师学习时不甚努力,故而对兵法知之甚少。听了徐庶的话,刘备觉得徐庶才能远在孙乾、糜竺之上。徐庶便按兵法对刘备的几千人马进行严格操练,刘备眼见自己军队的面貌大为改变,更加器重徐庶。

过了一些日子,刘备、徐庶在议事堂内谈论当世人才,徐庶向刘备提出:"诸葛孔明,人称卧龙,将军您有意见他吗?"刘备前些天曾听司马徽说过此间有卧龙、凤雏,都是识时务的人中之杰,于是脱口说:"那就让他跟你一道来吧。"

徐庶郑重地说:"这位先生,您只能去他那儿拜会他,不可能让他来拜见您哪。"刘备问:"是吗?孔明才能比起您,怎么样?"

"远在徐某之上。"徐庶便将诸葛亮的人品、才学、抱负详细地向刘备做了介绍,刘备听后顿时倾慕不已,恨不得马上将诸葛亮请来。他随即告诉徐庶说:"这边的事务一切由先生全权处理,明日我就去隆中,去拜请卧龙先生。"

"孔明乃汉司隶校尉诸葛丰之后,颇有其祖之风。他为人深明大义,但品格清高,不媚权贵,望将军务必以礼相请。"徐庶叮嘱道。

于是刘备匆匆备办了礼物,第二天一早便从新野南下,带着关羽、张飞几人一同直奔隆中而去。当时已是严冬,天气酷寒,浓云密布。中午时分,刘备等到了隆中,天空中也飘起了雪花。他们向路人打听到孔明的草堂,便向前叩门,一位小童出来答话。刘备问孔明先生是否在家。

那小童说:"先生今日一早便出去了,至今未归。"

刘备焦急地问:"他何时才能回来呢?"

"有时一两天,有时三五天。今日如此大雪,可能不回来了。"

听了这话,刘备向小童告辞,然后同关羽、张飞失望地回到新野。

几天之后,风雪已停,天气晴朗,路上积雪亦已融尽,刘、关、张三人,又往隆中。叩门后,这次出来的是位眉清目秀的年轻人,二十岁左右,很像徐庶描述的孔明先生,忙向前施礼说:

"刘备拜见孔明阁下。"

"孔明是家兄。我是其弟诸葛均。"

"孔明先生今日可在?"

诸葛均抱歉地说:"家兄今日出外游学,尚未归来。"

"阁下能否告诉我们尊兄何处游学?我们去拜访他。"刘备显得非常有耐心。

"很难说。他有时到城里学堂,有时到乡村私塾,无有定所,我实在说不准。"

刘备不便再问,便对诸葛均说:"请转告尊兄,改日我们再来造访。"向诸葛均告辞后,刘备三人顺原路回到新野。刘备前两次来访时,诸葛亮是真的都不在家,而不是存心要考验刘备的诚心。第一次刘备来时,他去拜访庞德公了。庞德公此时隐居在鹿门山,那天诸葛亮到了那儿,遇上大雪,无法回去,两人便小酌,纵谈了一夜。诸葛亮告诉庞德公,徐庶已投奔刘备,不久可能也要将他拉出山。庞德公认为刘备倒是可以辅佐的,不过想兴复汉室是很难的,谋事在人,成事在天,尽力为之还是可行的。他还告诫诸葛亮,倘若出山,以后用兵要留有余地,不可多残生灵;功成名就之后,要及早身退,不可久居宦海。

刘备第二次来访那天,诸葛亮眼见年节将近,看望岳父岳母去了。岳母告诉诸葛亮,最近她妹妹刘表妻蔡氏又托人捎信,说诸葛亮如愿意做官,她可以

第二章 三顾茅庐

在刘表面前给外甥女婿弄个一官半职,也比在隆中种地强。岳父黄承彦听了便搭上话茬说:"刘景升原来还有点雄心壮志的样子,今后不会有什么作为了。这些天你没听见外边的童谣唱,'八九年间始欲衰,至十三年无孑遗'。"岳母满脸疑惑,黄承彦解释说:"这还不清楚吗?中平以来,北方大乱,而荆州独安。刘表任荆州牧以来,民生安乐。至建安八年、九年就开始衰败了。"

岳母又问:"怎么衰落的?""还不是刘表前妻死了,又娶了你那个宝贝妹妹,直闹得人心离散!"黄承彦直言快语,倒也不为自己的妻妹护短,岳母接下去问:"'至十三年无孑遗'啥意思呢?"

"玄机不可泄露哇!"黄承彦没有给以明确回答。

诸葛亮当然知道"至十三年无孑遗"的含义是说建安十三年刘表死,荆州因此破亡。岳母问了些他们在隆中的生活情况,诸葛亮告诉老人说一切都好,老人无须牵挂,于是返回隆中。

转眼建安十二年(公元207年)的春节将到。诸葛亮的夫人黄氏忙着置办年货,赶做年糕和点心。诸葛亮则利用年前的几天空暇时间,修订他的《琴经》,因为新春伊始,便要忙着耕田了。这本《琴经》述制琴之始及七弦之音、十三徽取象之意,可以说是多年来他操琴的心得体会的记录。他这一张古琴,还是从祖父司隶校尉公那里传下来的,原来一直在叔父身边;叔父去世时,便传给了他。崔州平也有一张古琴,但音调不如他的纯正。连水镜先生也说,用诸葛氏的这张琴弹起《高山流水》的曲子,别有一种说不出的美妙韵味。

过了新年,诸葛亮夫妇又要办一件大事,就是要为弟弟诸葛均成亲。诸葛均23岁了,春节前,诸葛亮已为他聘定了附近林家女子,黄氏也做好了成亲的各项准备。按照古俗,男女结婚最佳时节是在冬末春初,坚冰将融未融之时。正月底,他们为弟弟举行了婚礼。林氏亦极贤惠,过门之后,妯娌二人共同持家,同心协力,家庭生活显得比以前更优裕了。二月里,诸葛亮兄弟照例忙春耕,妯娌二人也轮流到田头送饭。不到几天工夫,春耕便过了。播种前还有一段余暇,诸葛亮便在草堂里钻研《易经》。

午后,他信手卜了一卦,结果是"遇《需》之《小畜》"。由于变爻是《需》卦的"上六",他便不由自主地将《需·上六》的爻辞背诵出来:"入于穴,有不速之客三人来,敬之,终吉。"意思是:人在家里,从外边来了三个不请自到的客人,如果恭敬招待,然后便会吉祥。

他的心头一震,自言自语地说:"难道又是他?"果然,话音未落,家里的小童便从门外进来禀告说:"先生,去年来过两次的刘玄德将军又来了。"

"快请进来。"诸葛亮忙起身更衣,准备迎接。

刘备三顾茅庐,才见到诸葛亮。自古以来有人说前两次孔明确实不在家,有的认为前两次是孔明想要考验一下他的未来主人的耐心和诚意,故意避而不见。但无论如何,刘备求贤的耐心是亘古少见的。他三度乘风冒雪,微服拜访隆中,求教于一介平民。诸葛亮非常感动,乃亲自在家中等待,这便是著名的"三顾茅庐请诸葛"。后来,诸葛亮在《出师表》中说:"先帝不以臣卑鄙,猥自枉屈,三顾臣于草庐之中。"我们应相信这"三请孔明"的故事,应属史实。

刘备见到诸葛亮,二人互施礼节,并让旁人都退出客厅之后,进行了真诚的交谈。面对一个年轻的后生,刘备非常诚恳而真挚地提出了自己所面临的难题:"汉室倾危不振,奸臣窃据皇权,皇上蒙尘,情势非常危急。因此我不自量力,也不避讳自己不足的声望,拼命努力,为的是想彰显天下大义。只是不幸自己智术短浅,到今天仍一事无成。虽然挫折连连,我还是想尽最大的努力来完成夙愿,希望先生能够给我一点建议……"

诸葛亮胸有成竹地回答刘备:"自董卓之乱以来,天下豪杰并起,割据州郡自立者,不计其数。曹操和袁绍相比,声望不如,兵力更是少得可怜,但最后曹操仍能击溃袁绍,由弱变强,原因不仅在于客观形势对他有利,而且在于他的主观努力。现曹操已拥兵百万,又有'挟天子以令诸侯'的有利地位,确实不可以同他争锋。孙权占据江东,已经历了三代;江东地势险要,民众归附,有德才的人为他效力。因此,可以与他联合,而不可去谋取他。"

在此,诸葛亮承认了曹操和孙权势力的强大,并由此提出了联孙抗曹的策略。

随后,他又分析了荆州刘表和益州刘璋的情况:

"荆州北有汉水、沔水,南可直达南海郡,东南可连接吴郡、会稽郡,西则通往巴、蜀,是一个兵家必争之地,但刘表却无力守住。这对将军来说,是占有它的很好机会,不知将军是否有此想法?益州地势险要,沃野千里,号称天府之国,汉高祖刘邦就是凭借它完成了帝业。但占据益州的刘璋,昏庸无能,北面又有张鲁威胁。虽然刘璋拥有众多的百姓和丰富的资源,却不知如何治理。那里有智谋和才能的人,都希望得到一个贤明的君主。"

在确定了先占据荆、益二州的方针之后,诸葛亮又概括指出平定天下的策略:"将军是汉朝皇室的后代,声誉传于四海,收揽英雄,思贤若渴,如果能跨荆、益二州,据险防守;对西边和南边的诸戎、夷越,采取抚慰政策;对外结好孙权,对内修明政治;局势一有变化,就可命令得力将领,带领荆州的军

第二章 三顾茅庐

队向宛城和洛阳进攻,将军自己则率领益州的军队出秦川(今陕西、秦岭以北关中平原地带)。到那时,老百姓谁能不带着好饭美酒来欢迎你呢!如果能够这样,将军统一的事业就可以成功,衰颓的汉朝也就可以复兴了。"

这就是《隆中对》的内容。《隆中对》对形势的分析是准确的,符合客观情况。它根据各割据势力之间的强弱对比和发展趋势,提出的方针、任务和战略,是较为切实可行的。实施的步骤环环紧扣,考虑细致周到,抓住了关键点。这些步骤是:(一)联合孙吴抗击曹魏;(二)占据荆、益,鼎立一方;(三)修明政治,稳定内政;(四)分兵两路,攻取中原。

对仍在盲目摸索的刘备来说,这无异于拨开云雾见青天,为他指明了创建政权乃至兴复汉室的道路。诸葛亮的策略既气魄雄伟,又切实可行。刘备深悟其中的要义,这就是:

(一)首先占据荆、益二州,与曹操、孙权成鼎足之势;

(二)联合孙权,共同对付实力强大的曹操;

(三)占有荆、益后,迅速发展经济,积蓄力量,安抚周边少数民族,以创造统一中原的条件;

(四)一旦时机成熟,兵分两路,北伐中原,兴复汉室。

《隆中对》显示了诸葛亮的远见卓识,对以后刘备集团的发展,起了重大的指导作用。《隆中对》的产生,主要是缘于诸葛亮对当时社会政治形势发展变化所进行的深入研究,并非先知先觉。所谓"神以知来"是把《隆中对》神秘化了,把诸葛亮神化了。

从诸葛亮隆中十年多的所作所为可以看出:

第一,诸葛亮在隆中刻苦学习历史上各家的政治观点、军事主张,总结历朝兴亡的经验教训,增加了他的学识。这种从书本上得到的间接经验,对他的经世致用,改善政治的思想主张,起了很大作用。

第二,诸葛亮注意观察、了解当时社会政治和军事斗争的形势。还得到了不少良师益友的帮助,因而是比较全面和具体的。这种辨析政治形势的活动不是孤立的,而是在众多与诸葛亮相似的知识分子之间进行的。客观环境和人生经历,对他认识形势,分析时政,预见未来,确定政策,产生了积极的影响。

可见,《隆中对》不是诸葛亮"隐居"茅庐,面壁冥思、灵机一动的产物,更不是"未卜先知"。

只要有些政治判断力,就会从客观形势出发,注意观察当时的形势,做出比较符合客观实际的分析,提出切合实际的主张。孙权方面的鲁肃就曾提出过鼎足江东、占据荆州、联刘抗曹的主张。甘宁也曾认为刘表父子难以保住基业，要孙权先于曹操占据荆州，"渐规巴蜀"。曹操方面的程昱也曾分析到孙权可能与刘备联合，"以御我"。这些主张与《隆中对》中的某些观点是相似的，思想是相通的，只是立场不同而已。因此，诸葛亮的《隆中对》虽然对形势的分析较为透彻中肯，提出的政策方针较为具体全面，确定的战略步骤较为周到切实，表现了他的才智的确胜人一筹，但并不是神秘不可理解的。

第三章　初试锋芒

一、临危受命

自隆中归来后，刘备便视诸葛亮为师，朝夕相处，感情日益亲密。关羽、张飞见刘备偌大年纪，竟然对一个年轻书生如此敬重，心中自然不大高兴，有时不免也在刘备面前抱怨几句。刘备听了，便解释道："你们不要看诸葛先生年轻，将来咱们的事业全得仰仗他呢！我有了孔明，就如同鱼儿得了水一样。你们不必再说什么了。"关羽、张飞虽一时还看不出诸葛亮有多大的本事，但相信兄长的话可能是有道理的，因为刘备从没有这样敬重过任何人。此后，关羽、张飞就不再议论什么了。

《隆中对》中确定的重要步骤之一是夺取荆州。诸葛亮辅佐刘备之后，就考虑如何夺取荆州。诸葛亮向刘备提出："曹操随时可能南下，而您的军队不过几千人。这样怎么可能应付敌人呢？眼下当务之急，是壮大自己的力量。"

"此事徐元直以前提过，但尚未实行。我现在不过暂时托身刘表，寄迹荆州，而扩军之事皆由刘表统一管理，按户籍征兵。能征的，都已经被征得差不多了。此外哪里还能征到兵员呢？"刘备无可奈何地说。

"这事情并不难办。"诸葛亮对刘备说，"眼下荆州地区人并不少，只是正式在户籍簿上登记的不多。据我粗略估计，光是从关中流入荆州的，就有10余万家。这些人大都没有正式登记。如果仅按在籍的人口征兵抽税，自然会引起在籍之人的不满。将军可对刘表说，让他下令荆州境内的所有外来人口，限定时间登记注册。这样做，不但能使游户自食其力，而且也可以得到大量的兵员和资金。"

"太好了！我这就去找刘表。"刘备听后，觉得诸葛亮的办法非常不错，于是，第二天便前往襄阳去见刘表，并正式提出了"游户自实，以益兵众"的建议。

刘表当时正卧病在床。他一直想利用刘备的力量来抗拒曹操，所以听了刘备的建议后，当即表示赞同。但他又怕刘备的力量强大，威胁到自己，所以，不久他又下令让刘备从新野移屯樊城，将刘备留在自己身旁，便于就近控制。不过他怎么也料不到，这一来反而帮了刘备的大忙。因为其时荆州的游民大都集中在襄、樊一带，刘备移屯樊城（今湖北襄樊市），给征兵创造了有利条件。然后在这一段时间里，刘备打着刘表的旗号，一边登记游民，一边从无籍游户中挑选了一批壮丁来充实自己的队伍。刘备原先几千人的队伍，一下子增加了数万人，财赋收入大幅度地提高。徐庶、孙乾、糜竺等人忙着造册登记，而诸葛亮则抓紧时间，按兵法训练新兵，军营内外一片繁忙景象。由于诸葛亮的精心规划，人们各司其职，所以一切都显得井井有条。刘备眼见自己的军队在如此短的时间内增加了10余倍，心花怒放。从此以后，他对诸葛亮也更加器重。这支军队，不久便成为孙、刘联盟抗曹的重要力量，日后又为刘备建立蜀汉政权出生入死，立下了汗马功劳。诸葛亮心里很明白，他的这一着棋，已为刘备的成功，初步奠定了基础。

正当刘备的事业蓬勃发展时，刘表统治集团内部却酝酿着尖锐的矛盾冲突。这主要表现在争夺继承权的问题上。刘表有两个儿子，长子名叫刘琦，次子名叫刘琮。按传统长庶继承的通例，刘表死后应该由长子刘琦继承其位。开始时刘表也是这样想的，可是刘琮的妻子是刘表后妻蔡氏的侄女，蔡氏为了让她宠爱的幼子刘琮得以继承，就在刘表面前说刘琦的坏话；同时，蔡氏的弟弟蔡瑁掌握实权，和刘表的外甥张允相互勾结，拥护刘琮，刘表也就决定废长立庶了。

刘琦感到自己难以继承父业，而且势单力孤，在这场政治漩涡里一不留神，就会招致杀身之祸，心里惶恐不安，于是他想依仗刘备的势力来保全自己。在刘琮集团的压力下，刘琦曾几次向诸葛亮求计。诸葛亮对刘表集团内部的矛盾了然于心，但他很慎重，头几次，都有意岔开话题，不表明自己的态度。最后一次刘琦想出了一个好办法，特意邀请诸葛亮到自己的后花园里喝酒，上了楼阁，屏退左右，还把通上楼阁的扶梯撤掉，然后非常诚挚地跪下，恳求诸葛亮说："现在我们上不着天，下不挨地，话从你嘴里说出，进到我的耳朵，再也没有第三者知道，这样，您总可以讲了吧。"诸葛亮见刘琦确是诚心请教，便示意他离开襄阳，说："君不见申生在内而危，重耳居外而安吗？"

第三章 初试锋芒

申生是春秋时晋献公的太子。晋献公宠爱骊姬，想让骊姬的儿子奚齐来继承自己的王位。骊姬对申生进行诬陷，申生最后自缢身死。重耳是申生的弟弟，他见奚齐要掌权，担心受到骊姬的迫害，便出逃在外，几经磨难，献公死后，他终于回来即位，这就是历史上有名的晋文公。刘琦顿时领悟了诸葛亮的用意，决定出走，到外边把守一方，不仅可以免遭杀身之祸，还可以寻机发展自己的势力。而诸葛亮的打算是与刘琦结好，控制和利用刘琦的力量，将来以他为外援，谋取荆州。

建安十三年（公元208年）春天，孙权趁刘表病重，派兵袭击江夏郡，并杀了江夏郡守黄祖。刘琦乘机向父亲提出，愿代黄祖为江夏太守。刘表同意后，刘琦便迅速离开襄阳这块是非之地，直奔江夏而去。

这时候身为丞相的曹操正在中原练兵，整顿人马，准备挥师南下，攻取荆州；孙权杀掉黄祖后，虽然不再进攻，但仍然严重威胁着荆州刘表政权。这种局面使刘表很担心，坐卧不安，他把刘备请来商议对策。刘备提出愿意屯兵樊城，以保卫襄阳，刘表只好同意。樊城离襄阳很近，刘备想借机招揽人力，夺取荆州。但刘备、诸葛亮还来不及做些事情，曹操就已经大军压境了。七月，曹操亲自领兵南下征讨刘表。不久，刘表病死，少子刘琮继任荆州牧。

刘表临终前，将刘备请到床头，托以后事，说："我儿不才，而诸将零落，我死之后，卿便摄荆州。"但刘备没有答应，劝刘表安心养病，说："诸子自贤，君其忧病。"当时，也有人劝刘备听从刘表之言，而刘备则说："此人待我厚，今从其言，人必以我为薄，所不忍也。"其实，刘表夫妇早就想把位子传给刘琮，刘表的一番话，只不过是收买刘备之心罢了。

不过刘表托付刘备有他的很深用意。当时曹操即将南侵的风声甚紧，病中的刘表明白，权臣中多为亲曹派，刘琮根本不可能抵抗曹操，不如委托刘备，还有可能保护刘琮母子的安全。

刘琮本来想联合刘备力量，在襄阳城修筑防御工事，共同抗曹。但蔡瑁等极力反对，蒯越认为曹操是以朝廷名义出征，师出有名，抗拒意味着成为朝廷的反叛，因此宜投诚不宜反抗。于是刘琮不与刘备及刘琦等商量，派遣使者直接和曹操谈判，并下令所有郡县长官和军队将士，向曹操无条件投降。

当刘备接到刘琮投降的消息时，曹操的大军已经到达宛城，逼近樊城。刘备、诸葛亮很清楚，单凭当时自己的力量根本无法抵挡曹军，只好仓促往江陵方向撤退。刘备自率陆军由樊城过江向南，另派关羽率领一万水军，由水路撤退，最后在江陵会合。当刘备经过襄阳时，诸葛亮等劝刘备乘机攻打刘琮，把刘琮及其亲信们劫往江陵，刘备认为这样做不利于争取人心，回答说："吾不忍也。"于是未采纳这个建议。

这时，曹操的先锋张辽和徐晃的队伍已进逼新野，离襄阳城只有四天左右的行程。

九月初，刘备的军队继续往南撤退四百余里，抵达当阳县。一路上有不少难民陆续从荆州地区跟随而来，已达十万多人，各种运载行李辎重的车辆多达数千，道路壅塞。距离目的地江陵还有三百多里，而每天行军不到十里，这样至少需要一个月才能到达，根本无法躲过曹操的追兵。

有人建议刘备不要管老百姓，赶快退据江陵。刘备不肯，他说："要成就大事，必须讲仁义，既然现在人们肯跟随我，怎能忍心离开他们呢？"仍坚持与众人同行。江陵是军事要地，屯积了很多军械粮草，曹操唯恐被刘备抢先占据，便率五千精锐骑兵，以一天一夜行三百多里的速度追赶。在当阳长坂，曹操的骑兵追上了刘备的军队，将其打得落花流水。十多万老百姓在战火里被冲得七零八落，刘备的甘夫人和儿子刘禅在赵云的救护下才安全脱险。徐庶的母亲则被曹操俘获了。曹操令她写招降信给儿子，这迫使徐庶为了保住母亲的性命不得不归附曹操。徐庶在辞行时说："本来想同将军共创一番霸业，现在失去老母，方寸已乱，再也不能做有益于将军的事情了，请从此分别。"刘备不好挽留。徐庶就这样依依不舍却无奈地离开了刘备和他的好朋友诸葛亮。

刘备和诸葛亮带领溃败的人马，往南逃窜，由于曹军早已截断通向江陵的道路，他们只好放弃退据江陵的打算，和张飞、赵云等，向汉水方向撤退，同由水路赶来的关羽会合。这时，恰好江夏太守刘琦率部前来接应，刘备一行便随同刘琦一起退到夏口。

在危急关头，刘琦及时援救，缓解了刘备的危机，这表明诸葛亮结好刘琦的做法是十分明智的。但是刘琮的不战而降，长坂的溃败，则是诸葛亮原来完全没估计到的，以致刘军几乎一败涂地。

二、结盟柴桑

曹操攻陷江陵后，洋洋得意，于是派使者送给孙权一封信：

"近著奉辞伐罪，旌麾南指，刘琮束手。今治水军八十万众，方与将军会猎于吴。"

曹操用这封书信对东吴政权进行恐吓、招降。孙权这时正在长江前线的军事重镇柴桑，仔细观察荆州战役的情势，积极准备抗曹事宜。接到曹操信件后，孙权立刻召集部众商议，把曹操的书信给众臣看，几乎所有人都大惊失色。

其实孙权心里早有打算，八月中旬，便曾派遣鲁肃前往江陵，探听刘备及刘琦的态度。鲁肃到达南郡时，襄阳已被曹操攻陷，刘备大军正在南撤，鲁肃立刻日夜兼程赶往当阳，在长坂坡见到节节败退的刘备，二人见了面，鲁肃向刘备转达孙权友好之意，劝说刘备与孙权联合起来，共击曹操。鲁肃问刘备："现在您准备到哪里去？"刘备回答说："苍梧太守吴巨是我的老朋友，我想去投奔他。"鲁肃说："吴巨不过是个平庸的人，地处边远，随时可能被别人吞并，自身尚且难保，怎么能依托他呢？我们孙将军智慧仁慈，礼贤下士，江东英豪都归附他，现在已据有六郡，兵精粮多，足以立足，成就大事。为刘将军您打算，不如与孙将军结盟，共图大业。"鲁肃的话正合刘备联孙抗曹的心意，刘备听了很高兴，立刻表示赞同。接着鲁肃告诉诸葛亮说他是诸葛瑾的好友。诸葛亮十分高兴，于是两人"即共定交"，也结成了好朋友。

决定联吴抗曹后，诸葛亮对刘备说："形势已很危急，我想亲自到东吴走一趟，向孙将军求救。"刘备一边让诸葛亮同鲁肃一起前往东吴拜见孙权，一边按鲁肃的建议进驻鄂县（今湖北鄂州）之樊口，这样更接近孙权。这时孙权正带兵驻扎在柴桑（今江西九江西南），关注局势的发展变化。孙权原来只想坐山观虎斗，但局势急剧变化，战火即将烧身，他感到有必要同刘备联合；但能否战胜曹军，还缺乏信心，因此有些犹豫不决。

诸葛亮拜见孙权后，根据当时的形势，针对孙权犹疑难断的态度，开诚布公地说："在天下纷乱之时，将军起兵，据有江东地盘，刘豫州也在荆州发展势力，和曹操一起争夺天下。现在曹操已经消灭了不少对手，差不多统治了整个北方，又占据荆州，威震海内。刘豫州无力抵抗，只能败逃。希望将军根据自己的实力，采取相应对策。如果能够以吴越之众同曹操抗衡，就应与他决一死战；如果没有能力抵抗，那就按兵束甲，趁早投降，向曹操臣服。在这紧要关头，将军还举棋不定，祸事就要降临了。"

孙权听了，反唇相讥道："既然像您说的那样，刘豫州为什么不投降呢？"

诸葛亮回答道："田横只不过是齐国的一个壮士，尚且能够守义不辱，何况刘豫州是汉家王室的后裔，英才盖世，海内士人仰慕他，就像江河归入大海一样。如果大事不能成功,那是天意,哪能屈膝投降曹操呢?"

孙权听后十分激动:"我不能以江东之地和十万兵众受制于别人。我决心和曹操相抗争了。刘豫州确实是抗击曹操的重要力量,但是他刚刚战败,现在还能够抵挡得住曹军的进攻吗?"

诸葛亮分析了曹军的弱点,指出曹军并不难击败:"刘豫州虽然在长坂战败了,但还有关羽和刘琦率领的水陆两支精锐部队两万多人。曹军虽然多,但长途跋涉,远道而来,疲惫不堪,就像一支飞到尽头的箭,它的力量无法再穿透一层薄绸了,而且北方人多不习惯水战。另外,荆州民众归附曹操,是迫于无奈,并非心悦诚服。现在如果将军能派遣几员猛将,统兵数万,和刘豫州同心协力,一定能够打败曹操。曹操兵败,只能退回北方,到那时刘吴(孙)势力增强,就可以形成鼎足而立的局面。成败的关键,在此一举,应该当机立断。"(原文见《三国志·诸葛亮传》)。

诸葛亮的分析,使孙权战胜曹操的信心增强了。

这时,曹操已经收编了刘琮的军队,占据了江陵,缴获了大量军事物资,气势更盛。他调集水陆两军,扩充战船,沿江东下,准备和孙权在东吴决一雌雄。

在曹操的威胁面前,东吴内部意见不一,投降派的主张几乎占了主导地位。长史张昭以及秦松等人说:"曹操虽然比豺狼还狠毒狡诈,但他以汉朝丞相的名义,挟天子以令诸侯,动不动就以朝廷为借口,我们如今抗拒他,只怕名不正言不顺。而且,我们唯一能够抗拒曹操的优势,只有长江天堑。现在曹操已占领了荆州,收编了刘表的军队,原来刘表水军的上千艘战舰,曹操已经把它们布置在了沿江一带。现在只要曹军水陆并进,对于曹操来说,长江已不成其为障碍了。而且,我们与曹操之间,军力对比实在悬殊,几乎不可同日而语。因此,如果从大局着想,不如迎降。"

张昭等说罢,又有许多人跟上附和。张昭是一个年高德劭的元老,他的话很有影响,多数人同意了他的主张。另一派则以程普和黄盖等老将军为代表,主张进行单纯的防守,以免过度激怒曹操,下一步再谋求对等的和谈。只有鲁肃和为数不多的几个年轻将领甘宁、凌统、周泰、吕蒙等主张积极作战。由于意见分歧,彼此争吵不休,孙权十分为难,借口更衣,退入后营,并单独召见鲁肃秘密谈话。

鲁肃坦诚地告诉孙权:"方才大家的议论,对将军是有害的,以实际的利害来说,像鲁肃我这样身份地位的,迎接曹操并投降朝廷还能保住一官半职,

第三章　初试锋芒

甚至还可能升迁,但您却万万使不得。您想,如果您投降曹操后,会被如何处置呢?请立刻下决心吧!不必顾虑大家的意见了。"

孙权叹息道:"这些人很让我失望,只有你和我的看法相同,感谢上天把你赐给了我!"

鲁肃建议孙权,立刻把在鄱阳湖集训水军的水军都督周瑜召回。周瑜是孙权长兄孙策的同窗好友,孙策娶江东美女大乔为妻,周瑜则娶了大乔之妹小乔,两人之间的关系亲密无间。孙策临终前表示:"内事无法决断问张昭,外事无法决断问周瑜。"所以这次自然得咨询周瑜。

周瑜回来后,孙权立即召开军事会议。

主和派的代表张昭,首先表示:"曹操十分狡诈,现在他以宰相名义征伐我们,如果公开和他对抗,在名义上就会背叛朝廷。而且曹操已攻陷荆州,与我们共有长江天险,水军十分强大,与之对抗无异于以卵击石,不如进行和谈。"

周瑜听了,驳斥道:"你们都错了,曹操名义上虽是汉廷丞相,其实是个欺君枉上的汉贼,缺乏道义上的支持。而孙将军以雄武神才,又承父兄余荫,占据江东,拥有数千里的疆域,兵精粮足,英雄豪杰无不愿意在此成就一番事业,目前正是一显身手,为朝廷铲除奸党的时候,为什么反而表现得如此懦弱?如今曹操前来送死,为什么还要去迎接他呢?"

孙权不住地点头赞同。

接着周瑜胸有成竹地对他所搜集到的军事情报,做了一番初步的战略分析。他表示,虽然曹操军事力量十分强大,但东吴方面仍有十足的胜利把握,理由如下:

首先,曹军虽然号称百万之众,其实大多是新投降的袁绍的军队和荆州刘表的军队。北方袁氏政权刚覆灭不久,还不稳定,因而曹操必定有大量军队留守。西北方的凉州刺史马腾和韩遂等,也随时威胁着曹营后方。许都朝廷中,自董承事件发生以后,汉室公卿不断暗地里进行反抗,使曹操不得不在兖、豫两州留守大量直属军队,来维护大本营的安全。因此,曹操真正能南征的队伍,根本不会超过十五万人。而且,其中很大部分是原属袁绍的军队,对曹操还不是诚心降服。

其次,曹操这次征讨荆州虽然出乎意料地顺利,但突然间占领区迅速扩大,军队必然无法做妥善的调配,主力军队分散,作战力很容易一落千丈。加上刘琮不战而降,荆州各地区并不曾积极应战,虽听命行事,但将士们心中一定不甘心。这些新加入的兵士军心不稳,反而会增加曹军直属主力部队的心理压力。

最后,北方军队长途跋涉,水土不服,军士中流行疫疾,愈来愈严重。而现在进入秋季,寒冬即将降临,天气愈来愈冷,曹军粮食的供应线过长,必然更加艰难。曹操为求速战,已摆出要在长江上决一死战的姿态。曹军一向擅长陆上野战,如今却舍长取短,选择他们并不熟悉的作战方式,正表示他们心里着急,这种心态是非常不利于参加大规模作战的。

相反,东吴经营江东不仅已三代,军队精良,粮草充裕,而且水战一向又是我们的专长。因此,只要有五万左右的精锐部队,就必然能打赢。

孙权听了很激奋,立刻高声说道:"老贼早就打算废黜皇帝篡汉为王,只是担心袁绍、袁术、吕布、刘表和我反对罢了。如今几位英雄都已经死了,只剩我一个人,我一定和老贼势不两立。"

说完便拔出佩剑,一剑砍去身前桌案的一角,说道:"再有敢说投降曹操的,犹如此桌!"

孙权下定决心后,所有官员、幕僚及将领共同盟誓,上下齐心,积极准备应战。

接着,孙权指示张昭、鲁肃、周瑜诸大臣和诸葛亮一起商议孙刘联合作战的事宜。

会后,孙权单独召见周瑜,表示虽然一时无法凑齐五万军队,但调回的周瑜的主力军,加上柴桑目前已经整装待命的人马,约有三万余,暂时还可应付,战船、兵器、粮食也都已准备妥当,可以立刻出发。至于不足的人马,会在最短期限内尽快征集,开赴前线接应。

临别前,孙权踌躇满志地把手搭在周瑜肩上,表示:"都督可以办得到的,请尽力去做吧!即使有些不顺利,还有我在后面支撑。我绝不会后悔,一定会和曹孟德拼个鱼死网破。"

第二天早晨,孙权任命周瑜为右都督,程普为左都督,武锋校尉黄盖、中郎将韩当为前锋,以及校尉甘宁、校尉周泰、中郎将吕范、中郎将董袭带领水军主力,陆上主力则由中郎将太史慈、中郎将吕蒙、中郎将凌统率领,赞军校尉鲁肃负责后勤支援,联系刘备及刘琦的军队。

东吴方面有三万多军队,加上刘备和刘琦的两万余兵马,孙吴兵力,大概只有曹操兵力的四分之一,力量悬殊,孙刘联盟面临着严峻的挑战。

当时刘备在樊口,正天天等候孙权军队的到来。终于有一天,巡吏望见了

第三章　初试锋芒

周瑜的船只，立即向刘备报告，刘备连忙派人上船犒劳。周瑜很抱歉地说："军务在身，不能离船。如果刘豫州能屈尊来会面，则甚为盼望。"刘备就乘一只小船往见周瑜。

一见面，刘备便说："今日咱们共同抗击曹操，的确是条好计策。只是不知你有多少兵马？"

"三万人。"周瑜如实告诉刘备。

"少了一点。"刘备觉得有点遗憾。

"这已经足够用了！豫州只须看我如何打败敌人便是。"周瑜信心十足地对刘备说道。

刘备还想把鲁肃叫来说话，周瑜说鲁肃有军务在身，不能随便离开岗位，要见鲁肃也只能亲自过去。刘备见周瑜治军如此严谨，不觉打内心感到高兴。周瑜又告诉刘备说，诸葛亮也随这支队伍一同出发了，不过三两日就会抵达。刘备听了十分欣喜。

原来诸葛亮因为前往看望兄长和继母，所以比周瑜、鲁肃等人晚出发了几天。诸葛亮向继母和兄长谈起与他们在阳都分别后的遭遇，说到叔父的病故，大家不由潸然泪下。诸葛瑾也告诉弟弟阳都老家的战乱景象以及他如何来东吴的经过。两人都只谈家事，不涉及孙、刘两方的政局得失。随后，继母又询问了诸葛亮姐姐的情况。诸葛亮告诉继母，姐姐都已有了子女，姐夫也都人品出众，很有出息，继母听了非常高兴。诸葛瑾又命两个儿子诸葛恪和诸葛乔来见叔父。诸葛恪年方六岁，生得聪明伶俐；诸葛乔五岁，性情憨厚，寡言少语。诸葛亮为诸葛氏家族增添了下一代感到欣慰，并勉励了两个侄子几句，随后便告别了兄长，随东吴的队伍回到樊口。

不过，其中还有一段插曲。东吴重臣张昭看到年轻的诸葛亮老成持重，能说会道，有意为东吴挽留人才，便建议孙权派诸葛瑾前往说服诸葛亮。孙权询问周瑜的意见，周瑜笑而不答。孙权便召见诸葛瑾，对他说："诸葛孔明是您的亲兄弟，弟弟跟随兄长是理所当然的，如果他肯留下共创大业，我会亲自写信向刘豫州说明的。"

诸葛瑾前去见诸葛亮，想不到诸葛亮居然先开口，劝诸葛瑾投奔刘备，说这样更有发展前途。

诸葛瑾无奈，只好向孙权回报说："吾弟辅佐刘豫州，义无二心，诸葛亮不留东吴，犹如我不离开江东一样。"

周瑜也劝孙权应以更坦然的诚心，和刘备与诸葛亮共商抗曹大事。

诸葛亮乘船刚抵达樊口,刘备就已亲自在岸边等候了。他向刘备简要汇报了一下东吴之行的成果,便一起回到军营,共同研究联军破曹的具体事宜。

到这里,诸葛亮出使柴桑,说服孙权与刘备联合共同抗击曹操的使命,算是圆满完成了。

孙、刘联盟的实现,是由当时的政治军事斗争形势决定的,是历史发展的必然结果。在敌强我弱的情况下,孙、刘的结盟是双方联合抗曹的共同愿望。诸葛亮善于把握住时机,说服了孙权,促进了孙、刘联盟的实现,其作用是应该肯定的。就孙权方面来说,鲁肃的努力也起了很大的作用。

诸葛亮对曹军情况的分析十分准确,初步显示了一个年轻政治家的才能。他与周瑜都能洞察曹军的致命弱点,这也正是他们比别人优秀的地方。

刘表集团的破灭在一定程度上打乱了诸葛亮的隆中计划,当刘备与诸葛亮到达夏口时,除关羽一万水军和刘琦的一万余步兵外,军队已所剩无几。刘琦出走,原先决定夺取的荆州落入曹操手中,刘琮的七八万部队为曹操收编,连军事重镇江陵也被曹操占领,形势可以说已经严峻到了极点。因此,如果没有及时寻找同盟,抵御曹操的进攻,将难逃被吞灭的命运。诸葛亮制定了这一策略,经后来的历史证明,的确是正确的。

三、赤壁鏖战

建安十三年(公元208年)九月,刘备接受了东吴的建议,率部队由夏口沿长江而下二百多里,驻扎在长江南岸的樊口,这样便于和东吴军就近会合,便于指挥作战。

此时,曹操正在江陵忙着整编军队,准备往长江下游攻击江东。张辽、徐晃、程昱带领的兵将组编成船队,加上蔡瑁和张允带领的原先的荆州水军七万人。整个舰队首尾相连,长达数百里,船队的每个平行横面有二十四艘,看起来犹如一座水上长城,气势雄伟,还有数百艘小船在周围游弋巡逻,以防敌人偷袭。由于规模宏大,单是整编人马便耗费了一个多月,一直到十月底才整编结束,放船东下,开始这场大规模水战。

同时,周瑜已把他的总指挥部设在三江口。派出大量密探随时掌握曹军动向,并且在曹操船队必经的通道上,选择赤壁附近的江面,作为预定的决战

第三章　初试锋芒

地点。

赤壁水位落差极大，河流有十多里宽，水流湍急，时常有漩涡状的大浪潮，在此处行驶船只颠簸得厉害，对不擅水战的曹军是非常不利的。

附近的江岸岩石耸立，水面波涛汹涌，不易登陆，北岸有片叫作乌林的大树林。周瑜亲自在水面及岸边详细观测，然后胸有成竹地在此布下营寨，等待曹军的到来。

周瑜手上兵力较少，为了提高士气，他亲自打头阵。两名经验丰富、熟悉长江流域气候、地势的老将黄盖和韩当任先锋，驻守在赤壁下游约半日行程的东南岸上，一方面监视着曹营船队的动向，一方面也准备在此扎营，便于对曹军进行直接攻击。

紧接在黄盖、韩当后面的，便是水军主力的先头部队——甘宁、周泰、董袭等率领的水军。周瑜和程普则坐镇中军指挥，吕范的船队在后接应，随时准备增援。

陆上方面，以吕蒙、凌统和太史慈率领的步兵打头阵，部署在长江北岸的汉阳附近。盟军刘备的队伍则在后方约百里的汉口附近，以双层的阵式，准备攻击或抵挡由陆上进攻的曹军。刘琦的夏口军团则移师到长江南岸的武昌附近布防。万一江东军团在水战中失利，曹军渡河南下时，至少可做作缓冲式的抵抗，让坐镇柴桑的孙权，有足够的时间集结江东军力，做最后的生死决战。

面对规模空前的水战，曹操小心谨慎地做好准备，正踌躇满志地顺流而下进攻东吴，偏偏在这时候，前方却截获荆州水军总头目蔡瑁和张允准备带兵叛变的消息。

曹操的谋士贾诩，由于在战略上和曹操看法大相径庭，被派去镇守江陵，处理后勤补给工作。曹操身边留着田畴和娄圭两人。田、娄两人善于管理事务，却拙于搜集、处理谍报。这个情报其实大有可疑之处。

蔡瑁及张允两人在荆襄地区声望极高，而且长期都是亲曹派。刘琮无条件投降，全赖此二人的功劳，所以很得曹操礼遇。因此，这两人不大可能在这关键时刻，临阵倒戈，投向和他们一向有宿怨的刘备和孙权阵营。

但是，在曹军整编过程中，曹操原属的部队和荆州水军之间屡有冲突。加上曹操在作战计划中，有意让荆州水军打先锋，去和东吴的军队拼命，曹军则在二线做监督。这个消息很快传遍荆州水军，继而引起严重的骚动，使蔡瑁、张允两人压力很大。

虽然如此，但在部署期间，蔡瑁、张允两人不同曹操力争，却直接举兵叛变，这种可能性应该不大。从各方面考虑，荆州水军集体叛变，很可能出自东吴间谍的煽动，甚至是故意散播谣言，使曹军与荆州水军之间产生猜忌。《三国志》及《魏书》中，对此事件均无详细的记载，罗贯中的《三国演义》，则描写曹操先派蒋干到周瑜营中刺探军情，反为周瑜利用，用反间计借曹操之手除去蔡、张二人。

其实，蒋干并没有卷入三江口的间谍案，显然是罗贯中把时间顺序弄颠倒了。蒋干虽然到过江东，但那已是赤壁之战数年后的事情，而且他的使命并非刺探军情，而是和谈，而且蒋干也并非《三国演义》里描写得那样愚蠢无能，而是位很优秀的外交家，圆满完成了出使任务。

曹操一向善于用兵，足智多谋，不会如此轻易中计。蔡瑁和张允的叛变行动，自然一定有相当的迹象，为了使情况不致恶化，曹操才不得不当机立断，派遣徐晃及程昱的部队，突袭荆州水军，蔡瑁和张允死于乱军中，因此，这个事件成了一件无头公案，死无对证。

由于时间紧迫，重行编组已不可能了，何况指挥将领的培养不是一两天的事。为了应付突发事故，曹操只好解散大部分的荆州水军，将他们分散安排在程昱、徐晃及张辽的船队中，并将这三舰改成主战部队，直接安排在第一线上。此外，曹纯和乐进的陆上军队，在夷陵附近设防，随时准备渡江，攻占东吴本土。满宠则与贾诩配合，镇守江陵。由于前线军团中，曹操的直属部队太少，为了防止意外，曹操让驻屯在襄阳城的曹仁带领其军队驻守江陵，以便随时增援。

从整个布局来看，周瑜虽然保持守势，但显得自信，随时做积极反攻的准备。而曹军虽然声势浩大，却相当缺乏信心，由于直属部队太少，部署和调动上都已出现进退无序的危机了。

双方形势的发展果然像诸葛亮所预料的那样。曹操的大军从江陵东下，开始仗着人马众多，士气高涨，但不久，士兵便难以适应江南的潮湿环境和阴霉气候，多有疾病。加之入冬以后，江面风高浪急，船只颠簸，许多兵士都头晕呕吐，部队的作战能力受到了严重影响。

与此同时，孙、刘联军则以逸待劳，同仇敌忾，斗志昂扬。他们过了夏口之后，一直向西挺进，终于在赤壁与曹军相遇。刚一开战，曹军就吃了败仗。曹操很快将大部队撤到了江北的乌林集结。于是，两军便隔江对峙，摆开了鏖战的阵势。

患病的士兵越来越多，曹操心中十分着急。但是水土不服，尤其是晕船，

第三章　初试锋芒

又是医药一时难以医治的。曹操正在考虑对策，这时正好有部下献计说，可以用铁索将战船连接在一起，然后再铺上木板，这样人在上面行走便可如履平地了。曹操觉得这办法很好，马上命人打造铁链，连接船只。没几天，曹操的战船全都首尾相接，连成一片了。曹操还亲自到船上走了一趟，感到脚下十分平稳，心中很高兴。但他明白，这只能暂时解决士兵的晕船问题，至于水土不服，短时间内仍无法克服。所以，必须速战速决。

这时程昱、张辽等先锋将领，提醒曹操应严防对方火攻。但曹操早就考虑过这问题，认为这时节西北风正强，周瑜若用火攻，不但无损于西北方的曹军，反而会烧到东吴自己的船舰。

连环船组成后，曹军战斗力提高，东吴的小型船队根本靠近不得，曹军的士气大振。就在这时，发生了一件意外的事件。

原来当周瑜被孙权重任为东吴军前线统帅时，东吴水军资历最深的老统帅程普表示强烈不满，进而引发年轻将领甘宁、周泰和老将黄盖、韩当等的严重冲突。周瑜对这种事总是故意装作不知道，一切秉公行事，毫不偏袒，使程普感到不好意思，亲自到周瑜营中道歉，周瑜自然好言相慰，两人和好如初。

这件事情本来已经结束，但东吴军中老壮两派不和的消息，却传入曹操耳中。

曹操运用铁索连船，自以为万无一失。然而他怎么也没料到铁索连船的致命弱点居然被周瑜部将黄盖看出。黄盖建议周瑜用火攻："今寇众我寡，难与持久。操军连船舰，首尾相接，可烧而走也。"黄盖对付曹操的"连环船"的主意非常高明。周瑜采纳了黄盖的计策，马上准备了数十艘战舰，里面都盛满浸以膏油的柴草，船周围也用帷幕包裹妥当，上面再插上牙旗，在每艘大船的后面又都系上便于攻战用的小艇——"走舸"。一切都准备就绪后，为了能出其不意地接近曹营，黄盖充分利用了东吴老壮不和的"假"情报，给曹操写了一封诈降的书信。信上说：

> 盖受孙氏厚恩，常为将帅，见遇不薄。然顾天下事有大势，用江东六郡山越之人，以当中国百万之众，众寡不敌，海内所共见也。东方将吏，无有愚智，皆知其不可，惟周瑜、鲁肃偏怀浅戆，意未解耳。今日归命，是其实计。瑜所督领，自易摧破。交锋之日，盖为前部，当因事变化，效命在近。

曹操见信后，特意召见了信使，并秘密考询了一番。他让送信人给黄盖带口信回去说："只怕是诈降。如果真像黄盖信中所说的，一定会给他高官厚爵，其规格要超过其他人。"

曹操对黄盖的投降虽很怀疑，但对自己所造出的声势，倒是很有信心，而且情报人员又提供了关于东吴元老重臣张昭强烈议和的信息。东吴军中元老与少壮派严重不和，早成半公开的秘密，所以曹操就放松了警惕。因为只要不使用火攻，即便让黄盖的战船接近，也不会造成多大的损失。

在曹操大军与东吴大军对峙之时，刘备的军队在樊口积极配合作战。

从柴桑回来以后，诸葛亮就竭尽全力协助刘备进行陆上作战的各种准备工作。按照周瑜全盘战略所分配的任务，水战完全由东吴军负责，陆上的第一阵线也是由东吴陆上部队负责发动攻击，刘备只有第二阶段攻击任务，只需要截断退却的曹军。因此，自从赤壁大战的水战序幕拉开后，刘备军便马上向西北方向移动，渡过汉水后，由赵云、关羽、张飞分三路人马，设法以夷陵及华容道截断撤退的曹操主力部队。

刘备表面上只好听从周瑜分派，全心全力做好配合工作。但诸葛亮在冷静观察全盘局势后，认为分配到的只是二流任务，即使打胜了，也只能获得次等的战功和战利品，这样下来一定会白费气力的。何况凭刘备和东吴在北岸的为数极少的几支陆上部队，想击溃撤退的曹军根本不可能。因此，诸葛亮认为刘备应当趁机浑水摸鱼，去抢夺一些战利品。至于周瑜的指令，只要表面上敷衍过去就行，不可因此损耗自己的兵力，以保存后面所需要的实力。

诸葛亮认为江陵是最重要的目标，但同时也是曹操和周瑜关注的焦点，因此不妨鼓励周瑜全力夺回江陵；至于刘备的真正目标，则是趁机夺取长江以南的荆州郡县，给自己找一个立足点，这样，荆州的光复才有可能。

建安十三年（公元208年）十一月的一天夜里，虽正值严寒时节，江面上却突然刮起东南风，这正在诸葛亮和周瑜的预料之中。他们根据资料，认为冬至前后，由于阳气上升，这一带的江面上会有东南风吹来，现在果然应验了。于是周瑜连忙命黄盖开船，到江中升帆，其余船只排列前行。黄盖又让众兵齐声大喊："投降了，投降了！"于是曹军将士都出营观看。就在距离曹营二里余地，各船突然同时起火，一齐放行。火烈风猛，船迅速冲向曹军，曹操的"连环船"无法逃脱，很快即被烧得烈焰彤彤，火光冲天。岸上营落也被烧着。一时间，曹操的军营笼罩在熊熊大火之中，人马被烧死、淹死者不计其数。孙、刘联军又乘势登陆追赶，曹军一片大乱。曹操只好率领残部，连夜从华容

第三章 初试锋芒

道（今湖北监利县境内）步行往江陵方向撤退。由于刚下过一场雨，道路泥泞难行，天又刮大风，曹操便让士兵背草填在路上，使骑兵得以通过。而士兵又被战马践踏，陷入泥沼之中，死伤无数。刘备、周瑜率领联军水陆并进，一直把曹操追至南郡。曹操见自己的士兵已丧失大半，就留曹仁、徐晃守江陵，乐进守襄阳，而自己则带领一部分军队北归邺城。

当时连环船着火后，曹操立刻下令退入北岸营区，但风势太大，不久连陆上营区也着火了。陆上的部队，遭到东吴陆上部队及刘备军前后夹击，逐渐难以抵挡。更严重的是，若陆上的乐进所属军队被迫后撤，曹操在乌林的军队和江陵的通路，随时有可能被切断。

为了避免不必要的损失，曹操决定不退到江陵，而改由华容道直接撤回襄阳。他下令把程昱军重新进行整编，作为撤退的先锋部队；张辽和徐晃军损失较少，所以重行编组后，在乌林一带布防断后，以争取到足够时间，保证使曹操和大批幕僚安全地撤回北方。

曹纯的虎豹骑则迅速出兵支援乐进，保证华容道上的安全。接着曹操寄信指示留守在江陵城的贾诩和满宠，直接撤回豫州，把军队交由曹仁指挥，尽量固守住江陵城，但是如果孙、刘联军压力过大，仍随时准备撤兵回襄阳。

赤壁大战中，曹操方面真正遭到巨大损失的是荆州水军和程昱的先锋部队。张辽及徐晃的主力军，见大势不妙，便提早撤离，所以损伤并不算大。陆上方面，曹纯的虎豹骑为了坚守住大后方，损伤惨重。护卫乌林和夷陵的乐进军团，在吕蒙、凌统及刘备的轮流攻击下，惨遭覆灭。但骁勇善战的乐进面无惧色，身边也仅剩下少数亲卫，他仍坚守阵地，力战到底。而守卫江陵的曹仁军队，及镇守襄阳的曹洪部队，则是毫发无损。

那么究竟是什么原因，使得曹操落荒而逃、撤退五百里呢？

《史书》记载，由于水土不服，曹军中"病号"太多，几乎丧失战斗力，而且部署在荆州占领区的袁氏陆军和荆州降军，军心不稳，随时可能背叛，造成曹操不得不放弃新占领的荆州北部。

其实，最令曹操担心的是北方防务，如果战败消息传到北方，北方原属袁绍兄弟的州郡和西凉军队，势必会趁机作乱，甚至可能会联合许都的汉室公卿朝臣背叛曹操。到那时，十年来的辛苦经营就会化为泡影。因此，曹操必须在情况还没恶化前，赶回北方坐镇。

只是，由华容道转荆州、襄阳的撤退行动十分艰难。大雨过后，气候潮湿而阴冷，道路更是泥泞难行。

曹操下令让生病无法作战的军士每人抱一堆草，走在骑兵前面铺路，才使程昱临时编组的骑兵队得以护送曹操勉强通过。第一批抵达襄阳的先锋部队，据说三百骑都不到，乐进和曹纯两个人更几乎是虎口余生。

撤退的耻辱，比战场上的惨败更令人灰心丧气，虽然撤退途中敌军没有追到，但风声鹤唳，将士流失大半，撤退途中的损失比战场上阵亡的还要严重。对曹操本人而言，这是数十年以来遭遇的前所未有的巨大打击。

第四章　得失荆益

一、计取荆州

　　诸葛亮从江东回来后，认定周瑜必定会打败曹操。因此，当刘备和关羽在考虑万一赤壁水战失败、如何安全脱身的退路时，诸葛亮主要思考战胜以后该如何部署。

　　由于所承担的战争任务太不重要，诸葛亮认为即使打赢了，刘备阵营也得不到什么战利品，甚至有可能会导致寄人篱下、仰人鼻息的下场。因此，他建议刘备与其等待别人的恩赏，不如自己去争取。

　　赤壁之战后，趁着曹操的撤离，周瑜率领军队，乘胜追击，势如破竹，又取得了江陵及以东的大片地区。孙权任命周瑜为南郡太守，屯据江陵；程普担任江夏太守，治沙羡；吕范领彭泽太守；吕蒙领寻阳令。此后，东吴又继续往岭南拓展疆域，其势力大大增强。

　　这时，诸葛亮希望周瑜能带兵攻取江陵以北的荆州区，尤其是曹仁把守的军事重镇——江陵。

　　在赤壁战后的首次孙、刘联合军事会议中，刘备建议道："曹仁镇守的江陵，贮存了许多粮食及武器，必须利用曹军尚未稳定之机尽快攻占，否则曹仁一旦在江陵安定下来，整个荆州便很难光复了。"

　　周瑜问刘备："您对荆州比较熟悉，照您的看法呢？"

　　刘备回答道："曹操在荆州地区已丧失民心，不如立刻派大兵压境，逼他们撤退。我派张飞带领一千名部队前往协助您，也希望您能分我两千人马，表现我们双方还在继续联手作战，来制造声势威吓曹军。您由正面攻击江陵，我沿着夏水深入其背后，相信在内外压力下，曹仁很快会撤退的。"

周瑜同意了刘备的计划，并且立刻付诸行动。

建安十三年，寒冬腊月，周瑜率领赤壁之战的原班人马，向江陵发起猛烈进攻。

然而，曹仁不但没有很快撤兵，反而顽强抵抗了好几个月。东吴军这一仗打得非常艰苦，周瑜亲自指挥攻城，丝毫没捞到一点便宜，反而在曹仁发动的几次袭击中，损失了不少兵将。

猛将甘宁建议另外开辟夷陵战场，以牵制曹仁军队，瓦解他的抵抗意志。但这一支部队，却又遭到曹仁运用声东击西战术的打击，几乎全军覆没，甘宁独自一人脱身。双方对峙一年多仍无法攻克，周瑜头痛不已。

最后，在激烈的攻城战中，周瑜右肋被箭射中，伤势严重。但为了鼓舞士气，周瑜让人以木棒支撑身体，继续坐镇大本营指挥作战，曹仁慑于周瑜的威势，又担心刘备的游击军切断他的后路，于是依照曹操事先指示，放弃江陵，撤退到襄阳，重新整顿防务。

在江陵会战期间，刘备和张飞在北面协助东吴军作战。诸葛亮则带领关羽和赵云，配合刘琦的江夏军队，以南郡作根据地，向南征伐荆南四郡——武陵郡、长沙郡、桂阳郡及零陵郡。

荆襄陷落时，荆南四郡虽然没有被曹军占领，但在名义上他们都接受刘琮的建议，向曹操归降。

武陵郡由于郡守弃官逃亡，曹操命令该郡重臣金旋接任太守职。

在诸葛亮的策划下，关羽军偷袭武陵及长沙，赵云军攻打桂阳和零陵。

在赵云的软硬兼施下，零陵太守刘度最先投降。

关羽在长沙郡则陷入苦战之中，长沙太守韩玄，凭借险要地势坚守。幸亏原荆襄城将领魏延，说服长沙军头黄忠背叛，才逼迫韩玄投降。

黄忠，字汉升，南阳人，善于骑射，深受刘表器重，被任为中郎将，协助刘表侄子刘磐把守长沙攸县，监军荆南诸郡。曹操接管荆襄时，让他留任，驻扎在长沙，协助太守韩玄。关羽军前来攻打，黄忠亲自对阵，关羽无法打败他。后在魏延劝告下，黄忠了解到刘表本来希望让刘备据有荆州，于是就率兵向关羽投降。

魏延，字文长，义阳人，勇猛善战，深得部属敬重，但他的人缘却不好。荆襄城破前，魏延曾追随过刘备，后来失散，于是南下长沙，归降黄忠。

这两人后来都成为刘备阵营的大将。

长沙郡被刘备军占领后，武陵太守金旋就陷入孤立无援的境地，只好向关

第四章 得失荆益

羽投降。

这样，刘备军很快就夺取了四郡，据有了荆州地区的大片土地，并争取了刘表在当地的旧部。原来投降曹操的刘表士兵，也多归降刘备。刘备先举荐刘琦为荆州刺史，建安十四年（公元209年）刘琦死后，刘备便自立为荆州牧，治公安。周瑜见刘备已占据江南四郡，只好同意分长江南岸之地给刘备。于是刘备派关羽任襄阳太守，驻兵江北；以张飞为宜都太守，后移师南郡；以赵云为偏将军，领桂阳太守；又以诸葛亮为军师中郎将，使督零陵、桂阳、长沙三郡，调其赋税，以充军实。这样，刘备在荆州便站稳了脚跟。

荆南四郡被刘备兼并的消息，孙权和周瑜自然也有所耳闻，但江陵战事正紧，何况刘备本人也正在夷陵附近协助东吴军拒敌，孙权和周瑜只好暂时装聋作哑，不加理会。

然而，江陵战役一结束，孙权立刻派周瑜为南郡太守，程普为江夏太守，公开要刘备归还南郡，说明孙权和周瑜，对刘备吞并荆南四郡一事，心里很不平衡。

严格来讲，赤壁之战中，曹操和孙权双方并未分出胜负，曹操的南征军虽被彻底击溃，但真正的损失却不大，只是丧失了一些新占领的荆州诸地。

反观东吴方面，虽在赤壁之战中大获全胜，但在随后的江陵战役中损失惨重，特别是主要统帅周瑜身受重伤，导致日后早逝，而仅获得荆州东部三个郡县，其实是得不偿失。

收益最大的应算是刘备，虽然后来不得不归还了一部分南郡，但在诸葛亮策划下，趁机占领了荆南四郡，不但使自己东山再起，而且也得到日后争霸天下、鼎足而立的最重要根基。

建安十五年（公元210年），刘备因刘表过去的部属大多归附自己，而周瑜所给地盘太少，于是又亲自往京口来见孙权，请求督荆州。时荆州共有八郡，江南四郡已归刘备，此次所求，乃在江汉间四郡。周瑜听说后，认为刘备的野心太大，应及早钳制。于是上书孙权说：

> 刘备以枭雄之姿，而有关羽、张飞熊虎之将，必非久屈为人用者。愚谓大计，宜徙备置吴，盛为筑宫室，多其美女玩好，以娱其耳目；分此二人各置一方，使如瑜者得挟与攻战，大事可定也。今猥割土地以资业之，聚此三人，俱在疆场，恐蛟龙得云雨，终非池中物也。

吕范也劝孙权尽早挟持住刘备。但孙权认为曹操在北部的威胁还很大，大敌当前，联盟内部不宜发生冲突，就没有听从二人的建议。不久，周瑜病死，孙权任命鲁肃为奋武校尉，代周瑜领兵。鲁肃从抗曹大局出发，劝说孙权把荆州借给刘备，孙权应允了。孙权又分豫章为鄱阳郡，分长沙为汉昌郡，任命鲁肃为汉昌太守，屯兵陆口。而刘备也派关羽屯兵江陵，与鲁肃对峙。这样，诸葛亮在《隆中对》中所提出的三足鼎立的格局，便初步形成了。

诸葛亮统辖三郡时，其驻地在临烝。当时，临烝处于长沙、桂阳、零陵三郡之中。诸葛亮从建安十四年（公元209年）到建安十九年（公元214年）的五年间，一直驻守在这里。他一面"调其赋税，以充军实"，为刘备军队的后勤补给提供了有力的保证；一面也十分注意寻找和网罗人才。零陵烝阳人刘巴，才智过人，从小就很有名气。诸葛亮曾经说"运筹策于帷幄之中，吾不如子初远矣"。曹操占据荆州，刘巴北上投靠，曹操辟为掾，并派他招纳长沙、零陵、桂阳三郡。刘巴来到零陵，见三郡已被刘备占领，想要远游交趾，转道回许昌。听说诸葛亮在临烝，刘巴给诸葛亮写信说：

乘危历险，到值思义之民，自与之众，承天之心，顺物之性，非余身谋所能劝动。若道穷数尽，将托命于沧海，不复顾荆州矣。

诸葛亮希望能招纳刘巴，立刻回信劝他归附刘备：

刘公雄才盖世，据有荆土，莫不归德。天人去就，已可知矣。足下欲何之？

但刘巴坚持要回曹操那里复命，说："受命而来，不成当还，此其宜也。足下何言耶！"

诸葛亮此次劝说刘巴虽没有奏效，但在刘备定益州后，刘巴还是归附了蜀汉政权，并曾代法正为尚书令，对蜀汉政权的稳定和发展做出了很大的贡献。

庞统原在周瑜手下担任过功曹，刘备接掌荆州后，庞统被任命为耒阳令，因在县衙里不理政务，被罢官。鲁肃写信给刘备说："庞士元非百里才也，使处治中、别驾之任，始当展其骥足耳。"诸葛亮听说后，也竭力向刘备推荐庞统，并建议刘备委以重任。在诸葛亮的举荐下，刘备召见了庞统，一番交谈之后，非常赏识，遂以为治中从事。

第四章　得失荆益

一天，刘备又与庞统饮酒，刘备问庞统："你曾为周公瑾功曹，我前次到京口，听说公瑾秘密向孙仲谋建议，要将我扣押在东吴，有没有这回事？此一时，彼一时，你可如实告诉我。"

"是有这回事。"庞统回答。

刘备听了，叹息道："当时由于情势危急，我有求于孙权，所以不得不去，谁知竟差点儿落入周瑜之手！可见天下智谋之士，所见略同。当时孔明就劝阻过我，而且词意恳切，他也是考虑到了这一点。我原以为孙权大敌是曹操，会依赖我为援手，所以决意不疑。现在看来，那次实在过于冒险，并非万全之计。"

庞统也说："孔明的考虑是对的。"

从此，刘备对庞统更加敬重，与其亲密程度仅次于诸葛亮。不久，庞统又与诸葛亮并为军师中郎将，这两位年轻时的好友，终于又走到了一起。

经过赤壁之战，曹操的势力基本上被逐出长江流域，暂时已经无望统一南北了。但战胜了的刘、孙两家，却也开始因彼此立场的不同而起了争执。

为了加强孙、刘间的联盟，鲁肃主张双方结成姻亲。由于刘备结发妻子甘夫人在这年去世，孙权在得到母亲吴太夫人的应允后，将正当妙龄的妹妹，嫁给了年近半百的刘备，以巩固双方的政治联盟，这便是《三国志·先生传》中记载的："权稍畏之，进妹固好。"

然而，这场政治联姻并不幸福。后来，刘备入蜀时，孙权派人接孙夫人回吴，并带上刘备长子阿斗作人质，幸好赵云、张飞拦江截夺，救回襁褓中的阿斗。但孙、刘的联盟关系从此逐渐走向决裂。

为了稳固在荆州的统治，刘备任命诸葛亮为中郎将，督管零陵、桂阳、长沙三郡。诸葛亮将其据点设在临烝，临烝处于三郡中心点，方便往来交通。诸葛亮此时的角色，如同西汉初年在汉中及关中期间的萧何，主要经营物资以供应刘备军政上的需要。

荆南四郡的南部，有一些少数民族居住。一般官方文档皆称他们是蛮族。秦汉以来，朝廷在这里设置郡县进行统治，只是这些地方长官独霸一方，经常对少数民族进行残酷的压迫，甚至搞种族大屠杀。恐惧和仇恨迫使这些少数民族间经常进行攻伐战争，造成地区动荡不安。

过去的行政长官总强调"法治"，严厉镇压这些动乱，但总是时乱时平，无法有效根治。诸葛亮接管荆南三郡后，改变过去的作风，据《三国志·诸葛亮传》记载，他以宽容态度，对少数民族采取"抚绥"政策，混乱的局势就很快平稳下来，这也是他《隆中对》中的"南抚夷越"政策的首次具体施行。

此时荆州的重要地区南郡还控制在孙权手中，刘备认为这不利于自己势力的发展，便以同盟者和亲戚的身份到京口去见孙权，要求名副其实地都督荆州，把南郡划归自己掌管。当时，孙权内部已分化出亲刘派和疏刘派。前者的代表是鲁肃，后者的代表是周瑜。当周瑜得知刘备的请求时，便上书给孙权，竭力反对"猥割土地"来资助刘备，并建议软禁刘备，为他大修宫室，用美女珍宝来消磨他的意志，把他同关羽、张飞等分开，然后乘机挟制他，攻占他的地盘。鲁肃则主张把荆州借给刘备，他认为："曹操势力强大，是最大的敌人，目前我们刚占领荆州，恩信未洽，民心不一。把荆州借给刘备让他安抚民心，又给曹操多树了个敌人，刘备驻守在荆州可以为我们抵挡曹操，这是上策。"孙权在赤壁之战中刚刚尝到了联盟的甜头，认为鲁肃的主张有道理，自然不肯轻易毁弃这种联盟关系，便没有软禁刘备，而是将他放回。不过因为周瑜和其他将领们竭力反对，孙权也没有马上把荆州借给刘备。

对于孙吴政权方面疏离刘备的敌对态度，诸葛亮是有所察觉的，为了预防意外，他曾劝刘备不要亲自去东吴，但刘备没有听从。幸好孙权没有应允周瑜的要求，刘备才得以安全脱身。

接着，周瑜亲自到京口觐见孙权，主张出兵占据巴蜀，击败张鲁，固守汉中之地，并与西北的马超结成联盟，最后出兵襄阳攻打曹操，图取北方。这个战略主张与《隆中对》很相似，孙权接受了，然后周瑜回南郡做攻取益州刘璋的准备。不曾料到，周瑜在返回江陵途中，身患重病，死于巴丘，年仅三十六岁。他临终时写信给孙权说："周瑜短命而死，不足为惜，只恨微志未伸。现在曹操势力在北，疆场未靖，刘备寄居荆州，养虎为患，天下之事，不知结果如何？"他临终前推荐鲁肃接替自己的职位。孙权任命鲁肃为奋武校尉，替代周瑜带兵。

继任的鲁肃，却没有坚持周瑜的路线，仍然坚持主张"孙刘联合"的抗曹原则，更积极地建议孙权将江陵借给刘备，由刘备来负责西线上的防卫任务。

用人就得信任人，孙权也很爽快地批准了这一提议，鲁肃便把驻守江陵的大军，东移到陆口。刘备则将荆州的治所从公安移到江陵，并任命关羽为荡寇将军，代襄阳太守之职，驻屯江北，张飞担任征虏将军，兼领南郡太守。《隆中对》的第一阶段任务，即据有荆州，到此完全达成。

当时荆州包括七个郡（南阳、南郡、江夏、武陵、长沙、桂阳、零陵）。赤壁之战后，曹操虽然撤出江陵，但并未完全撤离荆州，不仅占据荆州北部的南阳郡，而且占据南郡的北部，立为襄阳郡，设置荆州刺史管治；江夏郡和南郡的南部则为孙权所占。所谓的"借荆州"，仅仅将南郡的南部借给刘备，程普由南郡太守转任为江夏太守。孙权方面当然明白刘备占据荆州，有养虎之患，但他认为曹操在北面虎视眈眈，大敌当前，与刘备搞好联盟，将荆州借给他，让他直接与曹操相对抗，对自己还是有好处的。就刘备、诸葛亮方面，无论名义上怎样，先把南郡掌握在自己手中，捞点实惠再说。因此，"借荆州"是孙、刘两个阵营在强大敌人面前互相利用的产物。孙权一方，包括鲁肃，既不想长期"借"下去，刘备一方，包括诸葛亮，也不愿轻易"还"回来。尽管如此，借荆州还是有利于孙、刘联盟，而对曹操最为不利。因此，当曹操听到这一消息时，非常郁闷，沉吟半晌，连毛笔落在地上都没有发觉。

从长远来讲，鲁肃的确比周瑜要高明些。在刘备这方，对鲁肃的这番苦心，了解最深也最有体会的便是年轻的诸葛亮了。

在周瑜死后，孙权按照周瑜的策略，准备进攻益州，并请刘备和他合作。刘备早就准备由自己夺取这块宝地，当然不会允许孙权攻蜀，便托词加以拒绝。孙权不听，派孙瑜率领水军屯驻夏口，刘备不让孙权军队经过夏口，并且很强硬地表示："汝欲取蜀，吾当被发入山，不失信于天下也。"并派关羽屯兵江陵，张飞驻扎秭归，诸葛亮把守南郡，刘备自己则屯驻屏陵，在沿江一带设防，阻止孙权的水军西上，孙权见此情景，只得忍气吞声罢兵。

刘备、诸葛亮通过"借荆州"这步棋，在实际上占据了荆州，并且阻止了孙权吞并益州的计划，下一步就是寻找机会向益州侵袭。

二、巧夺益州

对诸葛亮来说，占据荆州，只是他为刘备谋划的第一个步骤，接下来更重要的，是《隆中对》的第二阶段目标：攻占益州及汉中，奠定三分鼎立的格局，把握出入关中的门户，作为北伐中原、争夺天下的最佳立足点。

统治益州的刘璋，昏庸无能，因此，国内政治腐败，特权横行，有识之士，早就对他十分不满。如《资治通鉴》记载，军议校尉法正，具有非凡的才干，颇具名望，却不被刘璋重用，抑郁不得志；别驾张松，能言巧辩，机智灵活，可算当代一流人物，也认为在刘璋手下无法有所作为，常暗地里叹息。正如诸葛亮在《隆中对》中所说，整个益州早已处于"智能之士，思得明君"的局势，人心离散。

益州，就是今天四川省及陕甘南部、湖北西部、云贵北部一带。东汉时期，益州刺史管辖郡、国12个，县、道118个，总人口达438万。益州不但幅员辽阔，人口繁盛，而且农业发达，物产丰富，所以向来被称作天府之国。再加上它的地势险要，进可攻退可守，也具有十分重要的战略地位。如果把荆州和益州连成一片，无论对中原的曹魏还是对东吴来说，无疑都是严重的威胁。正是出于这样的考虑，诸葛亮在《隆中对》中已建议刘备"跨有荆、益"。当然这么一块肥肉，自然不只是诸葛亮想得到，孙权早就在一旁觊觎许久了，而曹操又何尝不想夺到手呢？赤壁大战惨败后，曹操仍然派最精锐的曹仁、曹洪军队镇守襄阳及樊城，并且亲自率兵进攻关中，驱逐了马超和韩遂，目的是想打开进入汉中和益州的关口。正如孙权在信中所说："曹操得蜀，则荆州危矣！"

赤壁之战后不久，周瑜曾劝孙权进兵取蜀。建安十五年（公元210年），周瑜从江陵赶回京口，对孙权说：

> 今曹新折衄，方忧在腹心，未能与将军连兵相事。乞与奋威（孙瑜）俱进取蜀，得蜀而并张鲁，因留奋威固守其地，好与马超结援。瑜还与将军据襄阳以蹙操，北方可图也。

周瑜要趁曹操刚战败，无力兴兵之际，与奋威将军孙瑜一鼓作气攻占蜀地，然后留下孙瑜把守益州，并和马超结为援手；而他自己返回荆州，与孙权一起寻机进攻曹操。这样，中原之地便唾手可得了。周瑜的计划与诸葛亮在《隆中对》中提出的兵分两路进攻中原的战略，可谓不谋而合。这一计划如果真的得以实施，其成功的可能性是比较大的。因为要越过刘备的驻地，孙权必须取得刘备的同意。因此，孙权便派使者去公安，向刘备通报希望一起进攻蜀地。使者转达了孙权的主张说：

> 米贼张鲁居王巴、汉，为曹操耳目，规图益州。刘璋不武，不能自守。若操得蜀，则荆州危矣。今欲先攻取璋，进讨张鲁，首尾相连，一统吴楚，虽有十操，无所忧也。

第四章　得失荆益

刘备自在隆中听了诸葛亮的高见后，日夜想取得益州。现在收到孙权通报，就警觉起来。他让下属们先进行讨论，而谋士们意见也不一致，有人表示同意，说取蜀之后，东吴无法越过荆州而直接得到益州，蜀地自然会归邻近的刘备所有。但荆州主簿殷观提出了如下的意见：

> 若为吴先驱，进未能克蜀，退为吴所乘，即事去矣。今但可然赞其伐蜀，而自说新据诸郡，未可与动，吴必不敢越我而独取蜀。如此进退之计，可以收吴、蜀之利。

刘备认为殷观说得很有道理，可以说是进退有据，能立于不败之地，就听从了他的计策。刘备回报孙权说：

> 备与璋托为宗室，冀凭英灵，以匡汉朝。今璋得罪左右，备独竦惧，非所敢闻，愿加宽贷。若不获请，备当放发归于山林。

这样，刘备以和刘璋同为刘氏宗室，不忍心攻占其产业为借口，将孙权搪塞过去。

对诸葛亮来说，心中也很矛盾，联合孙权抗击曹操，算是至关重要的"基本国策"；但益州这块根本的"创业宝地"是不可以与人分享的。因此，当孙权建议联合攻取益州时，诸葛亮曾劝刘备婉转而坚决地拒绝。但什么时候才有能力独自取蜀，又尽量少得罪孙权，的确是件令人头疼的事情。

赤壁之战后，曹操为了补偿在南方的失利，积极将触角转伸向西部的关中和汉中两地。不但关中军阀的首领马超、韩遂备受威胁，而且汉中张鲁政权早已进入了战争状态。

对益州来说，虽然危险还比较遥远，但刘璋眼看宿敌张鲁受到威胁，便准备落井下石，歼灭张鲁势力。刘璋接受了法正和张松的建议，不顾"东州军队"首领张任等人的反对，主动派特使联系曹操，准备南北夹击张鲁。

刘璋派去的使者阴溥向曹操报告益州的形势，曹操很高兴，马上封刘璋为振威将军，其兄刘瑁为平寇将军。不久益州派特使张肃带去刘璋的大量贡物，曹操非常高兴，任命张肃为广汉太守。但刘璋的第三位使者张松到来时，却出了问题。

张松是张肃之弟，身材矮小，不及五尺，外表丑陋，但博学多智，巧言善辩，因此向来恃才傲物。偏偏这一年，曹操十分聪慧的幼子曹冲不幸夭折，因此曹操心中郁闷，招待上不免有点不周。

张松一向十分敏感，对曹操冷落他的行为非常不理解，认为曹操有意侮辱他；因此归途中，他刻意暗中往江陵晋见了刘备。

听说张松来见，诸葛亮十分高兴，立刻建议刘备热情款待，让张松挣足了面子。因此，张松回到成都后，向刘璋大肆宣扬刘备的好处。

张松说："曹操虽说是朝廷宰相，其实是欺辱皇帝的汉贼，刘备才为汉室宗亲，和主公您本是同宗，向来有英雄之名，连曹操都害怕他三分。和刘备联手，不但可以抵挡张鲁的攻击，而且曹操对我们也将无可奈何。"

刘璋没有主见，犹疑不定，而且也有意脚踏两条船，于是决定另派一批人，和刘备联系结盟。

张松推荐关中扶风人法正和孟达为特使。法正的祖父法真，号玄德，是当时的儒学大师，向来有清节高名。法正的父亲法衍，曾经担任过司徒掾和廷尉左监。

建安初年，中原发生大饥荒，年轻的法正和同郡友人孟达，进入益州，投靠刘璋，但刘璋正忙于处理内务，根本无暇照管法正等人。很长一段时间之后，在许多人的建议下，才任命法正为新郡令，后召为军议校尉，但始终没有重用。法正对这么低的待遇，心里深为不满。

孟达为法正同乡，能文能武，很有谋略，善于交际。

张松私下对法正及孟达说："刘璋懦弱，缺乏统治者才干，不足以成大事，刘备英明果敢，曹操尚害怕他，若结交他，大事可成。"

这一次，刘璋命法正带四千人去迎接刘备，刘备见到法正后，和他交谈，对他十分赏识，两人结为知交，法正也为刘备的风度所折服，于是坦诚地向刘备说出张松的建议，希望日后能共创大业。他暗示要刘备立刻去消灭刘璋，占据益州，他说："以将军的雄才大略，乘刘璋软弱无能之际，还有张松这样得力的人做内应，一定能除掉刘璋。然后凭借天府丰富的资源，依靠益州地理环境的险要，实现霸业，当是没有问题的。"

刘备表示此事重大，必须和诸葛亮、庞统等人商量，于是请法正到驿馆休息，等候消息。

刘备召开了军事会议，会上，诸葛亮、关羽等都赞同入蜀的策略。庞统更积极地建议："历经多年战乱，荆州地区人才荒废、民生凋敝。光靠荆州，已很难和曹操及孙权鼎足而立了，益州地域广博，物产丰富，户口有百万之众，

第四章 得失荆益

只要有效地加以治理,根本不需借助外来资源,就可以完成复兴汉室大业,这个机会绝不能放弃。"

刘备还是有些犹豫,说:"我与曹操性情行事往往相反:曹操性急,我性宽;曹操残忍,我仁义;曹操狡诈,我忠诚。正因为与曹操相反,所以我的事业才能成功。现在因为小事情而失信于天下,这样的事情我不能干。这样占取益州,从长远来看,对我们不见得有利啊!"

庞统说:"现在天下大乱,道义标准也应有所不同,昔日春秋五霸兼并弱者,以战止战,拯生民于水火中,不但建立勋业,并且合乎'大义'的原则。所谓'逆而取之,顺而守之'。将军如能完成复兴汉室之大业,夺取刘璋的益州又算得了什么呢?为了天下百姓,即使背信弃义也是不得已而为之啊!愿将军慎重定夺,今日不取巴蜀,而为他人所得,势将后悔莫及。"

在和诸葛亮等深入讨论后,刘备决定接受刘璋邀请,率领军队入蜀,并伺机夺取益州。

为了表明无意逗留益州,以消除刘璋的疑虑。诸葛亮主张,这次入蜀的部队由新加入的将领带领;旧部将一律留守荆州,一方面是严防东吴和曹操趁机从背后袭击,另一方面,也向刘璋表明此次军事行动没有什么野心。

入蜀军队由刘备统帅,庞统为军师中郎将,黄忠为先锋,魏延断后。荆州地区的防备阵线则由诸葛亮总督江陵。北军前哨则由关羽部署在青泥隘口,以防襄阳曹仁军队偷袭。长江巡守则由张飞负责。公安则由赵云统领指挥,协助诸葛亮管辖荆州及荆南三郡。

可以看出,刘备这次军事行动非常大胆,为了避免刘璋起疑,入蜀的军队很少,如果刘璋反悔,刘备性命难保。

刘备这次入蜀军队的军师中郎将"凤雏"庞统,原在东吴任小官,后归顺刘备。庞统是诸葛亮的亲朋密友,学识渊博,善于治国领兵,诸葛亮很了解他。虽然刘备早听说庞统之名,开始也并未予以重用;后来在诸葛亮的推荐下,刘备才用庞统担任军师中郎将,其地位略低于诸葛亮。

庞统胆大心细,思维活跃,在这次行动上,比诸葛亮更适合。而镇守江陵更是性命攸关的重要任务,谨慎而多谋的诸葛亮的确是最合适的人选。

入蜀军团的用人编制,显示了刘备的确胆识过人。黄忠、魏延都是荆州旧将,却能获得刘备完全信任,甚至将生命安危都托付给他们。这两人在后来的入蜀战役中,竭尽全力,尽心辅佐,主要是因为刘备对他们能够坦诚相待。

益州内部,对这次刘备入蜀的行动,也意见不一。

黄权表示强烈反对，他向刘璋表示："刘备以勇武闻名，如何会久居于将军之下，仅为客卿？若以客礼待之，又是一国不容两主。今听臣言，则西蜀犹安如泰山。不听臣言，主公必危如累卵矣！"

帐前从事王累，把自己倒吊于城门口，苦谏刘璋："张鲁犯境，乃癣疥小病，虽麻烦但没有危险。刘备入川，乃心腹大患，恐危及益州存亡！"

但刘璋是个老实人，没有主见，既已派遣使节邀请刘备，自然不便反悔，再说他也想不出什么方法，可以改变自己原先的命令。幸好得知刘备入蜀的军队不多，刘璋便放心地拒绝黄权等人的主张，下令刘备所过之处，"迎奉供养"，使刘备有"入境如归"的亲切感。

刘备的军队经过巴郡时，巴郡太守严颜，是益州资格最老的将军，有谋略，重义气，对刘璋迎刘备入川，非常不理解。严颜对属下说："这个战略就像一个人独自坐在深山里，却放虎来求自卫。"

益州许多将领和大臣，对这件事非常疑惑，使张松和法正备受压力，幸亏孟达从中调解，说服了一些人，使之逐渐支持张松和法正。

为避免出现意外，刘备的主力军从江州北面的垫江取水路向西，孟达亲自到涪城迎接，代刘璋向刘备致欢迎之意，孟达请刘备暂时驻扎在涪城，等候刘璋亲自到来。

不久，刘璋便亲率步骑混合军团三万多人，"车乘帐幔，精光曜日"，前来接见刘备。涪城距离成都三百六十多里，由此可见刘璋的诚意。两人相见十分欢愉，互道仰慕之情。

然而负责接待刘备的孟达，却暗地里拜会庞统，传达张松的建议，希望刘备趁机诛杀刘璋，避免夜长梦多。庞统则将此意转告刘备，刘备认为"此大事也，不可仓猝"，拒绝了这个建议。

庞统又向刘备献计说，不如趁此机会，拘禁刘璋，不正可以不战而胜吗？

刘备正色表示："我们刚进益州，对百姓还没有施行恩德，匆忙做下这不道德的事，必然会受舆论的谴责，此事必须从长计议。"

其实，以刘备为数极少的人马，向刘璋的三万部队发动袭击，即使有孟达作内应，鹿死谁手，犹未可知。因此，庞统便不再多说了。

刘璋和刘备在涪城每天饮酒作乐，住了三个多月。随后，刘璋举荐刘备担任大司马，领司隶校尉；刘备也举荐刘璋担任镇西大将军，领益州牧。双方将士见刘璋与刘备如此亲密无间，也都互相交往，共同庆贺。整个涪城沉浸在一片欢乐中，军营内外饮宴持续达100余天。接着，刘璋又将自己的益州军队

第四章 得失荆益

调拨给刘备,并授权刘备指挥益州北面门户白水关的驻军,让刘备全力进击汉中的张鲁。刘备得到刘璋的增兵后,军队已增加到3万余人,车甲、器械及物资装备十分充足。于是,刘璋便放心地回到了成都,刘备也率军抵达北面的葭萌。但刘备并未出来征讨张鲁,只是广施恩德,收买人心。这样一拖再拖,便到了建安十七年(公元212年)。

刘璋一再催促。偏在这时候,荆州发生了大事,使刘备找到借口,暂缓对张鲁的征讨。

原先孙权曾希望和刘备共夺益州,刘备找了个冠冕堂皇的借口予以拒绝,并立刻派军防卫东线,让孙权无法向西进兵,孙权不得不退军。如今刘备自己却带兵入蜀,表面上是和刘璋结盟,其实谁都能看出他是想伺机夺取蜀地。

孙权认为被刘备欺骗,就派遣使者接回嫁给刘备的妹妹,并用母亲名义,把刘备年幼的长子阿斗带回,想扣为人质,再和刘备进行交涉。

由于诸葛亮到前线和关羽商量北方防务,留守江陵的幕僚地位低微,无法阻拦住孙夫人,只好眼睁睁地看着孙夫人带着阿斗乘船返回江东。

孙乾看到事情紧急,立刻派人通知镇守公安的赵云和正巡视长江的张飞,然而张飞行踪不定,难以联络上。

赵云接到报告后,因为情况紧急,来不及和别人商量,便带着几个随从,乘小船急速追赶。

镇守江边的将领,见是孙夫人,自然不敢阻挡,何况又有东吴派来的特使周善带领数百人护卫着。赵云在后面紧追快赶,终于在边境沙头镇,追上了孙夫人的船只。

不顾周善等人的威胁,赵云独自强行上船,力图说服孙夫人等到刘备的消息,然后再离开荆州。但固执的孙夫人拒绝了他的建议,赵云便退而求其次,要求把阿斗留下。孙夫人不允许,赵云便持剑强夺,周善想杀害赵云,赵云只身奋战,东吴军不得近身。危急中,只见上游大批船舰抵达,原来张飞也接获急报,知道赵云已前来阻拦,恐东吴出动战船,因此率领主力船队,前来接应。

由于双方力量对比悬殊,孙夫人只好留下阿斗,和周善先行返回东吴,赵云又一次救护少主脱离危险。

为兼顾东战线防务,刘备向刘璋报告,要等待诸葛亮处理好和东吴的谈判,确定自己的大本营没问题后,才能放心北上。这样一来,又耽搁了几个月。

次年，白水关守将、益州著名将领杨怀和高沛，发现刘备无意北上征讨张鲁，便暗地派人报告刘璋，表示情况不对劲，刘备可能心怀不轨，主张立即把刘备遣回荆州。对这件事，刘璋也不知该怎样处理，只好派遣特使用秘密信件指示杨怀等注意监督刘备的行动。

这封密信却被刘备军中的法正截获，他马上前往和庞统商议，庞统也觉得事情紧急，在跟法正仔细研究后，向刘备提出了三点建议：

"当今之事，只有上、中、下三条计策可供选择。暗里挑选精兵，昼夜兼程，偷袭成都；而刘璋既不通军事，又毫无准备，大军突至，必能马到成功，此为上计。白水关的杨怀、高沛是刘璋的两员强将，各仗强兵，把守关口，听说他们曾多次写信给刘璋，要求发遣将军回荆州。将军可派人通知他们，说荆州有紧急军情，想要回去救援，并装出准备回去的样子。此二人佩服您的英名，又喜将军能够离开，一定骑快马来见，将军可乘机逮捕他们，进而取得他们的军队控制权，再进攻成都，此为中计。退军至白帝城，连引荆州，慢慢准备，此为下计。若犹豫延宕不肯动手，必将大祸临头。"

刘备深知自己兵力太少，任何决裂的行动，都必须承担重大风险。他认为上计过于冒险，下计太慢不顶用，决定采用中计。

幸亏杨怀没有得到刘璋回信的指示，还不敢采取激烈行动。于是刘备邀请杨怀、高沛过来商讨军情，杨怀不疑有他。两人一到刘备的主帅营帐，就马上被抓起来，并被软禁起来。刘备就借用刘璋原先的指令，控制了白水关军队的军事指挥权。

这时，刘备又接到孙权的紧急传书，曹操为报赤壁战败之仇，正准备举兵南下，希望刘备速回荆州，一起商量联合防守大计。

因为孙夫人强行返回东吴的事件，刘、孙联盟已出现裂痕。何况这次曹军举兵南下规模不大，并且西线关羽的布防，已经成功阻挡了曹仁的进攻，所以孙权这次紧急军情的通报用意何在不得而知，但却正好给了刘备一个很有力的借口。刘备立刻派遣急使，向刘璋报告，要求刘璋增援荆州，使刘备有足够的实力，对抗曹操。不过讨伐张鲁的事情又怎么交代呢？刘备在信中表示，白水关防务已加强，张鲁只是"自守"之贼，短期内不必担忧，等曹操问题解决后，再回来征讨也来得及。

对刘璋来说，这样的说法无法接受，他如何甘心就这样平白无故地给刘备援助呢？但又怕刘备借机反目，只好给刘备四千余军队，粮食车辆都按刘备要求的一半给予。

第四章 得失荆益

这件事情反映了刘璋的优柔寡断,怕得罪人而放不开,正好给本来就不想遵守盟约的刘备一个正中下怀的反叛理由。

于是,刘备乘机激怒汉中的士兵,说:"我们替益州征讨强敌,十分艰苦,不遑安居;现今府库里堆满了财物,却不肯取出一点犒赏有功之军,如此行事,还想让大家出力卖命,怎么可能呢!"士兵的情绪一下子被刘备煽动起来,全军上下都对刘璋不满。

这时,又发生了张松被刘璋杀害的事件。

张松原本是刘备入川的主要策划者,眼见刘备已掌握部队军权,成功在望,却听到谣传说他要回荆州。张松信以为真,急忙派人带信给刘备和法正,询问该如何内应夺权。这封信无意中落在他哥哥张肃手中,张肃见信大吃一惊,害怕连累自己全家,于是直接向刘璋告发张松串通刘备的阴谋。刘璋大惊,立刻逮捕张松,满门抄斩,并下令各处关卡严加防范,同时宣布和刘备断绝关系。

刘备听到张松遇害,决定以牙还牙,杀死了杨怀和高沛,和刘璋正式决裂,拉开了攻战益州的序幕。

刘备军队虽然少,但经过精心准备,加上法正和孟达的协助,斗志昂扬。而刘璋的益州军则士气低落。收编白水关的军队后,刘备任黄忠为先锋,率兵南下,直取涪城。从这个军事行动来看,刘备急着想要回荆州的军情,根本就是捏造的。

刘璋派出益州最优秀的将领张任指挥作战,配合刘氏宗室刘溃的军队,以及东州地区的部将吴懿、邓贤、冷苞的军队北上布置防守线。按刘璋的想法,这表现了益州两派团结对抗刘备的决心。其实由于孟达在暗里策动,益州军队早已经各怀鬼胎。

黄忠在绵竹布下阵势,展开决战,吴懿首先倒戈,张任没有准备,被打得大败,涪城陷落。张任只好在涪城南端重新设防,并向刘璋求援。

不料刘璋又犯了一个大错误,这次他派出东州老将领李严,带军驰援。李严是南阳人,跟法正、孟达一向友好,他的军队,大多是荆州人,对刘备特别有好感。在法正和庞统等老朋友和老乡的策动下,李严到达涪城后,不战而降,使益州士气遭到沉重打击。

这是刘备二次进涪城了。他想到益州很快就能到手,而自己的事业成功在即,因此心情格外高兴。他在涪城大会群臣,置酒作乐,对庞统说:

"今日之会,可谓乐矣!"

庞统想起刘备前不久还在犹豫，而刚刚入城，却又得意忘形，就开玩笑说："伐人之国而以为欢，非仁者之兵也。"

刘备当时喝醉了，听了庞统的话很生气地说："武王伐纣，前歌后舞，难道他就不是仁者？卿言不当，宜速起出！"

庞统只好从席上退下。但很快刘备就发现自己失言了，于是又请庞统回到原位。庞统就座后也不表示感谢，仍是饮食自若。

刘备禁不住又问庞统："前番议论，过失在谁？"

"君臣俱失。"庞统回答。刘备不由大笑，两人和好如初。刘备占据涪城的消息传到刘璋那里，引起了人们的恐慌。

幸亏张任经验老到，又精于战略，他立刻整编忠心耿耿的刘溃及自己的直属部队，退守刘璋儿子刘循所防守的军事重镇洛城。

合并吴懿及李严的队伍后，刘备军势大振。但张任据险固守，有效地阻止了刘备兵力的南侵，因此刘备就依照原计划，紧急命驻在荆州的诸葛亮，率领张飞及赵云的军团，由益州东边进攻成都，因此，诸葛亮也卷入了入川的战争之中。

进军益州是诸葛亮《隆中对》里拟好的重要策略，但入蜀的策划工作，诸葛亮却让给了新来的"凤雏"庞统，这说明诸葛亮对庞统的才干十分信任，同时充分表现诸葛亮"不争功"的气度。根据史书记载，这段时间大多是刘备和庞统进行讨论，诸葛亮好像没有发表什么意见。但我们相信如此重大的策略，刘备一定也经常向诸葛亮进行详细咨询，只是既然不负责这方面的工作，诸葛亮似乎不愿发表太多的意见，以免抢了庞统的功。由这件事来看，诸葛亮的确是个心思周密、善于体察人意的大策略家。

不过刘备入川时带去的少数兵力，显然不够作战用的，说明在荆州还有一支预备部队正伺机而动。入川前，刘备把诸葛亮安排在江陵统筹全局，可以看出，年轻的诸葛亮，地位已超过关羽和张飞。

刘备率领主力部队攻打洛城。洛城是成都的门户，刘璋的儿子刘循以及从绵竹退回的刘溃、张任在此把守，他们誓死抵抗，战斗十分激烈。双方僵持了一年多，刘备仍然无法攻取。

不久，刘备又接到葭萌关守将霍峻的紧急报告，刘璋已由阆中派兵围攻葭萌关，显然，刘璋想切断刘备的后援，前后夹击刘备。更让刘备忧心的是，刘璋如果从益州东边切断刘备和荆州的联系，就可能使刘备的军队完全陷于孤立。于是，刘备不得不当机立断，顾不上孙权和曹操可能乘机进攻荆州，派人

第四章　得失荆益

从水路送密函到江陵，要求诸葛亮发动攻击，从益州东部攻入蜀境，到成都会合。

诸葛亮接到紧急军情后，立刻按照刘备指示，命在北部前线的关羽，返回江陵坐镇后方，并由刘备阵营的文官糜竺、马良等协助，糜芳、廖化、士仁和汇报军情的关平等，率军在荆州东部及北部前线布防。诸葛亮则和张飞、赵云等主要将领共同入川，尽快结束益州的军事行动。

第二轮进攻动用的兵力，比刘备自己所带的军团还多，而且迅速，速度之快，让人吃惊。充分表明这些军事行动，在刘备入川以前，早就策划好了。

诸葛亮入蜀前决定处理与东吴的关系。他心里明白，尽管孙权不断生事，但从大局考虑，绝不能跟东吴闹僵。此刻，诸葛亮决定留下关羽镇守荆州，而自己率领张飞、赵云等入蜀。关羽骁勇善战，且对刘备无比忠诚，对此诸葛亮是很清楚的；但他盛气凌人、刚愎自用的毛病，使诸葛亮不太放心。诸葛亮临行前，反复嘱咐关羽说，荆州是川蜀的门户，一定要严加防守，决不能疏忽大意；而在处理各方面关系时，也应遵奉"北拒曹操、东和孙权"的策略。但从后来事情的发展来看，关羽对诸葛亮的这番告诫似乎并没放在心上。

建安十九年（公元214年）初，诸葛亮对荆州的防务做了最后的安排之后，便同张飞、赵云等领兵数万溯江西上。诸葛亮任命张飞为先锋，首先进兵江州，江州是巴郡治所，地理位置十分重要。

张飞率前锋队伍从巴东入川，很快就碰到益州军团的拼命抵抗，对手是蜀中老将巴郡太守严颜。

严颜是益州年纪最老的将领，有丰富的作战经验，虽然他强烈反对让刘备入川，但心里对刘璋政权并不顺服。因此除了冷嘲热讽外，严颜倒也没向刘璋提出积极的建议。不过，在听说张飞率领大军入侵后，严颜马上集合五千多名士兵据险而守。张飞在军力上虽占绝对优势，但一时也难以奏效。

由于张飞性情急躁，因此严颜认为他一定缺乏耐心，只要坚守一段时间，张飞就会出现指挥上的破绽，到时候只要稍加反击，就能打败张飞。

但想不到张飞粗中有细，他见严颜据险而守，也猜到严颜的想法，于是将计就计，在数次攻城不利后，于营中大发脾气，鞭打兵士，而且拷问附近农民，探询越关的小路。

不久，附近百姓只好告诉张飞越山而过的捷径。于是，张飞下令立刻放弃围城，全军趁夜幕降临，偷偷越过山路入川。

张飞军队规模庞大，这种军事行动当然无法瞒过严颜的探子。严颜以为张飞没有耐心，故打算寻小路越关而过，因此也下令趁夜出关，袭击张飞行进中的军队。

严颜没料到张飞这个军事行动其实只是虚晃一招，在黑夜中带着部队穿越山路的大将，是兵丁假扮的，真正的张飞率领着精兵，正等候着打算攻击严颜即将出城偷袭张飞的部队。

果然，严颜立即带领小支部队，去追击张飞正在翻山越岭的主力部队。真张飞仍按兵不动，暗中追随严颜的突击队，直到严颜的队伍离城有一段距离了，才鸣鼓从后面发动攻击。前面越山的主力部队听到鼓声，也马上回头对严颜军发动攻击。严颜知道中计，只好拼命死战，试图突围返回巴郡城，但张飞亲自带兵阻挡，一时之间无法突出重围。

另外，张飞又让一队人马，乔装打扮成严颜部队，用回师的名义向守城的益州军叫关。半夜天黑，城上的守军没注意，打开城门，张飞的兵马趁机攻占巴郡城，完全控制了留守的益州军。

严颜苦战到天明，好不容易才带领几百名残军杀出一条血路，逃往巴郡城，张飞亲自带队在后面追击。

严颜回到城门口，大喊开门，但此时守城军队早已换作荆州军了。严颜再走回头路，正碰上张飞追来的大军，众寡悬殊；严颜年纪又大，再加彻夜作战，早已耗尽气力，只好束手就擒。

入城后，张飞马上升堂要求严颜投降，严颜怒斥张飞无故犯境，大声喊道："益州只有断头将军，没有投降将军。"

张飞听了十分生气，破口大骂，下令将其推出去斩首。

严颜看到张飞发怒，反而冷笑着说："要杀就杀，何必发那么大的脾气！"

张飞非常敬佩严颜的勇气，于是走下堂来，亲自解开严颜的绳索，真诚地说："将军真是老英雄，在下得罪了，还望见谅！"

这下子，反而使严颜愣住了，张飞很恭敬地请严颜入座，并向他解释，刘备入川，是为了建立根据地，以复兴汉室，因此得到益州名士张松、法正、孟达等的赞同，特意给予帮助，希望严颜也能共襄盛举。

严颜本来就不愚忠于刘璋，又见到张飞如此恳切，便诚心归降了。

由于巴郡附近守军，都是严颜的旧属，因此在严颜的说服下，几乎兵不血刃，就顺利地比诸葛亮还早一步到达江州。

攻占江州后，诸葛亮马上兵分三路，向益州腹地发起猛攻。一路由张飞统领，沿垫江北上，直取巴西（巴郡垫江以北地区立为巴西郡，治所在阆中），

第四章 得失荆益

进逼成都北面；一路由赵云带领，沿长江西进，平定江阳、犍为（郡治武阳），到成都西面；一路由诸葛亮亲率刘封等取中路，沿汉水兵向德阳，直取成都。三路大军，一边平定沿途郡县，一边快速进军，很快就到成都周围会合。

张飞迅速平定了巴西郡，在德阳再次和诸葛亮会面。刘璋派出老将张裔带兵前来堵截，却又被张飞打败，张裔残余部队退守成都，重新部署防御战线。

赵云的军队，也顺利攻占了江阳，夺取了资中，从西面向成都进逼。

刘备和庞统的军队，声势虽然浩大，但大多是益州降军，因此在张任的阻挡下，整整一年间，无法攻下洛城。这时刘备听说诸葛亮等已经攻克巴东，而且占有益州大部分州县，特别是赵云已有效截击了刘璋军队，消除了对刘备后方的威胁，刘备也就放心多了。

不久，刘备听说关中军将领马超，被曹操打败后，投靠汉中张鲁，不被重用，因此，派出益州很有声望的名士李恢，暗地里到汉中去结交马超。

建安十九年夏天，刘备得知，诸葛亮和张飞已抵达成都的东面和东北面，赵云军已攻陷资中，成功地由西北面夹击成都。只等刘备一下指示，就向成都发动总进攻。

于是刘备和庞统又一次向洛城发动猛攻，庞统亲自引诱张任出城，果然张任轻敌，率军出城，屯兵于洛城南方的雁桥，刘备趁机截断张任的归路，庞统也率军回头猛攻张任驻守雁桥的兵营。张任用乱箭还击，庞统亲自在阵前督战，不幸中箭身亡，时年三十六岁。

在荆州军两面夹击下，张任的主力军也在雁桥被击溃，张任被庞统部属擒获。

刘备早听说张任忠勇，有心让他归降，但张任年事已高，不想再换主子，死活不肯投降。加上庞统殉难，荆州军极为愤慨，不肯原谅张任，刘备只得把他处斩，以平息众怨。

洛城得以顺利取胜，庞统的功劳最大。

当庞统被射死的消息传到诸葛亮耳朵里时，他很悲伤。由于庞统死得太早，他的才华还没能充分展现。在以后的艰难岁月中，诸葛亮时常表露出对庞统深切的思念之情。

在法正的建议下，刘备首先让法正写了一封长信给刘璋，信中除了向刘璋说明形势之外，并且诚恳地劝说刘璋自动投降。

刘璋接到法正写来的劝降信后，犹疑不定，这时候又发生了一件叛变事件。

虽然刘璋和张鲁一向不睦，但荆州军围困成都时，刘璋仍然因为其父刘焉对张鲁有恩情，而向张鲁请求帮助。张鲁便派出不久前刚投奔他的关中将领马超，带一支援军前去。

不想，刘备仍然抢先一步，在洛城战陷入僵局时，已先派出李恢到汉中和马超联系，希望马超和刘备结成联盟。由于刘备和马超之父马腾有交情，加上马超进入汉中后，张鲁对他十分冷淡，因此，马超对张鲁非常不满。当李恢前来说服他时，情绪低落的马超当即就同意刘备的邀请，表示愿意投靠刘备。

想不到偏巧张鲁派他前来支援刘璋，诸葛亮便提议暂时隐瞒这个消息，暗中派出一支队伍让马超指挥，并请他出其不意地用新军控制住汉中派来的援军，再和刘备在成都会师。

果然，当马超威风凛凛地带着大军到达成都西北时，刘璋还以为援兵已到，非常高兴，立刻派特使冒险突围，前往马超军中联系。没想到马超非但不是救兵，反倒是刘备的盟军，刘璋受到了致命的打击。城中军民听说西凉第一猛将马超归附了刘备，个个大为惊恐，斗志丧失殆尽。

此时，刘备又派出能言善辩的文臣简雍前往拜见刘璋，刘璋见大势已去，准备开城投降。

大臣董和劝阻说："成都城中还有精兵三万，粮食、布匹尚能供应一年，何必急着投降。"长老黄汉、刘巴也认为民心仍可用，应尽力抵抗。

刘璋却感慨地说："我们父子两人统治益州二十多年，并没有给百姓带来什么恩惠，现在又让益州军民一直打了三年仗，相信他们也受够了苦了，要再这样无意义地坚持下去，我于心何忍呢？"

益州众大臣听了这话，也不禁掉下眼泪。刘璋就和简雍打开城门，一起坐上车子，前去和刘备相见。

刘备见到刘璋后，感到很不好意思，想起庞统生前的劝告："逆取顺守，报之以义。"便也只好装着很亲切的样子上前表示："并不是我不念道义，实在是事出无奈、迫不得已啊！"

诸葛亮劝刘备，把刘璋迁离益州，彻底断绝一些大臣的退路，刘备虽有些不忍，但出于理智，还是同意了。刘备封赐刘璋为振威将军，带上财产和印绶，迁往荆州公安。

《隆中对》里刘备争霸天下的第二步——兼并益州的策略至此完全成功，这年是建安十九年五月。同年，刘备封自己为益州牧，任命诸葛亮为军师将军、益州太守，总揽军政事务。

第四章　得失荆益

为了巩固刘备政权在益州的统治，诸葛亮首先帮助刘备处理好了主、客之间的矛盾。

刘焉父子统治益州时，"土著"与"客籍"之间的矛盾十分尖锐，经常发生暴力冲突。刘备政权也主要是依靠"客籍"地主官僚的支持，用武力攻取益州的。因此如果不妥善解决"土著"与"客籍"之间的矛盾，那就很难在益州立足。所以，刘备、诸葛亮很注意争取当地地主官僚的支持与合作。他们一方面把原来跟随刘备入蜀的文官武将，像关羽、张飞、赵云、糜竺、简雍、黄忠、魏延、向朗、马良、马谡等作为亲信，担任要职；另一方面，对"土著"的地主官僚，只要对刘氏政权忠诚，也加以笼络任用，如刘璋时的重要官僚董和、黄权、李严、刘巴等及刘璋的亲戚吴懿、费观等，也都依据他们的才干，给予适当的官职，使他们对新政权感到满意。

董和原来在刘璋手下担任益州郡太守，"清俭公直，为民夷所爱信"。刘备攻占益州后任命董和为掌军中郎将，与诸葛亮在同一衙门里，两人相处甚洽，"共为欢交"。李严原是成都令，刘备南取益州时，刘璋派他任护军，领兵到绵竹抗击刘备，后来归降，刘备拜其为犍为太守、兴业将军。黄权是巴西阆中人，在刘璋府里任主簿。张松提议刘璋迎接刘备时，他极力表示反对，刘璋不听，把他降为广汉长。刘备取益州时，许多郡县纷纷归降，唯独黄权闭广汉城"坚守"，直到刘璋投降后，他才归顺。刘备不但不计较，反而钦佩他忠心耿耿的气节，任命他为偏将军。

刘巴是零陵郡人，学识渊博，对刘备、诸葛亮一直持敌对态度。刘备从樊城南撤时，"荆楚群士，从之如云"，刘巴偏偏依附曹操。刘备占据荆州南部地区时，刘巴正在那里替曹操招降三郡。诸葛亮在临烝写信给他，劝他投降，信中说："刘公雄才盖世，据有荆土，莫不归德，天人去就，已可知矣。"刘巴回信予以拒绝入蜀投降刘璋。刘备心里非常不高兴。刘璋准备迎请刘备时，刘巴表示："刘备，雄人也，入必为害。"刘备入蜀后，刘巴又劝刘璋说："如果让刘备讨伐张鲁，是纵虎归山。"刘璋不听，一气之下刘巴闭门装病。对这样一个人，刘备、诸葛亮还是努力争取。当刘备围攻成都时，特意下令说："其有害巴者，诛及三族。"后来刘巴亲自来谢罪，刘备不但没有责怪，而且在诸葛亮的极力推荐下，任命他为左将军西曹掾，逐步被提拔重用。

这样一来，影响就扩大了，一些人的疑虑和敌对情绪逐渐消除，益州地区的"有志之士，无不竞劝"，愿意为刘备集团效力，主、客之间的矛盾开始缓和，刘备在益州的统治逐步稳固下来。

但是，对少数反对刘备政权统治的豪强势族，刘备、诸葛亮则坚决予以镇压。如广汉"甲族"彭羕，"姿性骄傲，多所轻忽"，曾遭刘璋打击排挤。刘备初占益州时，还设法争取他，任命他为益州治中从事。但他"形色嚣然"，十分傲慢。诸葛亮发现后告诫刘备说："羕心大志广，难可保安。"刘备把彭羕调至外地当江阳太守。虽太守职位很高，但他还感到不满，骂刘备是"老兵荒诞"，并且暗地里煽动平西将军马超反叛。他对马超说："将军可带领兵马在外，我为内应，天下就唾手可得。"马超将此事告知刘备，彭羕被捕入狱。在狱中他写信给诸葛亮，夸耀自己的功绩，意思是让诸葛亮从宽处理他。最终诸葛亮还是将其处死。从而为刘备政权消除了一个祸患。

在刘备平定西蜀期间，曹操果真对孙权发起了进攻。孙权已于建安十六年（公元211年）从京口迁都秣陵，第二年又修筑石头城，并把秣陵改名为建业。听说曹操将要入侵，东吴于建安十七年（公元212年），在濡须水口修建堡坞来抗拒曹军。濡须水源出巢县西面的巢湖，往东南方向流入长江，是兵家必争之地。孙权接受了吕蒙的建议，夹水建坞，状如偃月，所以也称之为偃月坞。濡须坞经精心设计修筑，便于防守。建安十八年（公元213年）正月，曹操率领步骑40万人进军至濡须口，孙权统领7万余人抗击，两军相持一个多月。曹操见孙权舟船器仗军伍整肃，喟然叹曰："生子当如孙仲谋。刘景升儿子若豚犬耳！"孙权写信给曹操说："春水方生，公宜速去！"又在另一张纸上写："足下不死，孤不得安。"曹操知道水涨之后，一旦交战，自己会处于劣势，于是对部将说："孙权并非在骗我。"于是班师回朝。而孙权直到曹操退兵后，也始终不见刘备援助，心里很不高兴；一年后又听说刘备得了益州，更是十分恼怒。他想起刘备先前"披发入山"假惺惺的誓言来，不禁骂道："猾虏，乃敢狡诈如此！"

此时驻守荆州的关羽，听说刘备已夺得益州，自然十分高兴。但又听说刘备收服了马超，而且马超武艺高强，心里有不服之意。他立即写信给诸葛亮，询问马超的才能可以跟谁相比。诸葛亮看信后不由笑了。他知道关羽向来不肯服人，于是提笔回信道：

　　孟起兼资文武，雄烈过人，一世之杰，黥、彭之徒，当与翼德并驱争先，犹未及髯之绝伦逸群也。

诸葛亮告诉关羽，马超虽然文武双全，勇猛过人，也是当今世上一大豪杰，是汉初猛将黥布和彭越一类的人物，与张飞不相上下，但还比不上你美髯公的绝伦超群。因关羽胡须修长，被世人誉之为"美髯公"，所以诸葛亮称呼他"髯公"。关羽收到信后非常高兴，马上把信拿给宾客们传阅。

三、力取汉中

刘备政权在益州站稳脚跟后，诸葛亮便协助刘备攻取战略要地汉中。

汉中位于益州东北，地理位置极佳，四面环山，中间是汉水盆地，土地肥沃，物产丰富；同时也是个战略要地。宋代名将张浚曾说："汉沔为形势之地，前控六路之师，后据西蜀之粟，左通荆襄之财，右出秦陇之马，兵家必争沔久矣。"如果刘备占领汉中，往前可以攻关中，往后可以守益州。如果汉中被曹操占据，不仅可以威胁益州的安全，也有利于防御刘备向北拓展势力。因此，汉中是刘备、曹操必争之地。

建安十五年，也就是刘备平定益州的次年，曹操对汉中的张鲁发动进攻。刘备立刻派出大量的密探，密切关注北方军事动向。并调集张飞和马超两位经验丰富的大将，驻守益州北区，加强防御工事。

不久，孙权派遣特使诸葛瑾，到益州晋见刘备，要求归还荆州。

刘备对孙权在他试图夺取益州陷于僵局时，召回其妹孙夫人，而且几乎把阿斗骗走，一直憋着一肚子气。但由于使者是诸葛亮的哥哥诸葛瑾，在东吴一向是属于支持刘备的，只好敷衍一下，说道："等我们攻下凉州以后，自然会把荆州还给你们。"

诸葛瑾虽然明白这只是推托之词，但也不好怎么逼迫，只好将刘备的意思转达给孙权。

不料，孙权听了大为生气，立刻派大将吕蒙率军袭击荆南的长沙、零陵、桂阳三郡。

刘备获得报告后，立刻将益州交给诸葛亮及法正辖领，亲自带五万主力部队返回荆州，驻扎在公安统筹全局，并让关羽率荆州军团从江陵南下，直入长沙郡军事重镇益阳，表明他的强硬态度。

孙权也毫不退缩，他命令鲁肃由夏口亲自南下益阳，准备和关羽针锋相对，自己则进驻陆口，掌握军事动向，眼看双方联盟即将破裂，大战一触即发。

就在这紧急时刻，从北方传来消息说，曹操已经打破原先汉中战局的僵持状态，取得决定性胜利。张鲁投降后，曹操还把势力深入到"三巴"地带。刘备听了大惊失色，担心曹操趁势南下，益州可能生变。于是刘备主动派使者和孙权谈判，双方商定平分荆州，以湘水为界，湘水以东、江夏、长沙、桂阳三郡归属孙权；湘水以西、南郡、零陵、武陵则属刘备，使这场纠纷暂时缓和了下来，孙、刘联盟也得以暂且维系。

其实，据当时的形势来看，不但刘备受到威胁，如果汉中被曹操完全控制，紧靠着东面的合肥战线，也势必告急，孙权同样会受到很大的压力。所以孙、刘联盟，对双方都是相当重要的。因而双方能互相妥协，达成和议。

刘备的主力军不敢回到荆州，而直接开往益州北方的江州巡视。这时张鲁已逃亡巴中，原益州参谋黄权向刘备提议，汉中已失，巴东、巴西、巴中三郡就很难防守，三巴陷落，有如砍除益州的臂膀，情况将变得非常严重，因此不如和张鲁联合，坚守巴中，抗拒曹操。刘备立刻派黄权为护军，率军北上迎接张鲁。

想不到黄权刚到巴中，张鲁已回到南郑，并归降了曹操。

黄权立刻进攻三巴，赶跑曹操所任命的巴东太守朴胡、巴西太守杜濩及巴郡太守任约，使巴中完全被刘备控制。

这时候曹操也派遣大将张郃，出兵管辖三巴，并进驻宕渠。刘备派巴西太守张飞带兵迎战，双方对峙五十余天，张飞用计打败了张郃，张郃退至南郑。表面上三巴暂时稳定下来，其实一场更大的战争，正在暗中酝酿。刚获得休整的刘备和他的军团，不可避免地又将卷入一场和北方之雄曹操的汉中争霸战。

汉中是关中司隶军区和蜀中益州间的缓冲地带，在刘焉有计划的安排和策动下，成了道教"教主"张鲁的盘踞之地。当曹操平定关中，刘备占据益州之后，汉中地区的重要性就显现出来了。

对刘备来说，汉中是必争之地。《隆中对》里，诸葛亮便曾分析过"刘璋暗弱，张鲁在北"，这就是说，汉中对益州的安全，具有决定性的作用。何况日后，如果想要北征统一中原，汉中更是必经之地。

可惜，当刘备和诸葛亮还忙着整顿治理益州的时候，曹操已在建安二十年，打败张鲁，占领全部的汉中地区。

汉中战役，曹操打得十分艰苦，从建安十九年冬天，曹操组织军队远征，一直到建安二十年冬天，整整一年过去了，才获得决定性胜利。其原因不外是

第四章　得失荆益

汉中地区形势险要，易守难攻，对外来的部队来说，没有地理优势，只好陷入苦战了。

建安二十年十二月，曹操在整顿好汉中地区的政治秩序后，打算凯旋班师。谋士刘晔和大将司马懿建议曹操乘胜追击，进攻益州，消灭刘备的势力。

司马懿说："刘备用阴谋夺取刘璋基业，不少蜀中大族很不服气。而且刘备现在的防线远及江陵，兵力分散，是攻打的最好时机。我方大军已克汉中，益州一定大受震撼，在大军压境下，民心士气很容易瓦解，自古圣人成大事在于不放弃机会，请丞相立刻采取行动吧！"

然而曹操深知汉中战争，获胜已是侥幸，攻打据有天险的益州可能要艰苦得多，何况刘备并非等闲之辈。

因此，曹操笑着说："人生的痛苦都是源于不知足，何必既得陇，又望蜀呢？"

刘晔也向曹操提议道："刘备是人中豪杰，有抱负，有毅力，虽然运气不好，如今已渐成气候，必须提防。他目前刚获得蜀中，民心未附，北面的屏障汉中又被我们夺得，相信蜀地现必受到极大的震动，其势必衰。以您之英明神武，趁其衰而征之，攻无不克也。如果再推迟，以诸葛亮的善于治国，关羽、张飞的神勇，蜀中民心不久就会逐渐稳定，加上蜀地形势险要，想要再进犯他们就难上加难了。今日不除，必是后患。"

曹操笑而不答，只要求刘晔详查关于蜀中的情报。

七天后，蜀中降者向曹操报告："蜀中传来消息，益州军民已因汉中有变而产生骚动，一天之中，甚至有几十次动乱，虽然政府一再对叛乱者严厉惩处，但似乎还是无法安定下来。"

曹操对刘晔说："你对这个情报怎么看呢？"

刘晔沉思了一阵后，说道："蜀中已定，不可击也。"

为了加强汉中的防务，曹操派出他特意栽培的大将夏侯渊为都护将军，率领善于作战的张郃和徐晃镇守，并派丞相府长史杜袭为汉中军的长官，留督汉中。

杜袭对汉中居民进行安抚，他用半自愿半强迫的方式，把有影响力的汉中士族八万多人，迁往洛阳和邺城一带，汉中很快就稳定了下来。

刘备和诸葛亮心里都很明白，要从曹操手中夺取汉中，比从张鲁手中夺取要困难上千百倍，因此一点也不敢懈怠，只要稍有机会便尽力把握。

因此，当黄权前往巴中迎接张鲁没有成功时，刘备便指示他趁机攻取朴胡等部落,夺下整个巴山地区。

夏侯渊不甘示弱,他下令张郃带兵紧急进驻巴山地区。张郃积极鼓励原住民迁徙到汉中,表示这里将成为大战的场所。张郃的进驻十分顺利,连益州的宕渠、荡石等军事要地也纳入其统辖中。

刘备也立刻出兵,他派巴西太守张飞和张郃对阵。张飞外表粗犷,脾气暴躁,其实心思比较细密,当阳长坂坡之战,如果不是他大胆地采用疑兵断后,刘备可能早就没有今天了。

面对张郃稍占优势的兵力,张飞恃险防守,再运用熟悉巴中地形的部队,采用游击战术不停地骚扰对方。

张郃也是小心翼翼地应对,彼此僵持五十多天,不分胜负。由于张郃队伍的补给线比较长,眼看粮食很快地耗完,心里焦急,希望速战速决。他派出不少细作,严密地监视着张飞的军事行动。

获晓张郃心情后,张飞想起当年对付严颜的策略,故技重演,故意带领万余人马,假装从狭路前往偷袭张郃。

在探马报告这一机密情报后,张郃认为,张飞是想趁自己粮草缺乏军心不稳之际,发动袭击,于是率主力部队由小路追踪张飞的军队,准备乘机发动反击。

想不到追击的军队,在进入瓦隘口小路时,便找不到张飞军队的踪影了。张郃明白中计,但已经太迟了。山路狭小,前后军无法相救。张飞的伏军,从两旁悬崖用巨石和乱箭攻击敌军,眨眼之间,张郃的精锐部队伤亡过半。

经验丰富的张郃,弃马攀登险崖,摆脱了张飞的追击,张郃数万兵马只剩数十人逃离战场,也是曹操汉中兵首次遭受如此重创。

建安二十二年,东吴西战线都督鲁肃因病去世,消息传到益州,刘备政权立刻蒙上一层阴影。诸葛亮一方面哀悼这位昔日志同道合的战友,一方面也因这位具有远见卓识、顾全大局的政治家去世,为孙、刘联盟的未来感到担忧。

荆州守将关羽,虽有武略,但缺乏政治眼光,如果不是鲁肃妥善安排,孙、刘关系早已弄僵。接替鲁肃的吕蒙虽以智略见长,但政治头脑却远逊鲁肃,荆州情势将有何走向?诸葛亮难以把握。

因此鲁肃去世后,诸葛亮唯恐日后东区战线发生变化,就和刘备商定,尽快夺取汉中,巩固巴蜀的防务,这样,才能抽出时间,重新协调孙、刘之间的关系。

法正也向刘备建议:"前年曹操打败张鲁,平定汉中,却不乘机进取巴蜀,

第四章 得失荆益

只留下夏侯渊及张郃等留守，自己领兵北还，并非他没有想过，而是力所不及啊！当然也由于许都（汉献帝）和邺城（曹操）间的关系，日益恶化，才会匆忙赶回去。夏侯渊和张郃在才略上比不上主公，若举师西征讨之，一定可以成功。拥有汉中之后，才能广种粮食，积极贮备军需，时机一到，上可以歼灭敌寇，复兴汉室；中可兼并雍、凉二州，开拓疆域；下可以固守险要，与敌人持久抗衡。这是上天赐予我们的良机，千万不可失去啊！"

建安二十三年春天，刘备接受法正提出的主张，经过一年多的努力部署，做好了进攻汉中的充分准备。

同时，夏侯渊也率军全力在阳平关一带加强防御工事。一时间，汉中盆地处于一触即发的临战状态。

刘备派诸葛亮留守成都，自己亲率益州大军全力出动，表现出势在必得的决心。

刘备下令让张飞、马超、吴兰向北进攻武都（今甘肃成县）郡，驻屯在下辩，故意切断曹操汉中队伍和关中地区的联系；刘备则率着黄忠的军队先行，直接攻击汉中的军事重镇；赵云则暂时留在益州，随时等候命令。

曹操在接到情报后，立刻下令驻守长安的都护将军曹洪，同曹休一起率兵前往阻挡张飞等的进攻。

三月中旬，曹洪军已进入武都郡，打算攻打在下辩驻守的吴兰军，但张飞军和马超军在固山一带与吴兰军互成犄角，显然曹洪如果再往前进军，他们随时可能切断曹洪军补给。对此，曹洪非常头痛，于是召开紧急军事会议商量对策。参加会议的将领都认为应停止前进，以免陷入张飞及吴兰军的两面夹击中，尤其是马超西凉军，一向以勇猛闻名，与曹军更有宿怨，绝对不能轻视。

曹休独排众议，他认为："敌军如果真想切断我们的后方粮线，理应秘密进行才能奏效。如今先张声势，正说明他们兵力不足，无法行动。因此，我认为应在他们还没集结以前，直接袭击吴兰军，只要吴兰军被打败，张飞和马超就无法守住固山。"

曹洪采纳曹休的意见，亲自带领主力军袭击吴兰军，吴兰军不敌，副帅任夔被杀，吴兰逃到阴平（今甘肃文县）附近，被氐族人杀害。张飞及马超本想去援助，但曹休指挥大军把守武都郡，张飞等无机可乘，刘备的部队在未进入汉中之前，已经被打败了。

三月底，张飞、马超的军队，果然无法抵御曹洪的优势兵力，加上粮食补给困难，就向南退入汉中地区。

到了建安二十二年（公元 217 年），刘备看到自己在益州的统治已经稳固，就亲率大军同法正、赵云、黄忠等进攻汉中。诸葛亮在成都，一方面，继续整顿内政；另一方面，负责供应前线的军需物资。刘备大军屯驻阳平关，与夏侯渊对峙。夏侯渊、张郃、徐晃等军队也不示弱，纷纷出关迎击。刘备派遣大将陈式抢占马鸣阁道，居高临下，占据优越地理位置。徐晃率军袭击陈式，陈式仓促应战，被打得一败涂地，使刘备在战斗一开始，声势和地利都处于下风。

张郃更趁机进驻广石，和刘备主力军正面对阵，刘备屡次下令黄忠发动进攻，都被一一击退，第一军反而蒙受了不少损失，刘备只好向益州征调赵云军团，前来助战。

七月，曹操审视汉中战局，认为刘备志在必得，必须自己亲自出马，否则难以阻挡其攻势。于是重新全盘规划，首先调回徐晃军队，让他协助张辽对付孙权的东战线。自己则征调镇守豫兖本营的夏侯惇军队、曹真军队，以及刚由武都战场上回来的曹休军团，开始西征。

九月，曹操的大军进驻长安，并派遣使者召回在武都的曹洪，以进一步了解汉中军情。

汉中军团总指挥夏侯渊，以勇猛、负责、精干著称，因此曹操破格提拔他，在曹营中，他威名甚至超过其兄大将军夏侯惇。特别在出任汉中军团统帅后，夏侯渊和刘备，面对面相抗衡，并曾几次打败刘备军而声名大震，经常流露出狂妄自大的神色。

夏侯渊愈是骄傲，曹操愈是替他担心。阳平关对峙期间，曹操特别写信告诫夏侯渊："为大将者要懂得临事而惧，了解自己的缺陷，不可过分恃勇好强。虽然将领最重要的品性是'勇敢'，但行动上还要有'智慧'，完全凭借勇猛，只能敌一匹夫。"

夏侯渊收到信后，却认为曹操空长他人志气，如今汉中军渐成气候，刘备不管再派多少军队增援，也奈何不了他。

建安二十四年正月，刘备在阳平关缠斗夏侯渊已近一年。诸葛亮从成都赶赴前线，和法正等商量对策，两人建议刘备采用诱敌战术。

刘备也看出夏侯渊傲慢轻敌，不把益州军放在眼里，因此决定助长他的气焰。

首先刘备把前线指挥权交给第一军统帅、经验老到而勇敢负责的大将黄忠，自己带着主力军和法正等幕僚人员往南稍做撤退，流露出放弃汉中的意图，使夏侯渊更加轻敌。

第四章 得失荆益

接着，刘备下令黄忠进攻张郃所驻守的东城，并采取猛烈的火攻。夏侯渊接到消息，立刻派夏侯尚和韩浩率军驰援，黄忠军撤退，夏侯尚不听张郃苦劝，乘胜追击，张郃只好随后前往支援。

黄忠军每天撤退一个营，很快抵达天荡山脚下。韩浩和夏侯尚紧追而至，黄忠突然杀了个回马枪，左右伏军尽出。韩浩、夏侯尚被包围袭击，阵脚大乱，两位主将战死。张郃见黄忠英勇善战，不敢恋战，立即退回东城防守。

黄忠乘胜追击夏侯渊大本营的南城，夏侯渊大怒，倾巢而出，想歼灭黄忠军，给夏侯尚等人报仇。

刘备派使者通知黄忠不可硬碰硬，火速向沔水方向撤退，并和刘备主力军在定军山上会合，驻扎山上，居高临下，恃险固守。

由于连续快速调动，黄忠军显得有些混乱，夏侯渊见状，以为有机可乘，率领少数亲卫部队猛追，想一举击杀黄忠。张郃闻讯，深恐其中有诈，立刻出兵前往支援。

然而夏侯渊为了抢功，火速行动，孤军深入，一直追到定军山下。法正在山上督阵，见夏侯军旗帜不整，军队乱成一团，部署上破绽百出，认为时机成熟，便向刘备建议说："可击也。"

刘备下令黄忠率军从上往下攻击往山上走的夏侯军，夏侯军毫无准备，没料到敌军会突然反击。在益州军的全力冲杀下，全军一片混乱，呼天抢地，如鸟兽散，主帅夏侯渊及副将赵颙当场阵亡，五千亲卫部队全部被俘。

夏侯渊被杀后，只剩张郃退守。曹操闻讯，连忙赶到汉中前线，亲自指挥作战，但已无力挽回被动局面。一个月后，曹军粮食出现紧张，甚至不少军队出现逃兵，曹操深感进退维谷。

五月夏，汉中雨季到来，曹军粮食补给更加困难，连负责向导的王平都归顺了刘备。曹操无可奈何，在军事会议上，将汉中比为"鸡肋"，"鸡肋、鸡肋，食之无味，弃之可惜"。

虽然在情感上有些不甘心，但通过理智的考虑，曹操仍下令拔营撤军，将汉中地区拱手送给了刘备。

不过，曹操在撤离汉中地区时，仍留下张郃及曹洪两支军队，分别驻扎在陈仓和武都郡，以防刘备由武都进逼关中；另外，又传令雍州刺史张既，加强雍州边界的防御，并由曹氏子弟曹真，率兵掩护曹洪逐渐撤离武都，结束了长达一年多的汉中战役。

接着，刘备命令宜都太守孟达从秭归进攻房陵。孟达马到成功，攻陷房陵。刘备又派养子副军中郎将刘封，从汉中沿沔水同孟达会师合攻上庸，上庸太守申耽率部归降，还把自己的妻子和宗族送往成都，以表忠诚。刘备封申耽为征北将军，领上庸太守，封其弟申仪为西城太守。这样，沿着沔水下去，汉中可以经由上庸、房陵通向襄阳，汉中在刘备手中就更加重要了。

在刘备夺取汉中等地之时，诸葛亮出色地完成了支援前线、供应军需物资以及补充输送军队的工作，"足食足兵"，对保证战争的胜利，起了重大的作用。

刘备夺取汉中等地之后，诸葛亮、法正等人尊刘备为汉中王，并给汉献帝奉上一份奏章，请求汉献帝封刘备为汉中王。之后在沔阳搭筑高台，为刘备称王举行仪式。"陈兵列众，群臣陪位"，先由大臣宣读奏章，之后，刘备遥拜汉天子，然后戴上了王冠，自立为王。

接着刘备册封刘禅为王太子，任命魏延为镇远将军，领汉中太守，镇守汉中，自己统率群臣回到都城成都。刘备以许靖为太傅，法正为尚书令、护军将军，关羽为前将军，张飞为右将军，马超为左将军，黄忠为后将军。

在主要的文臣武将中，只有诸葛亮和赵云的官位没有升迁。诸葛亮仍是军师将军，赵云仍为翊军将军。这固然是为了安慰益州土著望族，但也说明了诸葛亮和赵云两人不谋私利、全意为公的品格。

第五章　三国鼎立

一、大意失荆州

随着据有益州，夺取汉中，刘备政权的势力范围不断扩大，刘备同孙权的矛盾更加激化了，双方随之展开对荆州的争夺。

荆州是重要的政治经济中心，战略地位极为重要。得到荆州，对曹操、刘备、孙权三方势力的消长，都有很大的影响；而且，他们都清楚地认识这一点，都想荆州为自己所掌握。由于条件的限制、三方力量的相互牵制，赤壁之战以后，谁也没能把荆州完全据为己有，形成了三方分割荆州的局面。后来孙权把南郡借给刘备，企图利用刘备的力量抵御曹操，只是一种暂时的策略，迟早是要刘备归还的，而刘备自然不愿归还，这样，双方之间就产生了矛盾。问题不仅在于荆州地区对双方力量的消长有关，而且还在于它对孙、刘两方战略方针的实现都至关重要。如前所述，刘备的战略方针是诸葛亮在《隆中对》中提出的：据有荆、益，然后分两路出兵北攻曹操，兴复汉室。孙权的战略方针是周瑜提出的：从荆州攻占蜀地，再攻占汉中，然后集中兵力出襄阳进击曹操，一统天下。这种基本相同的战略方针，导致了双方的根本利害冲突。这种矛盾不可能单纯用协商的办法来解决。随着条件的变化、时间的推移，必然会导致联盟关系的破裂，甚至发生大规模的武装冲突。

建安十六年（公元 211 年），孙权接回其妹孙夫人，导致张飞、赵云截江夺刘禅，双方关系几乎弄僵。

建安二十年（公元 215 年），孙权派诸葛亮的哥哥诸葛瑾为使者觐见刘备，要求归还荆州，刘备以夺得凉州后再归还为借口拒绝了。于是孙权便诉诸武力，派吕蒙领兵袭击长沙、桂阳、零陵三郡。刘备也亲自带兵东下，派关羽入益阳和孙权争夺三郡。孙权派鲁肃到益阳，和关羽对峙。这时刘备听说曹操率兵攻打汉中，唯恐益州有危险，被迫向孙权请和。双方商定平分荆州：湘水以东的江夏、长沙、桂阳三郡归孙权，湘水以西的南郡、零陵、武陵归刘备。这实际上是刘备用长沙、桂阳两郡来换取南郡一郡。这样，孙、刘的矛盾暂时得以缓和，继续保持了联盟的关系。

刘备占领益州北部自立为汉中王之后，孙权更加不满，他的态度逐渐改变，为了夺占荆州，孙权宁愿牺牲孙、刘联盟。孙权这种态度的转变并非偶然的，首先，他认为这时再保持孙、刘联盟，任由刘备势力不断壮大，对自己是害多利少。其次，经过一段时间的努力，东吴内部统治已比较稳定，经济、军事实力大大加强，控制的地盘已从扬州扩大到岭南的交州。感到有能力、有条件同刘备进行一番军事较量。再次，这时，亲刘派的代表鲁肃已病死，代替鲁肃领兵和关羽对峙的是疏刘派的代表吕蒙。吕蒙极力主张夺取荆州，在一定程度上也影响了孙权态度的转变。

建安二十四年（公元219年）七月，关羽乘曹操在荆州北部统治不牢固，出兵攻袭樊城、襄阳。这次出兵是想要夺取襄、樊，控制荆州北部，和汉中相连接，为刘备将来两路北伐创造有利的条件，并非全局性的战略进攻。这符合诸葛亮的战略意图，得到了刘备和诸葛亮的允准和赞同。

襄阳处于荆州南阳郡和南郡之间，秦朝以来便以汉水为界，汉水以北为南阳郡，汉水以南为南郡。襄阳城正处于汉水南岸，属于南郡，但对岸另一重镇樊城则隶属南阳郡。

荆州府治原来在武陵郡的汉寿，刘表为荆州刺史时，对南荆州没有控制能力；因此，将府治迁到荆州北部的襄阳。

襄阳"跨连荆豫，控扼南北"，就是说，襄阳往北可掌控黄河南岸的豫州，往南可控制长江以北的北荆州，汉水又经过襄阳城北，朝南纵向注入长江，襄阳正位于这条水路及陆路的枢纽处。从地理位置来说，襄阳固然很重要，但由于位于汉水南岸的平原上，几乎没有天险可守，所以需要北岸的樊城做辅助。

接到关羽大军北上的消息，曹仁立即下令全军渡江进驻樊城，只留将军吕常，以维持城内治安为名，率领少数警卫队封锁对外交通，使襄阳不再成为军事重区，将关羽的注意力，引向樊城。

果然，关羽只派一小支军队去包围襄阳，自己带着主力渡河攻打樊城。只要樊城陷落，夺取襄阳自然如探囊取物，这样，关羽就掌握了曹操、刘备、孙权三大势力的枢纽地带。这或许正是关羽冒险北上、发动襄樊战役的主要原因。

关羽发动这场战争，显得很迫切，他让南郡太守糜芳转移到江陵，保护后方最重要的军资重地，并派士仁把守公安，防备东吴军的进攻，关羽则亲率荆州军团主力，以"恢复汉室"为旗号，攻打自从赤壁之战以来，一直驻屯于襄阳和樊城的曹仁军队。

开始关羽进展非常顺利，不但紧紧围困了曹仁的守军，而且让这位曹军大将一筹莫展。曹操不敢轻敌，派出智将于禁，率领七支大军前来援助，并派西凉猛将庞德为先锋。

关羽利用七月中旬正逢雨季，把河堤毁断，引汉江洪水，淹于禁在樊城外的大军，活捉了于禁，斩杀了庞德。城内曹仁眼巴巴地看着同僚惨败，无力救援。关羽声威大振，以至于曹操几乎想把汉献帝迁离许都来避开其锋芒，由于丞相府军事参谋司马懿极力反对才作罢。为了提高前线官兵士气，曹操亲率大军，进驻洛阳，了解战况，并随时准备紧急援助。

樊城四围被洪水淹没，城墙浸水时间一长，逐渐出现崩坏塌方，曹仁准备放弃樊城，退入豫州。谋臣满宠认为，襄樊失守，洛阳、长安直接面临威胁，将严重影响朝廷安全，应当拼死坚守，以尽保国卫民的职责。

曹仁接受了满宠的建议，将自己心爱的名贵白马沉入水里，表明誓不退缩的决心，他和城内军民约定："我等受曹公重任，保卫此城，宜全力以赴，至死不渝，有言弃城者处斩。"

全城百姓，无论老少，都前去担土石填塞城墙，坚守十几日后，洪水逐渐退去，樊城的紧急状况才渐渐舒缓。曹仁立刻下令重新部署防务，准备打持久战。

曹操又一次派出既审慎又能够独立作战的徐晃，前来增援曹仁。徐晃斗智不斗勇，他把部队驻扎在城外，和关羽对峙，反从城外包围关羽，对关羽军施加心理压力，果然关羽军求战不得，势气大挫。

关羽又紧攻樊城，而城中曹仁的人马只剩下几千人，城内外完全隔绝。关羽又派兵在襄阳包围吕常，曹操的荆州刺史胡脩、南乡太守傅方都投降了关羽，这时许昌以南梁、郏、陆、浑的百姓也遥相呼应，纷纷接受关羽的印号。曹操正一筹莫展之际，丞相军司马司马懿及西曹属蒋济向曹操献策道："关羽得志，（孙）权必不愿也。可遣人劝权蹑其后，许割江南以封权，则樊围自解。"曹操接受了他们的建议，立即派人送信给东吴。

孙权一直试图收回荆州的全部土地，据有长江，扩大地盘。前次的进攻，因遇上了刘备的大军，估计无法取胜，于是接受了刘备的求和。此时，关羽进攻樊城，吕蒙便向他献计趁机暗算关羽，收回荆州。孙权自然同意。于是先由吕蒙行韬晦之计，称病退回建业，并带走一部分军队，使关羽产生错觉；接着又由孙权任命不出名的陆逊代替吕蒙，而陆逊到陆口后，又写信给关羽，称赞其丰功伟绩，并贬低自己，从而消除了关羽的疑心。关羽果然中计，对东吴这边无所顾忌，甚至使防守公安和江陵的军队也抽出一部分调往樊城。就在这时，孙权收到了曹操的来信。

孙权看了曹操的信后，心中暗喜。马上回信给曹操，表示同意，并"请以讨羽自效"。孙权信中还再三嘱咐，一定不要泄露东吴的意图，以免关羽有所防备。但曹操收到信后，却故意让徐晃将孙权的来信分别射入樊城及关羽营中。城中听说后自然士气大振；而关羽看到孙权书信后，则颇为犹豫。一方面，他自恃江陵、公安防守牢固，非孙权旦夕可拔；另一方面，也觉得樊城被大水所围，势必破之，如果现在解围离去，则功亏一篑。

正当关羽犹豫的时候，吕蒙开始西进至寻阳，吕蒙把精兵潜伏于船中，让白衣人摇橹，扮作商人模样，昼夜兼程，直奔公安。关羽原先部署在江边的侦察兵，也被吕蒙全部生擒，所以关羽竟丝毫没有察觉到吕蒙的行动。等大军开到公安城下，吕蒙让虞翻写信劝守城的傅士仁归降。因为关羽平素就轻视他们，糜芳、傅士仁早已心怀不满，再加上对前线的军资补给不够及时，关羽又扬言回来后将处罚他们，于是心里惶恐不安。所以，傅士仁一收到虞翻的劝降书信后，马上投降。吕蒙又将傅士仁带到江陵城下，糜芳见傅士仁已降，也开门出降。这样，江陵也被吕蒙占领。

吕蒙进驻江陵后，先释放了于禁，对关羽及其将士家属，也尽力抚慰。吕蒙还约令军中，不得侵占百姓财物。对关羽的府藏财宝，都暂时封存。城中一切照旧，没有造成骚乱，民众并不惊慌。

关羽闻听南郡被取，马上从樊城撤军，南保江陵。一路上，他不断派人与吕蒙联系，而吕蒙对这些使者都热情接待，并让他们周游城中，家家致问，有的还写了书信，让使者带回。使者回来，关羽将士们知道家中很好，且待遇超过平时，都无心恋战，不愿替关羽卖命了。不久孙权也亲临江陵，原先荆州的将吏们都纷纷归降了孙权。孙权任命吕蒙为南郡太守，陆逊为宜都太守。十一月，刘备任命的宜都太守樊友弃城而逃，其下属各城长吏和蛮夷郡长都投降陆逊。陆逊又向西进军秭归，一一击败当地拥兵自重的大姓。陆逊前后斩获及招纳者有几万人。孙权又以陆逊为右护军、镇西将军，进封娄侯，驻扎夷陵，守

第五章 三国鼎立

峡口。

关羽自知势单力孤，向西退守保麦城。孙权派人诱降，关羽假装投降，在城上树起旗墙伪装成人像，然后逃走。此时兵卒们都离关羽而去，关羽身边只剩十多个人。孙权又派朱然、潘璋切断小路，至十二月，关羽及其子关平终被潘璋和司马马忠擒获于章乡，当即就被斩首。关羽一死，荆州各郡县也就纷纷被孙权所占领。

关羽被害，荆州陷落的消息传到成都后，蜀中上下无不震惊。诸葛亮立即意识到，他跨有荆、益，两路北伐，一统中原的设想，怕是很难实现了。他想到自己在荆州时和关羽共事的那些日子，不禁潸然泪下。而刘备则一直恸哭不止，他既不甘心失去荆州，同时也发誓要替关羽报仇，刘备决心发兵夺回荆州。

孙权杀害关羽之后，曹操立即上表封孙权为骠骑将军，领荆州牧，封南昌侯，承认荆州的地盘属于他，孙权则把关羽的首级送给曹操，上书称臣。

孙权智取荆州之后，把他的势力范围拓展到三峡以东、长江以南。而诸葛亮跨有荆、益二州，两路出兵北伐的宏伟蓝图即宣告破产了。

关羽之死，诸葛亮负有什么责任呢？按理说，诸葛亮与关羽相处很久，对于关羽的高傲自负，诸葛亮是了解的。关羽目空一切，不注意团结身边的同僚下属，也容易麻痹轻敌，这对镇守荆州这么重要的地方的统帅来说，应该说是一个致命弱点。那么为何刘备还要关羽辖领荆州，而诸葛亮也表示赞同呢？首先，关羽是个赫赫有名的战将，勇猛善战，人所共知。"刮骨去毒"也显示了他的英雄本色，孙权方面的周瑜称他是"熊虎之将"，陆逊夸他是"当世雄杰"，曹操方面的程昱说他是"万人之敌"，董昭认为他"为人强梁"；其次，关羽对刘备忠心耿耿，南征北战，出生入死，在困境中一直追随刘备，两人关系十分亲密，让他镇守荆州，在政治上是可靠的；最后，在刘备手下的将领里，还找不出比关羽更为合适的人选。因此，对刘备来说，让关羽镇守荆州，虽然有些不够理想，也只好如此。同时，诸葛亮同关羽不是上级和下级的关系，一个是军师将军，居文臣之首，一个是前将军，居武将之首，两人地位相当，诸葛亮也无权任免关羽。这里不存在诸葛亮用人不当的问题。

刘备、诸葛亮的问题倒不在于派遣关羽镇守荆州，而在于他们没有针对关羽的弱点和荆州的重要性，安排比较合适的人选，去佐助他，采取必要的措施去弥补。作为统筹全局、出谋划策的军师而言，诸葛亮对荆州的失陷，无疑也是负有一定责任的。

还有一个问题需要解释，就是关羽是否违背了诸葛亮的联孙抗曹方针，是否是他首先破坏孙、刘联盟？

显然关羽缺少政治头脑，行为也不讲策略。他对孙权十分不友好。当孙权出于拉拢的目的想和关羽结为亲家时，关羽"骂辱其使，不许婚"；当关羽北攻樊城，孙权表面上答应给予援助，暗地里却又故意不让部下行动时，关羽骂孙权是"貉子"，并在俘获曹将于禁等人之后，擅自用孙权"湘关米"给俘虏食用。关羽的这些简单粗暴的做法，无疑极不高明，但是否能说因此才激怒孙权改变态度，决定夺取荆州呢？显然不是，孙权对荆州极为重视，而且在吕蒙的支持下，早已改变了亲刘的方针，确定了夺取荆州的计划，就是关羽没有激怒孙权，孙权对荆州也是志在必得的。倒是刘备对孙权的态度还过得去，并且娶了孙权的妹妹为妻，但孙权不是照样去争荆州三郡，甚至兵戎相见吗？可见，问题的关键不在于关羽态度的好坏。如果没有孙权从背后进行偷袭，关羽在襄、樊战役中取得胜利成果是很有可能的。因此，破坏孙、刘联盟的罪魁祸首是孙权而非关羽，关羽的做法算不上破坏了诸葛亮联孙抗曹的大计。

关羽失荆州过程中，蜀汉宜都太守孟达没有发兵去援救关羽，荆州失陷之后，他心里一直不安。蜀副军将军刘封又认为自己是刘备的义子，蔑视孟达，以势压人，两人很不和睦。建安二十五年（公元220年）七月，孟达被逼率领部属投降魏王曹丕。曹丕合房陵、上庸为新城郡，派孟达为新城太守。蜀上庸太守申耽、西城太守申仪也都背叛了刘封降魏。这样房陵、上庸、西城三个郡，在刘备手中只有一年的时间，就全都失去了。

《隆中对》的策略里，据有荆州是至关重要的条件，日后北伐中原，主力部队要从这里出发，占有襄樊便可直接威胁司隶区和豫州，进而争取和曹操处于对立地位的汉室公卿的支持和协助，解除曹操"挟天子以令诸侯"的优势，反劣势为优势。一旦司隶区和豫州反正，曹操新得到的冀、幽、并、雍及凉州都会产生动摇，使曹操大本营兖州陷于孤立，要击败曹魏政权，荆州的确很重要。

荆州丧失后，直接攻击襄樊的基地没有了，日后诸葛亮虽然有心策动荆北新城郡的孟达回到蜀汉，但被司马懿破坏，功败垂成。

此后，诸葛亮再无法直接进攻襄樊了。最近的北伐路线，是攀越秦岭攻击长安，这条路线，崎岖难行，补给困难，很容易被曹军发现，十分危险。北伐战役刚开始，大将魏延曾建议从子午线直攻长安，诸葛亮不赞同，因为这条路线，曹魏防守容易，远征军风险太大，对处于弱势的蜀汉是十分不利的。

后来，诸葛亮只好采用安全上垒方式，绕道凉州北征。这样既浪费时间，效果又差，这是丧失荆州后所造成的严重后遗症。

影响最大的是，由于荆州失守，关羽被害，刘备几乎出动了蜀汉大军的全部，东征孙权，却被陆逊在猇亭附近用火攻击溃。蜀汉军在人力、物力上损失惨重，下文对此事将有详细描述。这次的战败，使后来诸葛亮北伐时，人力和粮草的补充上遇到前所未有的困难。关羽大意失荆州，也是诸葛亮最终无法突破三足鼎立僵局完成一统大业的主要原因。

荆州战役后，吴、蜀虽然举行了和谈，重建同盟，但彼此的分歧很大，根本无法再合作了。

孙权从刘备手中占领了荆州之后，三国鼎立的格局基本形成了。

二、冲冠一怒

失荆州，对刘备、诸葛亮无疑是一个沉重的打击，刘备决定不惜代价夺回荆州，考虑到时机问题，才没有马上出兵。

就在失荆州的次年，即建安二十五年（公元220年）的正月，曹操在洛阳病逝。消息传到成都，诸葛亮沉默半晌。他想起刘备就任汉中王后，曹操还送来了五斤鸡舌香，并附有一个短笺，诸葛亮翻出原笺，重新读了一遍。笺很短，只有两句话："今奉鸡舌香五斤，以表微意。"鸡舌香是一种珍贵的香料，按汉朝惯例，尚书奏事时要口含鸡舌香，以防口中气味难闻。这位多少年来的老对手，居然能想得如此周到。而今，人已去矣，鸡舌香犹存，诸葛亮已很难说清对这位"老贼"的死是一种什么样的心情了。

十一月，曹丕称帝，曹魏政权正式建立，并且改元"黄初"。传闻说汉献帝已经遇害，于是刘备又为汉献帝发丧制服。但事后发现，汉献帝并未被害，只是被曹丕废为山阳公了。这时蜀中官员又争献符瑞，纷纷劝刘备也称帝，而刘备没有答应。诸葛亮见汉室已被曹丕颠覆，而刘备又是皇室之胄，为了团结部众，号令天下，兴复汉室，他认为应该迅速打出帝王的旗号。于是上书刘备说：

"曹丕篡位，覆灭汉室，迫害忠良，暴烈无道。现在上无天子，海内人心惶惶，忠臣义士无从效忠。大王是孝景皇帝、中山靖王的后代，如同汉高祖一样，也是兴起于汉中，而且仁德爱人，四方归心，理应继承汉家正统，即皇帝之位。"

刘备本来就期盼有一天能继承刘汉的正统，扩大自己的政治势力，就没有再推辞。公元221年四月，刘备在成都西北武担的地方搭建高台，举行即位典礼，当了皇帝，国号为汉，史称汉昭烈帝，也称先主，这年改元章武，大赦天下。刘禅被册立为皇太子，诸葛亮为丞相，居文臣之首；张飞为车骑将军，居武官之首。蜀汉政权终于正式建立。这年的四月，孙权也从公安迁都到鄂，并改鄂名为武昌。

这时，刘备认为曹丕刚称帝，正忙于稳定内事，无暇他顾，并且自己也完成了伐吴的军事准备，便亲率五六万大军，讨伐孙权，准备夺回荆州。

翊军将军赵云劝阻说："国贼，曹操也。若先灭魏，则权自服。今操身虽毙，子丕篡盗，当因众心，早图关中，居河渭上游以讨凶逆，关东义士必裹粮策马以迎王师。不应置魏，先与吴战。兵势一交，不得卒解，非策之上也。"当时群臣也有很多人劝谏，然刘备都不肯听取。广汉名士秦宓甚至以天象为依据，陈说伐吴不利，结果被刘备投入监狱。诸葛亮见刘备盛怒，也不好多劝。于是，章武元年（公元221年）七月，刘备开始率军伐吴。

但临行之前，又传来张飞遇害的噩耗。张飞虽是万人之敌，对有学问的人也知道敬爱，却不顾惜下属，平素刑罚过于严苛，常常动辄鞭打身边的侍从。刘备决定伐吴后，派张飞率兵万人从阆中出发，到江州会合，不料军队出发之前，张飞因为对部将肆意暴虐，而被部将张达、范强杀死，持其首级顺流投奔孙权。张飞的死又加深了刘备对东吴的仇恨。

因此，刘备不顾张飞死后军队整编出现的困难，在仓促间勉强编组四万余兵马，集合江州，准备尽快出兵。抵达江州以后，刘备下令赵云部队留守，命令吴班第一军为先锋，首先出兵三峡，攻打荆州境内，然后亲率第二军及第三军随后而来。

这回分组，刘备完全是单兵作战。他将蜀汉战斗力最强的马超部队及魏延部队，留守汉中和蜀北，目的在于防止魏军趁机南侵。大本营里，作战经验最丰富、功绩最多的赵云军团却编为预备军，留守江州，一方面表明刘备对赵云反对这场战争的不满；另一方面，也预防东吴军由其他地方攻击益州时，赵云至少能够站在第一线，以保蜀中万无一失。

由于关羽、张飞、黄忠先后辞世，刘备阵营中，能够独力作战的统帅级将领所剩无几，刘备以皇帝之身屈驾亲自指挥东征，确实有相当浓厚的悲剧色彩，也许刘备也早已豁出去了。

由于刘备军声势浩大，加上鲁肃辞世后，与鲁肃抱有亲蜀思想的东吴重臣仍然很多，孙权于是派南郡太守，也是主和派重要人物诸葛瑾出使蜀汉进行调停，目的在于缓解彼此之间的矛盾。

诸葛瑾知道刘备此刻正在气头上，于是以自己的名义派遣使者，另外造一份和解建议书给刘备，书中写道：

"我听说您大军已经来到白帝城，能够确信是因为不少臣属认为吴王曾侵取荆州，杀害关羽，导致彼此祸大怨深，因而孙、刘绝对不可能议和。"

"实际上有这种想法的人，是小人之心，并没有留意于大者，因此我特意为陛下讨论此间事情的轻重。"

"请陛下暂时平息心中怨愤，冷静听我诸葛瑾分析，相信即刻可以获得结论，不用再咨询一些缺乏眼光的臣属。"

"陛下认为关羽和先帝哪一个更重要呢？荆州和整个天下哪个更重要？这些家恨国仇的先后，应怎样安排？相信你只要略为计划，谁重谁轻，便会了然于胸。"

诸葛瑾这番劝言，显然是要刘备以国仇为重，继续和东吴合作，目的在于对抗曹操。其重点和范围，均不超过早先赵云的劝谏，而对于急于报仇雪恨的刘备，当然是听不进去这些的。

因为鲁肃去世后，和刘备较有关系的人，只剩下诸葛瑾。因此，这是蜀汉和东吴最后和解的机会，赤壁之战的盟友，终将反目成仇，进行对抗了。

在两国关系紧张的时候，诸葛瑾用私人名义写信给刘备的行为，遭到别人误解，将此事秘密告诉孙权，表示诸葛瑾恐有他心，让他镇守南郡，必将触及前线安全，主张即刻加以调动。

孙权却笑着说道："我和子瑜有死生不易之誓，子瑜之不会背叛我，就如我不会背弃他一样啊！"

但是东吴旧臣，认为诸葛亮已为蜀汉宰相，主掌大权，与过去不同，诸葛瑾难免有不同的想法，所以议论纷纷，表达对前线的关切。

夷陵守将陆逊，对流言会影响前线士气颇为担心，于是公然上表为诸葛瑾作保，而且要求孙权澄清此事。孙权于是向臣属表示：

"子瑜和我共事几十年了，手足情深，互相了解更不用说。子瑜为人，小心审慎，非义不言。刘玄德当年派诸葛孔明至吴，我也曾经对子瑜说，'卿与孔明是同胞兄弟，弟弟跟随哥哥，义理而言，也是当然，为什么不趁此机会留住诸葛亮,如果孔明愿意留在此,我愿意亲自写信给刘玄德,希望他依照孔明的意愿放人。'但是子瑜却对我说:'我的弟弟诸葛亮既然已经委身于刘备,主从关系已经确定,我相信他必定是义无二心。诸葛亮不会留在东吴,就像诸葛瑾不可能投向刘备一样。'我相信他是真诚的,神明共知,如今怎么反而会有投向刘备的想法呢?

"前些天的密告书,我曾拿给子瑜看,而且将之毁掉,孤和子瑜,可以说交情颇为深厚,不是任何流言蜚语能够影响的。陆逊将军既然有这样的提议,我就自应将此内幕公开,让前线将士放心,孤与子瑜绝对没有任何异心。"

此书表公开以后,东吴前线军民之心稳定了不少。

孙权不仅将密谗者的"妄语文疏""封示子瑜",并且连陆逊的上书也交给诸葛瑾看了。君臣之间可以这样真诚相见,在中国历史上确为罕见。难怪为《资治通鉴》作注的胡三省感叹:"观孙权君臣之间,推诚相与,谗间不行于其间,所以能保有江东也。"

孙权夺荆州之后,知道刘备不会善罢甘休,他一方面向曹魏讨好,把曾被关羽俘获的于禁送还曹丕,情愿称臣,接受曹丕封其为吴王,对魏国的要求尽力给予满足,以求得曹魏在蜀汉进攻时保持中立;另一方面对蜀汉采取进一步防范措施,将都城从建业迁至长江中游的武昌,以便能够扼守荆州,而且任命有才干的将领陆逊为镇西将军,加强西线防务。和议没有达成,战争已经不可避免。

刘备先发制人,他很清楚吕蒙辞世以后,东吴西战线实力薄弱。于是,刘备即刻下令第一军团的吴班及第二军的冯习,发动突然袭击,南郡军事重镇巫县的守将李异及刘阿等被击溃,刘备军声势大振,进军到秭归城的时候,已经集结了四万余兵力。武陵地区的少数民族酋长也纷纷响应,投入刘备阵营。

那个时候,刘备兵共四万余人。但是孙权以镇西将军陆逊为大都督,督将军朱然、潘璋、宋谦、徐盛、孙恒等五万人拒之。此外,孙权又在这年的八月派遣使者向曹丕称臣,卑辞奉章,而且送于禁等还魏,目的在于稳定他的后方。而曹丕为了让吴、蜀相斗,也旋即遣使拜孙权为吴王,加九锡。不久以后,孙权也改年号曰"黄武"。

实际上,这场战争两方均不敢全力以赴,曹丕虽然刚刚继位,但是曹魏政权稳如泰山,现在又已建国,声势正旺,随时有南下的可能。

刘备以帝王身份,屈尊去进行私人战争,虽势在必然,但不敢动用可独当一面的大将,因为原来东征的主将张飞不幸辞世,刘备已找不到可替代的人选了。

诸葛亮当然应该驻守大本营，以免发生异变，一向与诸葛亮配合默契的赵云，虽然是东征的理想人选，但是由于他公然反对这次战争，所以刘备不想派他做主战部队，而只以预备师镇守江州，实际上仍在为诸葛亮把守东方门户。

汉中地区随时可能有变故，所以魏延军团也动用不得。地位崇高的马超军团镇守蜀北，目的在于防止凉州军团的可能入侵。所以，这次东征孙权，虽然动用了四万多人，但是刘备的角色，实际上是"校长兼敲钟的"。

但是，孙权方面也好不了多少，老将程普已经辞世，少壮将领周瑜、鲁肃、吕蒙也天不假年，全部壮年病逝。黄盖、韩当等虽猛勇，却难当大帅。

东战线周泰、甘宁等，合力守合肥战线，曹魏时常南下，不得调动，而且曹魏军力远大于蜀汉，所以孙权比刘备更凄惨，根本离不开东战线。唯一能够守西线的徐盛，统领和策划的独立性又不足，让孙权头痛不已。

吕蒙临死时，曾经推荐镇西将军陆逊接替自己。他指出："陆逊城府深远，才思敏捷，能堪重负，看他规划上之周到，终可大任。"

荆州争夺战期间，陆逊从陆口率军，攻取南郡和公安，击溃刘备原本建立的防线。战争打完以后，吕蒙因病退职，陆逊屯驻夷陵，统筹指挥西战线。

陆逊向孙权进谏，采用刘邦入关中的宽容战略，重用荆州当地人士，重建荆州，孙权采纳其言，荆州的混乱状况即刻稳定了。

刘备东征部队多达四万余人，孙权如果要与之抗衡，必将动用多数军团，因为军团将领都属第一及第二代精英，辈分第三代的陆逊，虽然有才干，能否服人，孙权对此没有把握。

但是南郡太守诸葛瑾，始终认为陆逊是唯一人选，于是向孙权极力推荐。孙权逼不得已直接召见陆逊，考察其个人意愿及主张。

孰料陆逊慨然应允，并马上提出军团编组及作战计划，表明他已准备和思考多日了。

陆逊提出编组的军团，多达五万余人，远超赤壁之战周瑜所统领的部队。阵容包含东吴第一代及第二代的名将，其气魄之远大，实令人叹服。孙权很欣赏他，批准了他所有的计划。

但是，最让孙权担心的，仍然是北方的曹魏，倘若趁吴蜀大战期间，曹丕遣大将挥军南下，事情就麻烦了。所以，诸葛瑾的和议失败以后，在当年八月间，孙权派遣使者向曹丕称臣投降，而且以低姿态奉上奏章，送还被关羽监禁在江陵的于禁。魏国群臣全部向曹丕道贺，曹操时代从来未能达成之功业，总算由曹丕完成了，名义上曹魏算是收服了江南。

但侍中刘晔暗中晋见曹丕，说道："孙权投降别无其他原因，必是内部有紧急的危机啊！孙权前年斩杀关羽，刘备迟早会兴大军报仇的。外部遭到压力，内部必定不安，再者又担心我们趁机南下，才会暂时假装投降，一可以挡住我们的袭击，二可以向刘备表示他跟我们是联合的，促使刘备产生疑虑。而今天下三分，中国十有其八，吴、蜀各保一州，靠着山水天险，相互救急，这是小国之利啊！如今他们却相互攻击，此天亡之也。"

"我们趁此大兴兵马，渡江袭之，刘备攻打外部，我们袭其内，东吴不出十日必亡。东吴灭亡，蜀汉孤立，就算他们获得吴地的一半也必然不能久存，况且我们能获得的反而是东吴的精华区呢！"

曹丕表示："别人既然称臣于我们，然而又偷袭之，那么其他想来投靠我们的一定有所疑虑；倒不如先接受东吴的投降，并趁机偷袭刘备，可能较有利些。"

刘晔道："蜀国远而吴国近，况且诸葛亮仍镇守成都，必有所准备，若闻我们将攻击之，一定会马上回师。而今刘备在气头上，倘若听到我们攻击东吴，一定更为高兴而加紧攻击之，目的在于求和，我们共分吴地。所以以我们的立场，进攻吴利，攻蜀反而不利。"

曹丕认为东吴绝不会这么容易被击败，如果不成功，不仅名义上的臣服无法达成，而且可能会成为天下人的笑柄，因此拒绝了刘晔的提议。

于是曹丕遣太常邢贞，奉策拜孙权为吴王，而且加九锡之尊。

邢贞出使吴国，东吴大臣听说只封王，当然不高兴，均向孙权建议，应该向曹丕争取上将军、九州伯，否则，拒而不受曹魏封赐。

实际上孙权根本不在乎封王，他只是为着权宜之计，如果曹丕不趁机动兵，目的便达到了。所以反而规劝群臣暂时忍耐，自己为了表示谦卑，还特意出京城等候邢贞。

邢贞看了非常高兴，竟然入城门时，连车也不下。一边的张昭看了，厉声向邢贞说："夫礼无不敬，法无不行，君却敢妄自尊大，岂以为江南寡弱，便无方寸之刃乎？"邢贞惊恐万分，即刻下车。

中郎将徐盛看见邢贞的行为，极为生气，于是对同列将领表示："徐盛和各位不能奋力献出生命，为东吴并有许都、洛阳、巴中、益州，反而使得主公被迫和邢贞结成联盟，真是耻辱啊！"

当即痛哭流涕，邢贞风闻，也谓其属下道："江东之将相如此忠诚刚烈，东吴绝对不能够久居人下。"

孙权咽下了这口气，知道曹丕已经暂时放弃用武力征服东吴，总算舒了一口气，但是心里仍是很不平衡。所以孙权特地在武昌钓台，举行酒宴，宴中饮酒大醉，让人用水洒群臣，臣属知道孙权心中非常郁闷，也不讲话，唯有张昭表情严肃，离席而去，坐在自己车中。孙权即刻派人去请他回来，而且不好意思地说道："只是酒后共乐，公何必动怒呢？"

张昭严词厉色地对答："以前殷纣王经常为糟丘酒池，共戏群臣，长夜作乐，那个时候大家也都很高兴，不以为是罪恶！"

孙权默然不语，于是停止酒宴，重新振作起精神来。

陆逊虽然拥有优势兵力，又有地理优势。但他认为这些军团虽然是在其下，然而不见得心服，所以仍谨守夷陵，不愿主动出击。

冬天，刘备在秭归等了约有半年，一直到次年二月，华中地区春暖花开的时候，刘备打算率军进攻东吴军事重镇夷陵。

身任军事参议的治中从事黄权，鼓起勇气劝阻道："吴国士强悍又长于水战，如果我军也靠船队顺流而下，恐怕进易退难啊！还是以我黄权为先锋，去面对吴国的敌寇罢！陛下应当在后方坐镇指挥，顾全大局！"

刘备早已经豁出去了，急着想和孙权对阵，所以不听劝阻，反而命令黄权为镇北将军，监督江北诸军团，自己统领军队顺长江而下，直逼夷陵。

陆逊看见刘备奋力而来，兵锋甚锐，不愿意和他硬碰硬，以免造成不必要的伤亡，于是下令前军放弃夷陵，撤退到猇亭地方重布防线，并将指挥总部设置在长江南岸的平道，采取据险固守的战略。

三、火烧连营

刘备发现陆逊临战撤军，于是趁机攻占夷陵，设置前线总军事部，兵分两路，左翼由冯习统领，越过吴军坚守的猇亭，布阵于夷道北岸。陆逊看见刘备主力部队在江北，于是也亲自设营于北岸，与刘备前锋主力对峙。

刘备右翼由猇亭渡江，攻打吴军主营平道，陆逊指派预备师孙桓部驻守夷道，因为兵力较少，被刘备右翼的主力团团围住。

这时，刘备的后备部队有很多仍在秭归，后勤补给也有不少在更西边的巫县。前锋则已经到达猇亭及夷道附近，部队扎营长达六七百里，运输及通信则全部依赖长江水运。

因为蜀军分散，东吴诸将领均主张立刻进行反攻，陆逊则说道："刘备举兵东下，势气正旺，并且西方地势较高，仰攻不易，要想击败他们，恐怕得付出很大的代价，如果有所闪失，就可能会使我们的锐气受到严重挫伤。所以目前宜谨守阵地，奖励将士，以逸待劳，静观其变。"

"再者，倘若这些地方都是平原，我们也许能够乘着人多的优势决一死战。但从夷陵到夷道，全部都是高山深水，行军不易，优势兵力当然展不开。就战术而言，更应该先采取守势，以待敌军之弊，则为上策。"

徐盛、潘璋、韩当等诸老将，全部以为陆逊畏战，心中非常不快，但陆逊却故意睁只眼、闭只眼，全作不知。

双方由二月僵持到六月，即使小型的接触战都没有发生。对陆逊的"零战事"，刘备反而显得毫无办法，只得命令冯习为大都督，张南作为前部都督，掌握夷道附近军情，他自己则来往于秭归及猇亭间，统筹全局。

被吴班团团围住的安东中郎将孙桓，从夷道派人向陆逊告急。陆逊却命令其坚守，断然拒绝前往救助。

徐盛当场抗议道："孙安东是将军，乃我们的公族，绝对不能够被擒，而今已陷入危机，为什么不去救他呢？"

陆逊说道："孙安东一向有士众之心，夷道城最初为我们的大本营，城牢而粮足，并无担忧之处。等我的计划实施，就算不去救助，包围也当然可解。"

徐盛虽然不服，但身在前线，军令不可违，也不便再说什么。

东吴阵营诸将，以为人数上已占优势，急于迅速结束战争，但陆逊却坚持持久战术。将领有的是孙策时的第一代老将，如韩当，很多则都是第二代的名将，如徐盛、潘璋，也有孙氏的王亲国戚，如朱然等，面对年轻的统帅，虽然表面服从，实际上"各自矜持，不相听从"，尤其是不时的冷嘲热讽，影响了军心。

参谋人员劝陆逊向孙权反映，陆逊却不同意。为了维持军中纪律，陆逊在阵前召开军团领袖会议，当场按剑表示："刘备是天下知名的英雄，连曹操都让他三分，今天他率大军而来，应该不可轻视。各位深受国家大恩，理当同心同德，共破此敌，上报国家才是啊！现在却不和顺相处，削弱自己的力量，是什么道理呢？"

徐盛、潘璋等仍然一副不在意的模样。

第五章 三国鼎立

陆逊严厉说道:"我虽是一介书生,但是奉主上指令,以国家名义要求诸君受我的节制、调遣,总认为我有尺寸之可取,可以忍辱负重。诸位将军都有任务在身,必须和我配合,岂能推辞?军令如山,不能违犯!"

陆逊这番话,软硬兼有,言之有理,诸将自然不便再有所轻浮。否则这位手握军令的年轻统帅,倘若来个翻脸不认人,以诸将的年纪及社会地位,确实划不来。只得暂时压下心中不服,依照军令,全力执行。

长期相持,使刘备有点受不了,长途远征,粮食运送有问题,虽然顺着长江而下,减少不少人力物力,但是再如此耗下去,蜀汉的经营必定产生问题。所以,他不能再等下去了。

为了早日结束对峙,刘备命令包围夷道的吴班,统领少数兵力,渡河北上,由南向北攻击陆逊本营的大后方。东吴诸将见吴班人少,明显是挑衅行为,全都主张出营加以阻击。但陆逊说道:"此必有诈,诸君不信,再过几天就知道了。"

果然,刘备见此计行不通,便命令吴班退回南岸,埋伏在山谷中的八千兵士也现身,跟着南渡。陆逊在城上指着说:"不令诸君击杀吴班者,就是因为这些伏兵!"

刘备见陆逊坚持对峙,于是命令水军撤退到岸上,"舍船就步,处处结营"。

到了六月,陆逊看到刘备的东征部队,逐渐疲劳,报仇雪恨的热情已经淡化,于是暗中给镇守武昌的孙权,写了一封秘密书信。信中说道:

"夷陵虽然是国家军事重镇,但是正好在三峡之口,易攻而难守。为保持军力的完整性,弃守夷陵,绝非真的害怕刘备啊!

"而今刘备违反常理,不据险坚守,反而急着求战,是他自己来送死。臣虽然不才,奉主公威灵,如果顺天讨逆,将在近日击败刘备部队,请不要担心。"

"臣最先担忧的是,刘备如果以报仇雪恨之热情,水陆并进,会给我们相当的压力,而今刘备却舍船就步,处处结营,使自己陷入'定形'中,刘备败象已现,我王大可高枕无忧,等待捷报。"

相持半年的蜀、吴大抗争,终在陆逊的主动出击下,很快展开了最初,也是最后的决战。

自黄初二年(公元221年)七月,一直到黄初三年六月,两股力量从准备、调度到对峙,前后整整一年,单阵前相抗衡,也有六七个月之久。

闰六月,向来采取坚壁清野的陆逊,判定时机已经成熟,决定主动攻击。

徐盛等将领反而愣住了，表示："要攻打刘备，应该在他们刚到达猇亭，阵脚没有稳定的时候才对，如今他们已经在六七百里间建立坚固阵营，并且已经部署了七八个月，其各个要害兵力部署早就已经完善，攻之也无利。"

陆逊当即表示："刘备作战经验丰富，并且这次是有备而来。其军队刚结集完成时，思考应该相当周到，去攻击他们反而是非常不利的。而今驻屯已久，但是占不到任何便宜，师劳无功，兵疲意沮，肯定谈不上有任何规划了，进攻他们正是时候。"

所以陆逊命朱然军团分出一支，前往攻打刘备最前面的营阵，但是仍立刻遭到失败。

徐盛不无嘲讽地说道："这不是又白白损失不少士卒吗？"

陆逊却充满自信地说道："我已经知道怎样击败刘备的主力军了。"

时闻六月，华中地区东南季风非常盛行，陆逊下令第一军朱然军团由水路而上，直接攻打驻屯猇亭的刘备大本营，船上载有大量茅草和火器，打算发动火攻。韩当及潘璋军团由右翼绕道，进入二百里后面的涿乡，打算切断刘备先锋部队的退路。徐盛和宋谦，先攻打夷道，解除孙桓的围困，并会同孙桓军，由南岸直接袭击夷陵之驻军。如果一切顺利，便可渡江在涿乡会合韩当军队，联合向西进攻，直接攻打刘备军至秭归。

所有军队都带着火器及茅草，攻进蜀营，便顺风放火，蜀军从猇亭到秭归约有四十个营，仅仅烧其二十营区，间隔着烧，节省物力人力，如果造成蜀汉大军之混乱即可。各军团预带干粮，不许休息或暂退，昼夜进击，必须将蜀军赶至三峡口，如果能活捉刘备，更是大功一件。

对于东吴军的出动迅速，刘备的前哨警戒部队当然有所觉察。然而由于前些日子，曾在最前面的驻营发生战争，蜀军认为东吴军士气不振。所以，除了很快向刘备大本营报告、听候指示外，并未做任何紧急应变。

确实被陆逊料中，刘备的确在猇亭营区，接到报告之后，刘备即刻下令冯习、张南的前线部队展开攻击，而且通知吴班第一军准备北渡，从南方打击陆逊主力部队。

刘备确实想不到陆逊居然不管前线的冯习及张南的进攻，而是取水路绕道直接袭击猇亭的刘备大本营。所以当一切派遣完毕，刘备仍留在指挥部，继续等到更多的情报，以安排自己的行动。

接近凌晨时刻，岸边哨兵看到大量东吴水船逆流而上，直接攻打猇亭大本营。刘备大为惊恐，立刻下令全营紧急应战。时东南风急，朱然在船上进行火攻，刘备营帐即刻起火。尤其时值夏天，刘备营帐大多扎在树林旁边，目的在于求得凉爽。火克木，猇亭所有营帐立即陷入一片火海。慌乱之中蜀军自相践踏，死者不可胜数。

祭酒程畿看到大势已去，立即保护刘备向西撤退，而且通知各营区前来护驾。

前哨的冯习和张南，风闻大本营有变，即刻舍弃陆逊的主力军团，向西撤退，前往救援刘备。

刚渡过长江的吴班，正准备袭击陆逊北岸营区，没想到却扑了个空，深知大事不妙，即刻下令向西撤退。没多久，便看到岸边蜀军营区火起，吴班顾不上仍包围着夷道的蜀军，只好紧急向猇亭驰援。

夷道包围战的蜀汉第一军团，在毫无准备的情况下，接连遭到徐盛、宋谦由背后袭击，孙桓又趁机夹攻，几近全军覆没，投降者不可胜数。

朱然军并没有登岸，直接从水路攻向涿乡，准备配合韩当、潘璋切断刘备退路。

凌晨，风助火势，猇亭到夷陵间，所有驻营全部着火，刘备只得越过夷陵，准备退往防御工事比较牢固的秭归城。

这时韩当、潘璋军已由北绕道攻打了涿乡，切断蜀军退路。由夷道折回的徐盛、宋谦、孙桓军团，配合陆逊主力部队由东攻打。朱然军从水路夹击，前面韩当部队又摆出铜墙铁壁般的阻挡形势。冯习、张南、吴班军团虽然已会合，但在慌乱中，大部分军事力量丧失。吴班自己愿意率敢死队直冲韩当军，试图杀出一条血路，冯习军押后，张南则保护刘备，退往涿乡东北的马鞍山区。

吴班奋勇拼杀，攻破了韩当的防御阵线，但是潘璋军立刻补足空隙，让别的蜀军仍无法通过。吴班想再回头杀入，保护刘备，但是军力已明显不足，根本无力再战，只得率领残军，越过秭归城，奔赴江州，向赵云军团求助。

冯习的断后军团往复攻打，为刘备争取撤退时间。没多久，身边仅剩数十骑，又逢徐盛军团，冯习大喝一声，单骑冲入，即刻被砍为肉酱。

张南及副将傅彤，保护刘备和程畿等文职人员退回马鞍山区，徐盛、宋谦、朱然大军在后紧紧追击，傅丹、程畿等被冲散。张南看到大势已去，嘱咐御林军保护刘备先行后退，自己率残余第三军，回头痛击吴军。徐盛等全力攻击，但是张南力挡不退，一直支持到刘备安然撤入山区，张南的残军也全部覆没，张南自己亦死于乱军之中。

傅肜保护程畿等退到江边，风闻刘备退往马鞍山，程畿便敦促傅肜即刻杀出重围，前往驰援。自己和参谋人员率领残兵在江岸牵制东吴军，没多久便死伤殆尽，程畿不愿被擒自杀而死。

胡王沙摩珂原统领预备师驻守在秭归附近，风闻前线败阵，即刻率军驰援，正遇韩当、潘璋军攻来，沙摩珂不敌，死于乱军中。

江北督军黄权闻变，也统军南下，奋力反击陆逊主力部队，但士卒太少，被打得溃不成军，逼不得已黄权再向后撤退，眼见南向已被吴军全部阻断，无法退回西蜀，黄权只得遥望刘备营区跪拜后，引军向北投奔曹魏去了。

刘备的残军退入马鞍山以后，立刻环山部署防御工事，没有多久便见到傅肜军前来会合，才得以稍稍安心。

陆逊率众部队围攻马鞍山，蜀军拼死抵抗，苦战一日余，蜀军死伤无数，傅肜劝刘备杀出重围。刘备当然担心蜀军全军覆没，于是趁黑夜突围，因为秭归城已失陷，刘备不得已继续往西撤退，越过巫县，向白帝城奔去。

刘备退到白帝城以后，不禁慨然喟叹："没想到我竟败在年轻的陆逊手中，这难道是天意吗？"

这一次刘备士卒死伤万余，所带的舟船、器械、水陆军资，几乎全部损失殆尽。只有牙门将向庞的军团，在慌乱中仍然能够维持军纪，没有人逃散，全部军队撤至白帝城，成为刘备的临时侍卫军团，增强了白帝城的防御工事，使刘备得以稍事休憩。

赵云在江州接到吴班紧急军情后，即刻下令全军紧急备战，而且派遣急使告知成都的诸葛亮。自己统领少数军团，到前线视察军情。在听说刘备撤入白帝城后，赵云即刻下令部队在巫县附近悚险部署，目的在于抵挡东吴的追兵。

刘备退到白帝城后，以徐盛、潘璋为主的少壮派军团将领，接二连三上表孙权，主张趁此时机攻入白帝城，一定能够生擒刘备、击溃赵云部队。

孙权以此询问陆逊，陆逊于是联合朱然等进言道："依据北方情报显示，曹丕正在大量组编军队，表面上是要帮助我们征讨刘备，实际上是想找机会攻击我们的东路防线，所以我认为应以大局为重，必须即刻结束西线战事，重新部署国防事宜。"

孙权看到陆逊态度如此坚决，并且情报准确，思虑周详，于是下令全面撤军。

这一仗，刘备统领的人马、水步军资，绝大部分已损失掉，元气大伤。当诸葛亮听到这一消息时，极为震动，他叹息道："如果孝直（法正字）不死，必定能够劝阻主上（指刘备）东征；即使东征，也不致遭到这样的惨败。"

对于刘备东征，诸葛亮持怎样的态度呢？史书中没有明确记载，从他说的上面这段话来说，当时他没有持坚决反对的态度。由于荆州的丢失，影响了诸葛亮的整个战略部署，他是不会就此罢休的，他不想以放弃荆州的代价，来维持吴蜀结盟的关系。他认为刘备的大举东征是能够取得一定成果，就是不能取得全胜，也不至于败得这样惨。所以，他没有坚决劝阻刘备东征，没想到竟造成如此一种局面。对刘备的弱点，诸葛亮应该非常了解，但是他为何未尽力阻止刘备发动如此不明智的战争呢？从诸葛亮日后的行为看来，倒不是像他慨叹的那样缺乏奇谋或刘备对他不够信任，而应该是他太忙了。攻占了益州和汉中后，肯定会有不少的内政、经济及财政重建工作，需要立刻处理、规划和实施。荆州丧失以后，整个局势大变，更增加不少国防和外交的困难。在关羽和张飞先后去世以后，刘备方寸已乱，经营的重任全部落在诸葛亮肩上，相信他一定忙得毫无时间去思考刘备东征的事情。所以这段时间，他根本提不出较完整或较有建设性的意见，心中干着急，但一点办法也没有；对诸葛亮而言，这应是相当无可奈何的。

但是，诸葛亮对于刘备东征没有拼命劝阻，相信他对刘备征伐东吴也很有信心。他认为蜀国力量已壮大，而且能逼退曹操，显示出自己在指挥大战役上，已经完全成熟了。加上东吴方面，周瑜、鲁肃、程普、吕蒙等猛将，又先后病逝，对刘备来说，应无太大困难才对。东吴却出现陆逊这种军事天才，是诸葛亮始料未及的。

这次东征的参谋总部，几近全军覆没，主任参谋的荆州大佬马良，战死在五溪的阵营，程畿在江边自杀。诸葛亮原先最信任的黄权，在和刘备意见相左后，调任江北督军，战败后，归路被断绝，逼不得已投降了曹魏。

事情确实像陆逊预测的那样，夷陵之战结束没多久，曹丕以孙权不送质子为由，亲自率领大军南征东吴。孙权一方面急于调兵遣将分路迎击，另一方面以太中大夫郑泉作为使者到蜀汉求和。兵败之余，无能为力的刘备，这个时候只好同意孙权的和议，派遣太中大夫宗玮作为使者往东吴复命。

刘备在永安养病期间，诸葛亮先后派遣尚书令刘巴及军议中郎将射援前去请安，但是刘备似乎已将军国大事，全部委托给诸葛亮，没有做出任何指示。有几次诸葛亮想要亲自赴永安，同刘备当面商议国事，但终因成都军政事务繁重，没能成行，而且刘备也有书信指示，要诸葛亮以国家大事为重，不要以他为念，并且婉拒了诸葛亮亲往慰问之意。

刘备在静养之中，前线有赵云防护，后方又有诸葛亮经营，自然非常放心。但是损失了关羽和张飞两位创业伙伴，东征又败给了陆逊，对他打击非常大，心力交瘁，健康情况也日益衰退。正好巴西太守阎芝派汉昌人马忠，率领五千人马过来护驾，刘备和马忠交谈后，非常投机，对来访的尚书令刘巴说道："虽失黄权，又得马忠，可见世上仍不乏贤能的人才啊！"

马忠日后也得到了诸葛亮重用。

四、白帝托孤

猇亭战败，对这位有"英雄"盛名的刘备，简直是致命的打击，新建立的蜀汉政权元气大伤，北征曹魏、光复汉室的宏伟大志，已经不可能由自己来完成了，刘备悲痛万分，健康状况急速恶化。

成都那边又传来了噩耗，起先是司徒许靖寿终正寝，接着年方47岁的西凉名族、骠骑将军马超也病逝了。汉中王时期新建的四大军团将领先后辞世，蜀汉王朝能够独当一面，又具有足够声望的大将军，大概只剩下赵云同魏延了。

到永安来探病的尚书令刘巴，在返回成都不久也病卒，刘备伤心万分，于是任命犍为太守李严接任刘巴职务。

也许他也感到生命已到尽头，得荆州已不可能，就命令将甘夫人坟墓迁至蜀汉。就在第二年春天，刘备病势急速恶化，便派人到成都请诸葛亮火速赶到永安。

从黄初四年二月到四月，诸葛亮在永安，同刘备共同规划蜀汉将来大计。新任尚书令李严，在受命以后，因刘备病重，也一直在永安随侍。因为李严是蜀中老臣，所以成为刘备和诸葛亮最好的咨询对象。

猇亭战役之后，整个局势有了非常大的变化，魏吴联而又分，刘孙之间反而有和好的迹象，天下三分鼎立的形势，似乎已完全形成了。

但是蜀汉的情形，却颇为不妙。国防上，威震全国的四大将领——关羽、张飞、马超、黄忠先后辞世，加上猇亭丧失了主力军团，蜀汉王朝的战斗力已丧失殆尽，今后和曹魏、孙吴间的对抗，将更加困难。

益州和汉中的统治没有完全稳定，又先后发生了荆州失守和东征军团溃败的两大悲剧性事件，对蜀国经济、财政造成了很大的负担，在这关键时期，若

第五章　三国鼎立

是刘备有个三长两短，内政的稳定可能会即刻产生危机。

显然刘备也深知危机重重，他紧急召见诸葛亮，就是想在生命的尽头，同这位实质上的继承人，交换意见，共同拟定自己身后的应对策略。刘备诚恳地对诸葛亮说："你的才智，比曹丕高十倍，一定能够安定国家，成就大的事业。如果嗣子刘禅可以辅佐，你就尽力辅佐他；倘若他实在没有出息，你就取而代之。"诸葛亮感动万分地说："我一定竭尽全力，辅佐幼主，直到生命终结。"临终前刘备又告诫刘禅和其他几个儿子说："我死以后，你们对待丞相要像对待父亲一样，同他共同治理蜀汉。"

辞世前，刘备还给儿子刘禅留下一份遗诏，其中有如此的话："人活五十岁就不能算是短命，我已活了六十多岁，临死也没什么可惋惜的，只是非常不放心你们兄弟。你们一定要勤奋，不可懈怠。任何事情不能以为是小恶就去做，也不应该以为是小善而不去做。你们要努力学习，阅读《汉书》《礼记》《六韬》《商君书》，这些书增长人的智慧，锻炼人的意志。听闻丞相已把《申子》《韩非子》《管子》《六韬》等书抄写一遍，你们应该向他请教。"

诸葛亮看完，眼睛湿润了："请陛下放心，辅佐太子是臣等职责，愿陛下静心养病，早日康复，以符天下人的期望。"

那天，刘备命令永安宫服侍群臣，宣布托孤于诸葛亮，而且以尚书令李严为副丞相，共同辅政。

魏文帝黄初四年，蜀汉先主章武三年四月二十四日，刘备病逝于永安宫，享年六十三岁，谥为昭烈皇帝。

刘备如此托孤，主要是由于他感到：荆州之失和夷陵之败，使得蜀汉的处境非常危险，在三国中蜀汉的力量是最弱的，自己死后，太子刘禅年轻，而且毫无才能，很难应付当时蜀汉内外错综复杂的局面，只有信赖诸葛亮，把实权真正交给他，才能够便于发挥他的才能和智慧，使蜀汉有一个振兴的机会。诸葛亮在和刘备相处的几十年中，以自己的人格和才智取得了刘备对他的尊重和信任。"家天下"在封建社会中已成为封建统治者的信条。不论那些宝贝儿子的才能如何，即使是白痴，照例也应该继承大位，君临天下。刘备当然也不例外，虽然这样说，但是像刘备这样的托孤，把朝政完全托付给一个大臣，在中国历史上还是非常少见的。

刘备辞世后，诸葛亮辅佐刘禅即位，史称后主，改元建兴。刘禅封丞相诸葛亮为武乡侯，兼任益州牧。从那以后，诸葛亮就全面担负起了治理蜀汉的重任。

第六章 运筹帷幄

一、依法治国

自刘备入蜀后,包括整个刘禅政权时期,诸葛亮一直负责治理西蜀。

为了维护刘氏集团在益州的稳固统治,使蜀汉政权长治久安,诸葛亮治理西蜀时,把实行法治摆在首要的位置。诸葛亮实行法治有以下几个特点:

首先,审势定法。他特别强调"治实不治名",从实际情况出发,讲求实效。

当时蜀地官僚及地方豪族相互勾结,鱼肉百姓,农民和统治阶级的矛盾日益尖锐,虽然四川号称"天府之国",但创造的财富,被官僚及豪强巧取豪夺,剥削殆尽,农民生活十分艰难,问题已十分严重。

当年刘璋之父刘焉之所以会被任为益州牧,导火线便是益州刺史郤俭的专横刚愎,导致马相和赵只的农民起义爆发,起义者曾攻破洛县,杀死县令李升及益州刺史郤俭,并占领了蜀郡和犍为郡。

刘焉凭借外籍军团及地方豪强的力量,平息了这次叛乱,但并没有根本解决这一问题。为了获得豪强支持,剥削反而变本加厉。《三国志》中这样批评刘焉、刘璋父子治蜀,"德政不举,威刑不肃""士大夫多挟其财势,欺凌小民,使蜀中之民思为乱者,十户而八"。

为了彻底治乱,诸葛亮实行"先理强,后理弱"的策略。理强方面是力行法治,限制和打击"专权自恣"的官僚及豪强势力;理弱则是努力扶植农民,发展生产,使农民脱离水深火热的困境。

由于诸葛亮不徇私情地打击特权,使益州地区的官僚难以承受,他们纷纷指责诸葛亮"刑法峻急"而不"广德量力",要求他"缓刑弛禁"。

第六章 运筹帷幄

当时已是蜀郡太守,也是成都地方豪强之首的法正作为其中的代表与诸葛亮进行交涉,他对诸葛亮说:"以前汉高祖进入关中时,废除秦国之苛法,约法三章,宽禁省刑。关中的老百姓,十分感念他的恩德。如今我们刚用武力占据益州,还没有造福地方,便先滥用权威,强加压制,这得当吗?希望日后的执政,能够刑少禁缓,以争取地方人士对我们的支持与信赖。"

诸葛亮却笑着回答道:

"您只知其一,不知其二,秦以暴政残害人民,逼得百姓不得不起来造反,汉高祖针对这一弊病,采取'宽刑弛禁'的策略,这是正确的。

"但益州的情况则并不一样。刘璋昏庸软弱,没有能力控制官僚和地方豪强,以致从刘焉以来便德政文治无法实施,威刑无法整肃,从地方豪强到政府官僚,均专横跋扈,为所欲为,损害了君臣之道。

"对这些强悍的特权势力,过去刘璋总是过于恩宠,给予高官厚爵。官位高了,他们反而觉得不值得珍惜;顺从他们,施给恩惠,恩惠到顶了,他们反而轻慢不恭。这才是益州目前最大的弊病。

"现在我们用法治整肃,人们才能明白什么是恩德;限制爵位,人们才能感受到爵位的尊荣;刑法和恩惠必须相辅而行,上下秩序井然,政治才能变得清明。"

诸葛亮不为"宽禁省刑"的传统观念所拘囿,从客观情况出发,强调在豪强官僚势力过于强盛时实行法治的必要性,对法正的主张进行了批驳,否定了他的建议,是非常有见地的。

为了更有效地施行法治,诸葛亮逐步制定了一些法令条例。《三国志》的作者陈寿所编著的《诸葛亮集》目录里,有《法检》两卷,《科令》两卷,《军令》三卷,都属于此类。其中最为完备的是《蜀科》,它是由诸葛亮与伊籍、法正、刘巴、李严五人共同制定的。《蜀科》和其他法令条例都已亡佚,今人虽然无法了解它们的具体内容,但它们的制定说明了诸葛亮对法治的高度重视。当然,这些法例条令,其实质只是维护地主阶级统治,防止和镇压下层阶级犯上作乱的,不过,诸葛亮承认民乱源于政乱,也就是始于豪强官僚的专横暴虐,任意侵夺剥削百姓。他试图通过实行法治,对他们的行动,给予一定限制和打击,使"巨室不便所为",不敢肆无忌惮地欺侮百姓,这是有一定进步性的。

由于诸葛亮审势定法,宽严有度,不随便"宽赦",所以当时人们说诸葛亮"惜赦"。对此,他解释道:"治世以大德,不以小惠……像刘景升(刘表)、刘季玉(刘璋)父子那样,年年宽赦,其实对治理国家有什么好处呢?"后人根据诸葛亮所取得的成效，总结道"不审势即宽严皆误"，以此作为治国的经验。

诸葛亮依法办事，不畏权贵，不顾情面，而且刑罚有准，轻重适中。

例如他对刘备养子刘封的处罚。刘封驻守上庸等地，担任副军将军。关羽围攻襄、樊时，数次请他发兵援助，他都托词拒绝，故意不去援助。对关羽的败亡，刘封负有不可推卸的责任；他又依势欺凌宜都太守孟达，逼使他不得不逃亡曹魏。像这样事关军国成败的罪行，应该严加惩办，诸葛亮不因刘封是皇亲国戚而宽宥他，建议刘备将其处斩。

又如大臣来敏，来敏的姐夫黄琬是刘璋祖母的侄儿，曾是刘璋的宾客。刘备平定益州后，来敏担任典学校尉。诸葛亮驻汉中，任命他为军祭酒、辅军将军。但当诸葛亮发现来敏年老狂悖，有"乱群"之罪时，即下令将其罢黜。

来敏对上官显言："新人有何功德而夺我荣资与之耶？诸人共憎我，何故如是？"诸葛亮说："敏年老狂悖，生此怨言。昔成都初定，议者以为来敏乱群，先帝以新定之际，故遂含容，无所礼用。后刘子初选以为太子家令，先帝不悦而不忍拒也。后主上即位，吾暗于知人，遂复擢为将军祭酒，违议者之审见，背先帝所疏外，自谓能以敦厉薄俗，帅之以义。今既不能，表退职，使闭门思愆。"

这位倚老卖老、惑乱众群的来敏，就这样被诸葛亮免职停用了。

又比如大臣李严，曾在刘备临终时与诸葛亮一起受遗诏辅佐刘禅，其职位仅次于诸葛亮。诸葛亮率军北伐时，李严负责后勤军需物资供应。在军粮无法供给上时，他不但没有想办法克服困难，反而矫旨，让诸葛亮退兵。当诸葛亮退兵后，他装作不知，故意惊讶地责问诸葛亮说："军粮很丰裕，为什么突然退兵呢？"另一方面，他还向后主刘禅进表说："退军是假装的，目的是想诱敌深入，消灭敌人。"李严不以军国之事为重，贻误军机，弄虚作假，犯错后还企图逃避罪责的做法，被诸葛亮发现，查明后，再加上他从前"安身求名，无忧国之事""论狱弃科，导人为奸"等问题，于是诸葛亮上书建议刘禅将他罢免，流徙梓潼郡。

再有廖立，诸葛亮认为他和庞统都是"楚之良才"。刘备在时，任命他为长沙郡太守。孙权派兵攻击荆州三郡时，他不加抵抗，就仓皇退逃，刘备没有重责他，仍让他担任巴郡太守。刘备死后，廖立为长水校尉，这是仅次于将军的职位。于是廖立自以为是，认为自己是第二个诸葛亮，应当握朝廷政务。他"诽谤先帝，疵毁众臣"，大肆攻击蜀汉的方针政策，指责诸葛亮任用的官吏都

第六章 运筹帷幄

是"俗吏",将领们都是"小子",导致群臣不和。诸葛亮得知情况后,认为廖立妄自尊大,目无朝纲,危害很大,立刻连上两表弹劾他。

后来诸葛亮把廖立废黜为平民,并将他流放到汶山郡(今四川茂县北)去耕田。

还有向朗。诸葛亮原先很器重他,任命他为丞相府长史。诸葛亮领兵南征时,留下他代理丞相一职,"统后事"。蜀军北伐时,他追随部队出征。马谡失街亭后,向朗逃跑,因为他和马谡私下交情深厚,"知情不举",因公废私。诸葛亮毫不留情面,将他罢官,令他归回成都,后来根据他的具体状况,复用他为光禄勋。

上述情况证实,诸葛亮执法十分严明,任何人,如果犯下了不利于国家的罪行,都要被惩处,决不放过。在惩处的时候,是按罪行的轻重程度,分别以处死、流徙、罢官等刑罚判处,是比较公正的。

必须指出的是,诸葛亮在执法时,能把"威之以法"和"服罪输情"贯穿起来进行,不一棍子打死,留有余地。如李严被废为民,徙梓潼郡后,诸葛亮写信给李严的儿子、江州都督督军李丰:

> 吾与君父子勠力以奖汉室,此神明所闻,非但人知之也。表都护(李严)典汉中,委君于东关者,不与人议也。谓至心感动,终始可保,何图中乖乎!昔楚卿屡绌,亦乃克复,思道则福,应自然之数也。愿宽尉都护,勤追前阙。今虽解任,形业失故,奴婢宾客百数十人,君以中郎参军居府,方之气类,犹为上家。若都护思复一意,君与公琰(蒋琬)推心从事者,否可复通,逝可复还也。详思斯戒,明吾用心。临书长叹,涕泣而已。

在这封信中,诸葛亮不仅对李丰表达了充分的信任和支持之意,还让李丰宽慰他的父亲"勤追前阙",痛改前非,以便将来能够"复还",感情真挚,表现了诸葛亮对人才的珍惜之情。而且诸葛亮不实行当时严苛的家族连坐的制度,如李严犯罪,他的儿子李丰照样为官,并且升到朱提太守,就是一个很典型的事例。

因此,当诸葛亮病死后,廖立听此消息,哭着叹息道:"吾终究要为左衽,老死边远。"李严听到诸葛亮去世的噩耗,居然生病死了。被诸葛亮惩罚的人,为什么不恨他,反而能这样呢?首先,由于诸葛亮执法严明,不冤枉任何人,所以被治罪的人心悦诚服；其次，他们了解诸葛亮允许罪人"服罪输情"，如果认罪悔改得好，有被免罪召回，继续重用的希望。诸葛亮死后，他的继任者不一定能做得这么好，他们感到被召回无望，所以才有如此的表现。

诸葛亮既主张"明法"，又反对"滥刑"。他注重挑选忠直廉正的官员主管治狱事务，反对凭个人好恶"专持生杀之威"，他说"喜不可纵有罪，怒不可戮无辜"。要求官吏们在决狱行刑时要慎重，不能冤枉好人，也不能放过坏人。

对于诸葛亮的执法严明，晋朝人习凿齿评论说："法行于不可不用，刑加乎自犯之罪，爵之而非私，诛之而不怒，天下有不服者乎！诸葛亮于是可谓能用刑矣，自秦、汉以来未之有也。"这样的赞扬，是恰如其分的，毫不夸张。

再次，行法与教化相结合。

诸葛亮主要汲取了先秦法家商鞅、韩非和西汉大儒董仲舒的政治主张，认为治国要"法""礼"并用，"威""德"并举，强调"训章、明法""劝善（德治教化）、黜恶"的重要性。他反对不教而诛，认为"商鞅长于理法，不可以从教化"，是一个重大的缺陷。所以，他借鉴儒学"仁厚为本"，重教化，取长补短，把行法和教化较成功地结合起来。对国家和军队的律令条规，常常三令五申，要人们了解，保持警惕，不得违犯。为了"劝戒""训厉"蜀国的官员将士，他曾制定"八务""七戒""六恐""五惧"等条例，明明白白地指出什么是善的，什么是恶的，什么是应该做的，什么是不应该做的。自然，诸葛亮所谓"善"的标准，主要是"三纲五常"等封建伦理观念，其目的是把德治和法治相结合，来保证其统治的长治久安。西晋的李兴在《诸葛亮宅铭》中赞扬道，"刑中于郑，教善于鲁"，认为诸葛亮既有子产用法律治郑的严厉作风，又有孔子教人于鲁的不倦精神。在这样的情况下，尽管诸葛亮管理西蜀"刑法峻急"，但真正违犯的人并不多。陈寿评论说："终于邦域之内，咸畏而爱之，刑政虽峻而无怨者，以其用心平而劝戒明也。"

诸葛亮实行法治，结果蜀国文武官员大多能自觉严明执法。据史书记载：扬武将军邓芝"赏罚明断，善恤卒伍"，督张翼"持法严"，督军从事杨戏"职典刑狱，论法决疑，号为平当"，牂牁太守马忠"甚有威惠"，等等。这说明在蜀汉政权中已经形成了法治的风气。

有人以"军旅屡兴"作为理由，建议诸葛亮实行宽赦。但诸葛亮仍是回答说："治理国家用大恩德，不用小恩小惠，所以匡衡、吴汉不愿轻易下赦令。先帝也说'吾周旋陈元方、郑康成间，每见启告，治乱之道悉矣，曾不语赦也'。像刘表、刘璋父子那样年年下赦令，对治理国家只有害处！"诸葛亮坚持"治世以大德,不以小惠",并时刻以刘表、刘璋父子为反面教材,不搞"岁岁赦宥",从而有效地维护了法令的严肃性。

可以说,诸葛亮的厉行法治是卓有成效的。蜀汉政权的工作效率逐渐提高了,吏治也慢慢变得清明,统治秩序一步步稳定下来。蜀汉官吏张裔道:"诸葛丞相公正严明,赏罚不分远近亲疏,没有功劳的人不能得到赏赐,地位高贵有权势的人犯了法,照样不能免罚,这是激励人人勤勉的重要因素。"陈寿也称赞诸葛亮立法施度,"科教严明,赏罚必信,无恶不惩,无善不显,至于吏不容奸,人怀自厉,道不拾遗,强不侵弱,风化肃然"。这些赞语,虽然有时有些太过,但对诸葛亮在执法方面所取得的成效,加以肯定,基本上还是符合实际情况的。

二、任人唯贤

诸葛亮治蜀,不仅注意执法,同时很重视选拔人才。他认为"治国之道,务在举贤",选用贤士能人是治理好国家的关键,是关系到国家兴衰的大事。诸葛亮所制定的"贤"的标准是:不仅要有才能,能够在治理国家中发挥作用;还要忠于蜀汉政权,工作认真负责,一丝不苟。这就是过去所说的德才兼备。所以,诸葛亮在治理西蜀的过程中,注意挑选和任用一些很有才干并忠于刘氏政权,能够认真贯彻他的政策方针的文臣武将,把他们安置在重要的职位上,充分发挥他们的才能。

由于蜀汉政权地理位置偏远,比起魏、吴两个国家,更显得土地稀少而人才缺乏,所以诸葛亮很注重爱惜人才,只要有某方面的特殊才能,就算存在不少其他缺点,也尽量予以任用,使其能够发挥所长,尽量避其所短。他对魏延、杨仪、李严、许靖、廖立等的态度,多少是驾驭权术的"机"术。

不过,以诸葛亮的性格而言,他最乐于选用的仍是"忠直之士",他认为,"柱以直木为坚,辅以直士为贤"。在《前出师表》中,"亲贤臣,远小人"的建议,和他向后主刘禅推荐的郭攸之、费祎、董允、向宠,以及日后被他视作股肱的陈震、张裔、蒋琬等,在才干上固然参差不齐,但人品均称得上"忠直之士"。他认为,"直木出于幽林,直士出于众下"。因此,诸葛亮经常刻意由低微的地方官员里举拔真正有才干的贤能之士。

诸葛亮采取的任人唯贤的政策十分有效。只要是人才，无论他们原来来自哪个政权阵营，都能被任用。对入蜀有功的文臣武将，自然要加官封爵，委以重任；对不被刘璋重用的人，也要充分发挥他们的才能；甚至和刘璋关系亲密的人，只要有才能，也可以继续留用。诸葛亮在和刘备商议之后，很快任命了一批主要官员。原益州太守董和，被任命为掌军中郎将，同时署左将军府事，成为诸葛亮的重要副手；偏将军马超被任为平西将军，扬武将军、裨将军黄忠担任讨虏将军，从事中郎糜竺被任命为安汉将军，孙乾被任命为秉忠将军，简雍被任命为昭德将军，黄权被任命为偏将军。此外，又任命原益州军议校尉法正为蜀郡太守，许靖为左将军长史，李严为犍为太守，庞羲为司马，费观为巴郡太守，刘巴为西曹掾，伊籍为从事中郎，彭羕为益州治中从事等。其中，董和、黄权、李严都是刘璋原先的部属，吴懿、费观还是刘璋的姻亲，诸葛亮都大胆地使用了，并使他们皆处于显任，尽其所能。

刘备部下主要有三部分人：一是长期追随刘备南征北战的文臣武将，如关羽、张飞、赵云和糜竺、孙乾、简雍等人；二是随从入蜀的荆州人士，包括原来荆州不被刘表政权重用者以及后来归附刘备的刘表部下，如伊籍、马良、黄忠、杨仪、马谡、霍峻、向朗等人；三是益州当地的士绅望族，主要是刘璋政权原属的部下官员。三部分人里，尤其以益州本地官员的安排最为重要，也最为敏感，它不仅影响到当时益州的安定和团结，也关系到日后兴复汉室、一统中原的大业。

诸葛亮任人唯贤的做法，主要体现在以下几方面：

首先，不限出身资历。

诸葛亮用人，不计较出身资历，像巴郡人张嶷，出身低微卑贱，而且"放荡少礼"，刘璋当政时官位低微。诸葛亮见他有才能，"识断明果"，并有"忠诚之节"，提拔他为越嶲（治所在今四川西昌）太守，处理当地极为复杂的民族关系。张嶷到任后，"诱以恩信，蛮夷皆服，颇来降附"。在贯彻诸葛亮的民族政策方面，张嶷起了重大的作用。又如巴西郡人王平，出身兵士，"手不能书，其所识不过十字"，原是曹操军中的一个小军官，刘备征汉中时投降刘备。由于王平"遵履法度"，很有实践经验，在街亭之战时立了战功，诸葛亮提拔他为讨寇将军。在以后与曹魏几次作战中王平立下了赫赫战功。又比如零陵人蒋琬，原来只是荆州的一个抄写文书的小吏，跟随刘备入蜀后，任广都县长。刘备到广都督察时，发现他不理政务，整天喝酒沉醉，想降罪于他；诸葛亮却认为蒋琬有大才，说："蒋琬是社稷之器，不是一个县之才。他治理政务以安

第六章 运筹帷幄

民为本,不以修饰为先。"刘备才没有加罪,仅把他免了官。诸葛亮当丞相后,提拔蒋琬为参军,北伐时任命他为长史,加抚军将军,留守成都,蒋琬支援前线十分及时,"常足食足兵,以相供给"。诸葛亮夸奖他说:"公琰(蒋琬字)托志忠雅,当与吾共赞王业者也。"后来诸葛亮秘密上表后主刘禅,推荐他为自己的接班人。诸葛亮死后,蒋琬掌管朝政,继续贯彻诸葛亮的施政方针,处置妥当,使蜀汉政治有过一段相当长的安定时期。

对于确有大才的人,诸葛亮还会不计较资历,破格举拔。如杨洪原本是犍为太守李严手下一个职位低微的功曹,当刘备北攻汉中急需外援时,诸葛亮向杨洪征询意见,杨洪建议道:"汉中作为益州的咽喉,失去汉中,蜀国都城难保。现下男子应当出去打战,女子应当搬运粮草,发兵有什么值得犹豫的。"诸葛亮认为杨洪有政治头脑,马上上表举荐他担任蜀郡太守,官位与李严平级。杨洪属下的书佐何祗,也很有才干,并有进取精神,几年间,诸葛亮提拔他为广汉太守。而当时杨洪仍是蜀郡太守,两人官位一样高。每次朝会,何祗与杨洪两人平起平坐;杨洪开玩笑说:"你的马怎么跑得那么快?"何祗答道:"不是我的马跑得快,而是你没有快马加鞭啊!"一时被传为佳话。

还有姜维,也是诸葛亮破格提拔起来的。姜维是天水冀县人,原先在本郡当很小的官。诸葛亮首次北伐时,姜维归降蜀军,诸葛亮很赏识他的才能,任命他为仓曹掾,加奉义将军,当时他年仅二十七岁。诸葛亮在给张裔、蒋琬的信中赞扬姜维"忠勤时事,思虑精密",是"凉州上士",还说他"敏于军事,既有胆义,深解兵意""心存汉室,而才兼于人"。很快,就提拔他为中监军征西将军。诸葛亮死后,姜维承担起北伐重任,是蜀汉后期的主要武将之一。

其次,诸葛亮注意选拔有技艺的人。

诸葛亮重视挑选有政治军事才能的人当官,但对有一技之长的人也不忽视,把他们安置在适当的职位上,充分发挥他们的作用。如蒲元"性多巧思",诸葛亮任命他为西曹掾,制作、改进兵器和运输工具;李撰"博好技艺",诸葛亮让他担任州书佐,后又提拔他为尚书令史;张裔有政治才能,而且还懂得生产技术,诸葛亮开始任命他作司金中郎将,负责"典作农战之器",之后又提拔他担任射声校尉领留府长史。诸葛亮北伐时让张裔留守成都,代理丞相职务,地位十分显赫。

再次,注意考核官吏。

为了切实做到"任人唯贤",诸葛亮要求官吏们执政要讲究实效,"治实而不治名",反对名不副实、言行不一。他注重对官吏的考核,督检他们是否忠于职守,是否真有才干,然后"进用贤良,退去贪懦",使人才的选用更合理。

诸葛亮考核官吏有一个标准,是"务知人之所苦",即以官吏对待老百姓的态度,是否关心民间疾苦为重点。他把东汉以来贪官污吏鱼肉百姓的表现,归纳为"五害"(或"五苦"):(一)"因公为私,乘权作奸","内侵于官,外采于民";(二)"过重罚轻,法令不均;无罪被辜,以致灭身";(三)"纵罪恶之吏,害告诉之人";(四)"阿私所亲,枉克所恨","不承法制,更因赋敛","诈伪储备,以成家产";(五)"贪图报功,加重人民负担","民失其职,无法生存"。凡有"五害"的官吏,势必加以惩罚,没有这"五害"的官吏,则一定加以奖赏。在诸葛亮的约束下,蜀汉的大小官吏,不敢过分胡作非为,欺压百姓,因而蜀汉政治较清明。

但是,要在现实生活中真实了解一个人是很难的。因为人的情况有好有坏,表里不一。为了能更有效地考察、甄辨和任用人才,诸葛亮提出了七条"知人"之道:(一)"问之以是非而观其志",就是向他提出是与非的问题,看他的志向;(二)"穷之以辞辩而观其变",就是向他提出尖锐的难题反复考辩,观察他的机变能力;(三)"咨之以计谋而观其识",就是向他询问谋略,测察他的见识;(四)"告之以祸难而观其勇",就是告诉他存在的艰难危险,看他是否有勇气;(五)"醉之以酒而观其性",就是同他一起喝酒,观察他的品格和醉后所表现出的真性情;(六)"临之以利而观其廉",就是把他放在利益的边缘,观察他是否廉洁;(七)"期之以事而观其信",就是托他办事,看他是否守信用。这种对人从志、变、识、勇、性、廉、信七方面进行深入彻底地了解、考察的办法,就是诸葛亮七条用人的准则。如庲降都督、绥南中郎将张翼,因讨伐叛乱的南夷豪帅刘胄失利,被诸葛亮撤职后,本该回成都,部下劝他马上离开岗位,回去承认过错,他以为不合适,说:"由于蛮夷动乱,我所做的不称职,才被征还,可是代替我的人还没到,我刚上战场,应当运粮积谷,作为歼灭敌人之用,哪能因为被撤职就废弃应尽公家之务呢?"于是他继续统领军队,毫不懈怠,等替代他的马忠来接管时,他才动身回成都。由于张翼打下了基础,马忠很快平定了刘胄的叛乱。诸葛亮了解了张翼的"志存公家",以大局为重的品格之后,非常满意,北伐时任命他为前军都督,领扶风太守。

诸葛亮通过对官员的业绩考核给予升降赏罚,使蜀汉的多数官吏能够忠于蜀汉,保持清正廉洁,工作追求实效。

最后,采取措施引进人才,鼓励下属推荐人才。

第六章 运筹帷幄

诸葛亮很注意拉拢争取书生儒士。许靖曾经担任刘璋的蜀郡太守，与著名学者蔡邕、孔融齐名，名望很高。刘备入益州时，许靖归降，刘备原不想任用他。法正规劝刘备说："许靖声望极高，海内闻名，如不礼遇任用，天下的人都会说主公不重视贤人。应加敬重，以扩大影响。"诸葛亮也认为应该如此，于是刘备先后拜许靖为左将军长史、太傅、司徒，地位尊贵。当时，许靖已经七十多岁，"爱乐人物，诱纳后进"，对招纳人才起了不小的作用。诸葛亮对这位长者十分尊重，经常以师礼拜见他。

此外，诸葛亮对一些"行义素著，乡里敬慕"的儒生，如秦宓、五梁、杜微等人，也很关注，都给以一定的官职。其中杜微已经是一个耳聋的老年人，刘备进入益州后，他闭门不出，诸葛亮任丞相后，为了能够争取他的合作，派专车把他请来，因为他耳聋，就用纸笔和他交谈，跟他说："只要你用德辅政，不求你有军事才能，为什么急着离开呢？"经杜微同意，拜他为谏议大夫。诸葛亮这样做，是为了给别人做榜样，表示蜀汉政权对有知识的书生儒士们十分重视，积极争取他们的合作，同时以便招引更多的人才。

为了培育人才，诸葛亮对教育尤其重视。刘焉、刘璋父子，不重视教育。刘备入蜀前，益州的"学业衰废"；刘备占据益州后，诸葛亮协助刘备开办教育，任命劝学从事，作为管理教育的重要官员，如张爽、尹默、谯周等人都担任过劝学从事。蜀汉政权正式建立后，也建立了国家最高学府——太学，由博士传授学业，教授儒家经典，主要是古文经学，古文经学是针对今文经学的谶纬迷信思想的，具有一定的积极意义。

蜀汉的教育取得了一定的成就。谯周是著名的学者、经学家和史学家，他的学生中有《三国志》的作者陈寿和《陈情表》的作者李密。

蜀汉教育事业的恢复和发展，培养了大批后继人才，这是与诸葛亮的重视和大力提倡分不开的。

蜀汉政权建立，诸葛亮担任丞相之后，专门在成都南边修筑了一个"读书台"，作为"以集诸儒，兼待四方贤士"之用。他特意指出延揽人才的两大原则：一是集思广益，二是循名责实。前者主要鼓励部下畅所欲言，敢于积极主动表达自己的观点，以集体智慧为国家寻找最好的政策方针，并通过直谏的制度，来弥补执政上的缺陷。后者是通过严格的考核制度，以追求实际的政绩，以免弄虚作假，损害百姓的利益。

南宋著名诗人陆游在凭吊读书台时，曾写下了一首诗《游诸葛武侯读书台》："世上俗儒宁辨此，高台当日读何书？"读书台的修筑和运用，对诸葛亮延引人才，起了一定的作用。

要选拔人才，还要懂得运用人才，这样才能充分发挥他们的长处，只有这样，建立人才渠道才有意义。在益州稳定后一段时间，诸葛亮就设立了一个专门机构叫作"参署"。诸葛亮表示："夫参署者，集众思广忠益也。"也就是吸收多方面意见，使每项决策在实施前都做到充分讨论，用大家的意见来"掛酌损益"。诸葛亮在《便宜十六策》里，不断表明"纳言"的重要，就是下对上的沟通渠道必须畅通无阻，方便"采众下之谋"。所以，"为政之道，务于多闻，是以听察采纳众下之言，谋及士庶，则万物当其目，众音佐其耳"。他非常重视能够直言进谏的属下，因为只有他们能充分表达不同意见，才能做到使决策失误减至最少。

为了选拔更多人才，诸葛亮还鼓励部下和各州郡的长官向上级推荐各种人才。曾担任广汉太守的姚伷就努力推荐人才，诸葛亮便向僚属们称赞道："当臣子的对国家有好处的工作，就是多举荐人才。姚伷向朝廷举荐了有才能的人，希望你们也都效仿他。"

诸葛亮不拘泥于出身、资历选用人才的做法，遭到有些人的反对。来敏是名门望族，其父来艳，灵帝时做过司空。由于来敏学识渊博，刘备、诸葛亮曾让他掌管教育，刘禅即位以后，来敏先后担任虎贲中郎将、辅军将军，地位比较高了，但他好争名利，与群僚不相和睦，反对诸葛亮选拔"新人"的政策，扬言说："新提拔上来的那些人有什么功劳，而夺我的荣耀资财给他们，大家都不喜欢我，这到底是为什么？"诸葛亮因"来敏乱群"，不利于国政的贯彻执行，罢免了他，要他"闭门思愆"。

诸葛亮"任人唯贤"的方针，受到了西蜀地区多数读书士子的欢迎，他们称赞诸葛亮"能尽时人的器用"。这一方针的实施，吸收了一些有才能的人加入蜀汉政权，发挥作用，使蜀汉的政权更加稳固。在相当长一段时期，蜀汉政权保持繁荣的局面。

除了以法治国，任人唯贤之外，诸葛亮还重视清廉节俭。当时政风严重糜烂，社会贫富差距极大，豪强士族淫奢骄纵，贫民无立锥之地，整个社会动荡不安。诸葛亮注意到这一现象，决心扭转这一风俗。

在最后一次北伐的奏章里，诸葛亮向后主刘禅说："臣最早奉先帝，一切收入都依赖官府俸禄，根本不用为生活考虑。现我在成都有八百株桑树、十五顷薄田，子弟们的生活费用，已经十分富足了。至于臣，经常出征在外，更不需要做生活上的细心安排，随身衣食，全部由政府供应，所以从来不置产业，

第六章 运筹帷幄

即使尺寸的财物也不去想。所以这样，是希望臣死之日，不使家中有用不着的余帛、外面有无用的钱财，而辜负陛下对我的信任啊！"

诸葛亮去世之后，刘禅让人清点诸葛亮的财产，果然如表中所言，一点也没有多余。

其实，诸葛亮绝对不是不懂"赚钱"的书呆子，他其实非常重视生产，所以他经营的蜀汉，经济实力当时也是比较强的。大概因为当时奢靡风气比较严重，诸葛亮为了移风易俗，只有矫枉过正，以身作则，力行节俭，反对浪费。

诸葛亮的努力，的确起到了很大作用，许多蜀汉高级官员，在这方面与诸葛亮相比，有过之而无不及，更加节约。比如善长外交的邓芝，《三国志》记载他"不置私产，妻子不免饥寒"。诸葛亮军事方面的继承人——大将军姜维则是"宅舍弊薄，资财无余"，而且"乐学不倦，清素节约"。后来的宰相费祎，"雅性谦素，家不积财，儿子皆令布衣素食，出入不从车骑，无异凡人"。

就是经过这样的努力，刘备驾崩时的"疲弊益州"，很快就"田畴开辟，仓廪充实，器械坚利，蓄积丰饶"。诸葛亮在后来能长期发动北伐战争，无疑是因为有这么丰富的物资做后盾。

从这些事件中可以看出，诸葛亮的确是个很有才能的政治家，治理蜀国的成效，非常显著。蜀汉的官吏，大多能戒除过去的淫靡陋习，兢兢业业，恪守职责，力戒弄虚作假、浮夸腐败，使蜀汉成为三国里政治最为清明、吏风最为端正的国家。陈寿夸奖诸葛亮能使蜀汉官员"人怀自励，虚伪不齿"，主要因为他人格高尚，能彻底做到"服罪输情者虽重必释，游辞巧饰者虽轻必戮"。公平廉明，一切为公，毫无私心，还给人以自新向上的机会。诸葛亮的政绩，的确是千古罕见。

此外，在军事才能方面，《三国志》的作者陈寿认为，诸葛亮擅长治理军队，不善于应变之奇谋。也就是说，诸葛亮较擅长战略拟定、制度建立，谈"治军"还可以，但战术上的奇妙运用变化，也就是"用兵"方面，并非他所长。

下面谈谈诸葛亮治军方面的方针和成就。

诸葛亮认为，军队以将帅为主，因此选择将帅必须十分谨慎严格，在他的兵书里，"将苑"占了很重的分量。

在"用兵"上，诸葛亮是很谨慎的，他表示"兵者凶器，不得已而用之"。又说："将者，人之司命，国之利器。"认为军队是用来保卫国家和百姓安危的，将领的优劣，关系到国家和人民的安全。但轻易不能使用武力，因为其危害性很大。

诸葛亮认为，当将领的，必须能够"审天地之道，察众人之心，习兵革之器，明赏罚之理，观敌众之谋，视道路之险，别安危之处，占主客之情，知进退之宜，顺机会之时，设守御之备，强征伐之势，扬士卒之能，图成败之计，虑生死之事"。这样才能"出军任将，张擒敌之势"。

他十分强调将领与士兵的和谐，"将无思虑，士无气势，不齐其心，而专其谋，虽有百万之众，而敌不惧也"。带兵最首要的是带心，上下齐心协力，才能发挥战斗力。只有"严明法纪，论功行赏"，建立优良的军事制度，才称得上是一位合格的将帅。

在古代的各种兵书里，诸葛亮最为重视的倒不是应变之策，而是如何建立严明的军纪。他认为，"孙武所以能制胜天下者，用法明也"。如果是纪律良好的军队，即使将领的指挥应变技巧稍微差一点，也不容易被击败。纪律不好的军队，即便将领本事再高，也很少能不败。

当他一向很器重的马谡，在驻守街亭时，犯下严重错误，导致街亭失守，造成第一次北伐的失败，诸葛亮将他处死。蒋琬认为，天下还没安定，先杀了具有卓越才干的马谡，未免太可惜了。诸葛亮便感慨地说："四海分裂，兵交方始，若复废法，何用讨贼乎？"为了能彻底维持法纪，不得不牺牲心爱的马谡。

为了建立严明的法纪，赏罚必须制度化，所以"赏以兴功，罚以禁奸，赏不可不平，罚不可不均。赏赐知其所施，则勇士知其所死，刑罚知其所加，则邪恶知其所畏。故赏不可以虚施，罚不可以妄加，赏虚施则劳臣怨，罚妄加则直士恨"。将领在执行法纪时，一定要做到"吾心如秤，不能为人作轻重"。

为了能使用最好的人才，治军就要像治国一样，"良将之为政也，使人择之，而不自择"。人才要靠众人来推举，依法论功选拔，不能只靠自己个人的主观判断，以免在成见之下，导致真正人才遭到埋没。

《三国志·诸葛亮传》裴松之的注里引用了袁准的观点，夸奖诸葛亮"行法严而国人悦服，用民尽其力而下不怨……其兵出入如宾，行不寇，刍荛者不猎，如在国中。其用兵也，止如山，进退如风，兵出之日，天下震动，而人心不扰"。由此可见，诸葛亮在军队管理上十分高明。曹操带兵虽很重视军纪，但诸葛亮比他有过之无不及。

诸葛亮处理政事十分勤奋。从刘备去世后，蜀国政事无论大小，全由诸葛亮一人处理。诸葛亮当仁不让，日夜操劳，事必躬亲，甚至连主簿职责里的簿书事务也要亲自校理，整日汗流浃背，十分辛苦。当时的丞相主簿杨颙，字子昭，是杨仪同族的人。他见诸葛亮如此劳累，就劝其说：

> 为治有体，上下不可相侵。请为明公以作家譬之：今有人，使奴执耕稼，婢典炊爨，鸡主司晨，犬主吠盗，牛负重载，马涉远路；私业无旷，所求皆足，雍容高枕，饮食而已。忽一旦尽欲以身亲其役，不复付任，劳其体力，为此碎务，形疲神困，终无一成。岂其智之不如奴婢鸡狗哉？失为家主之法也。是故古人称'坐而论道谓之三公，作而行之谓之士大夫。'故丙吉不问横道死人而忧牛喘，陈平不肯知钱谷之数，云'自有主者'，彼诚达于位分之体也。今明公为治，乃躬自校簿书，汗流终日，不亦劳乎？

杨颙劝说诸葛亮应当"为治有体，上下不可相侵"。也就是说，处理政事，上下级之间应该进行分工，不可以越俎代庖，相互包办和代替。他还用治家做例子，阐释其中的道理，在一般情况下，一个家庭内部应由男仆种地，婢女做饭，鸡掌管打鸣，狗用来看门，牛用以拉车，马用以跑路。这样，什么事情都可以井井有条地完成，而主人自己则从容安享。如果这些家庭琐事都由主人一人独自承担，那样，既十分疲惫困顿，而且到头来还可能一事无成。

杨颙的话是很有道理的，诸葛亮由于过于关切政事，以致日理万机，没有平衡好内外分工。有人认为他是"累死"的，自有一定道理，这也是为政的一条教训。

三、务农殖谷

西蜀在刘焉父子统治时期，由于政治上的腐败，"赋敛烦扰"，豪强势族与悍吏"侵暴旧民"，百姓生活十分困苦，生产受到严重的破坏。诸葛亮为了维护蜀汉的统治，增强国家的经济实力，适应军事行动的需要，在积极开展政治改革的同时，也重视发展生产，充分利用当地的自然地理条件，广开财源。特别是推行"务农殖谷"的政策，促进农业经济的发展。

农业方面，诸葛亮确定了"唯劝农业，无夺其时；唯薄赋敛，无尽民财"的政策。这同时也是诸葛亮"理弱"的方针。他命令各级官吏注重农业，不要妨碍农民按农时耕种和收获，必须减轻赋税，避免官吏过度勒索，抑制豪强随意兼并土地。平日，注意"务农殖谷，闭关息民"，给老百姓以休养生息的机会；战争时期，利用空隙时间，"休士劝农"，分兵屯田，施行"兵农合一"，减轻农民的负担。为了解决军粮问题，他还以汉中为屯田据点，招募农民居住屯田，并派汉中太守吕乂"兼领督农，供继军粮"。

水利也是农业发展的重要环节。诸葛亮非常重视水利问题，成都市西北郊外有一条柏河，上面有一条九里长的大堤，名唤"诸葛堤"，据说是诸葛亮为防止洪水冲刷低洼地带的农作物而组织人力修筑的，那里至今还流传着诸葛亮修堤的故事。

成都平原的都江堰，在当时是规模最大的水利灌溉网，是成都平原农业的命脉。诸葛亮对都江堰极为重视，认为"此堰是农业的根本，是国家的资源"。他特别设置"堰官"，专门管理，还征发一千二百名壮丁驻守堰区，进行保护和维修，提高都江堰的灌溉能力，使它在农业生产中发挥了更大的作用。

在手工业方面，盐铁生产也直接关系到人民的生活和国家的收入。东汉时"罢盐铁禁，令民煮铸"，豪强地主和大工商业者垄断了盐铁经营权，减少了国家的财政收入。刘备、诸葛亮入益州后，恢复了盐铁官营政策，专门设置盐府校尉和司金中郎将的官职，以"较盐铁之利"，"典作农战之器"。他任命王连为盐府校尉，让张裔担任司金中郎将。由于政府的鼓励支持，当时开掘的盐井很多，促进了盐铁的生产利用。政府官员还负责管理盐铁生产和农器、兵器的制造，不准豪强和个人私自开采煮铸，增加了政府的财政收入。

西蜀一带的煮盐业，在汉代时就已经很发达，在临邛（今四川邛崃）、广都（今四川双流）、什邡等县，都存在盐井。蜀地人已很娴熟地掌握了煮盐技术。有的地方还能用火井（天然气）来煮盐。根据张华《博物志》记载，临邛有"火井一所，从广五尺，深二三丈……诸葛丞相往视之，后火转盛热，以盆盖井上，煮盐得盐"。又据《山川纪异》，蜀国"诸葛盐井有十四"。这些记载虽然不能说完全没有虚构，但反映了诸葛亮对煮盐业的重视，注意总结使用火井来煮盐的经验，并进行推广。从成都市郊汉墓出土的盐井画像砖图画上，可以看出当时井盐生产过程的大致情景：盐井在山里开凿而成，井上搭起很高的架子，架上安装滑车；工人站在架子上运用滑车吊桶汲取卤水，然后用实木做的空筒把卤水引到盐锅里去煮制。

仁寿这个地方有铁山，可以生产铁，诸葛亮曾用它来铸造兵器，他还"采金牛山铁"来铸剑。尤其值得注意的是冶铁技术的提高，上文提及叫蒲元的，

第六章 运筹帷幄

是炼铁巧匠，他"熔金造器，特异常法"，很有名气。秦汉时，人们已经充分掌握了淬火等热处理技术，使锻造的兵器十分坚韧和锋利。蒲元在斜谷替诸葛亮制造兵器时，发现当地的水质不符合淬火的要求，特别派人去成都取水。他给诸葛亮制造了三千把刀，为了检试刀刃的锋利程度，他用竹筒装满铁珠，用刀砍筒，筒应声而断，铁珠也被砍裂，因此被称为"神刀"。诸葛亮还下令让郭达在打箭炉铸造兵器，郭达一个晚上打造三千支箭，也被称为"神手"。

由于诸葛亮的提倡和管理，西蜀的盐铁生产有了很大的发展，《三国志》中记载，蜀汉司盐校尉"较盐铁之利，利人甚多，有裨国用"。

此外，丝织品也是蜀地的产业之一，是政府的经济命脉之一。蜀锦是益州地区的特产，花纹绮丽多彩，不仅有实用价值，而且美观大方。诸葛亮鼓励百姓种桑养蚕织锦，促使蜀锦的生产有了很大进步，出现了像西晋著名诗人左思在《蜀都赋》中所描述的"阛阓之里，伎巧之家，百室离房，机杼相和"的繁华景象。大批蜀锦远销吴、魏两国，成为蜀汉经济的主要来源之一。诸葛亮曾说："今民贫国虚，决敌之资，唯仰锦耳。"因此，诸葛亮大力提倡种植桑树，养蚕织锦，并特意设置"锦官"掌管专门事务。于是蜀汉时期的成都平原上就出现了"栋宇相望，桑梓接连"的繁荣场面。蜀锦的生产，既为国家供应了充足的军款，同时，还传播到广大的少数民族地区。至于使者往来，蜀锦更是重要的礼品，如邓芝聘吴，赠送"锦千端"；吴国使臣张温来蜀，获赠"蜀锦五端"。曹操死时，刘备也"遣军谋橡韩冉赍书吊，并贡锦布"。直到蜀汉后期，蜀锦依然是蜀国重要的"决敌之资"，后主刘禅就曾下诏拨给姜维大量的锦、绮、彩、绢，以充军费。

诸葛亮也很注重对西南少数民族地区的开发。他在推行"西和诸戎，南抚夷越"民族政策时，还特意派人向落后的少数民族地区推广先进的农业生产工具和耕作技术。平定南中后，他"命人教打牛代替刀耕"，使西南少数民族"渐去山林，徙居平地，建城邑，务农桑"，甚至"出其金银、丹漆、耕牛、战马给军国之用"。这样，解除了蜀汉政权的后顾之忧，又为军队的作战提供了后勤保障。

由于诸葛亮采取了大量的治蜀措施，所以"民贫国虚"的蜀中很快便繁盛起来，"田畴辟，仓廪实，器械利，蓄积饶"。直到蜀归降时，所献物品中还有40余万斛米，金银各200斤。

诸葛亮在重视发展生产的同时，也很注意节俭。西蜀地区原来奢侈的风气极盛。官僚地主生活奢靡，甚至婚丧嫁娶，都要"倾家竭产"。诸葛亮反对奢侈浪费，提倡节约，主张丰收之年不浪费，平日注意储备，以防备灾荒。

最后蜀国取得了相当显著的成效，从而维持了经济繁荣的良好局面。

经过诸葛亮的精心治理，落后的西蜀地区，已经变得十分富饶，为巩固蜀汉政权的统治和进行北伐，奠定了牢固的物质基础。

在其他方面，诸葛亮考虑到平民百姓的疾苦和国家大局，非常妥善地处理政务。如诸葛亮在新野时期，曾将在战争中流离失所的大量农民，重新编制，自报汇册，统称为游民，并进行有效的管理。不但使治安问题获得立竿见影的改善，而且提高了生产能力，对兵员和粮草的增多，更有直接的促进作用。

安定益州之后，赵云建议把成都城内的房屋，和城外的桑田、园地全部都归还给当地百姓，使他们安居乐业，然后才能供役使调拨。诸葛亮把这一建议称作"富国安家"的好办法，全力给予支持。刘备也非常感动，当即下令付诸实行。

诸葛亮担任丞相兼益州牧时，就公开表示，当时益州"民如浮云，手足不安"。因此为政之道，一切以"安民"为本。诸葛亮当年在为蒋琬担任广都令的表现做辩护时，便向刘备说明"其为政以安民为本，不以修饰为先"。他曾下令要求地方官吏，坚决要杜绝浮夸不实、弄虚作假之风。也就是说他认为蒋琬是位真正懂如何"安民"的政治家，不求彰显自己的政绩，能够脚踏实地地体察民情。在刘备去世后，他提拔蒋琬担任丞相府参军、长史，后来更把蒋琬视为接班人加以培养。

因为诸葛亮的确关注益州百姓的民生疾苦，所以三年之后，益州兵精粮足，可以充足地供应刘备在前线作战所需要的物资。晋朝人袁准称赞诸葛亮的安民措施道：

"诸葛亮之治蜀，辟田畴，实仓廪，利器械，蓄粮食……夫本立而故末治，有余力而后及小事，此所以劝其功也。"

为了稳定蜀汉的财政状况，诸葛亮采纳刘巴的建议，铸造货币，平诸物价，设立"官市"，并派遣官吏，专门管理货币市场。

东汉末年，自董卓迁都长安，废止五铢钱，改铸小钱，结果造成货币市场大乱，以致物价暴涨，钱币贬值，严重损害了百姓利益。

随着政权的三足鼎立，货币制度也随之分裂，曹操一度恢复使用五铢钱，但仍无法广泛流通；直到魏文帝曹丕黄初二年，不得不明令废止，而用谷帛为市，用实物来代替货币交换，但却有人乘机囤积居奇，造成物价严重混乱，虽以严刑相威胁，也不能禁止。到了魏明帝时又使用五铢钱，导致魏国的货币一直陷于混乱中。

东吴在货币政策上也不轻松，孙权嘉禾五年及赤乌元年，也就是公元236年至公元238年的三年间，先后两次改铸货币，一次是铸造"一当五百"的大钱，还有一次则铸造"当千"的大钱，可见其货币也很不稳定，而且还设有专门取缔盗铸的机构，正说明其问题相当多。

刘备占领益州后，铸造"直百钱"，就再也没有改动了，显然诸葛亮在这方面的处理十分得法。蜀国的货币，不但国内流通稳定，甚至跨越了国界流通到荆州。在目前的湖北，也就是当时的荆州，就出土过不少蜀汉王朝的钱币，可见其流行之广。在诸葛亮苦心经营下，蜀汉的经济措施，在当时算是相当成功的。

总而言之，诸葛亮治理西蜀可以说是比较成功的。通过理强（厉行法治和任用贤能）和理弱（务农殖谷，即让人民休养生息发展经济），使蜀汉政治上比较清明，统治秩序比较安定，人民所受的剥削和压迫比较轻。诸葛亮的改革治理是进步的，是符合历史发展趋势的。

第七章 决胜千里

一、再联孙吴

蜀后主建兴元年,即公元223年,刘备辞世。此时,诸葛亮已经四十三岁,值此危难之际,诸葛亮不得不独自承担起治理蜀国、匡复汉室的重大使命。身为清流派的后裔,这个政治理想虽然难以达成,对于他来说却是义不容辞的责任。

在三足鼎立的形势下,最紧急的工作,是如何对自己正确定位。从客观角度而言,曹魏的实力最大,以其统一全国的野心来推测,是不可能和解的。以统治区域而言,蜀汉领土面积最小,如果硬碰硬,同时去对抗两个比自己强大的敌人,这样的策略无疑是自取灭亡。《隆中对》"联吴制曹"的基本国策,其必要性可见一斑。因此,当前局势,吴、蜀之间的迅速和解,加强军事联盟是最紧要的任务。

但事情并不是想象中那么简单,和解并非朝夕之事,自关羽失荆州、刘备东征败于猇亭以来,吴蜀间的关系日趋紧张,要实现和解谈何容易。

其实,在刘备去世以后,诸葛亮最担心的便是孙权对于吴蜀联盟的态度。刘备驻守白帝城期间,为了寻求和解,孙权虽曾派使节通聘,但主要是因为来自北方的曹丕的压力。等到东吴获得小胜以后,却仍公开表示向魏臣服,由此可见,孙权更是一个善变之辈。诸葛亮把李严留在公安,主要目的在于防备孙权图谋不轨。因此当刘禅即位,朝中大事一切安排妥当后,还不到冬至,诸葛亮便在同年十一月,以尚书邓芝为中郎将,积极主动地展开重建吴蜀联盟的工作。

邓芝,字伯苗,义阳新野人,是东汉光武帝时功臣邓禹的后裔。在刘焉时

第七章 决胜千里

代,邓芝便由荆州进入益州,寻求机会,但未受重用,只在郫县当个守护粮仓的小官。

虽然官位卑微,但邓芝一点也不气馁,他自己设计了一套相当合理而行之有效的粮食管理办法,尽量方便当地人民,处处为民众设想。虽然不受上司重视,但邓芝仍自得其乐地推行着自己的政策。

刘备平定益州后,巡视各郡县。有一天,来到了郫县,发现了邓芝的粮食管理办法,觉得十分新奇,便与之深谈,"大奇之",乃擢升为郫县县令,不久又迁为广汉太守。每到一个地方,邓芝都能以其独特风格,为政"清严而有治绩"。因此,刘备称帝后,诸葛亮以丞相录尚书事,特别将邓芝由地方调往中央,入为尚书。

孙权主见颇强,要说服他,实非易事,必须靠一位有胆识又有创意而又极善言辞的使节才行。诸葛亮四处搜寻,以期得到合适人选。

正当此时,邓芝毛遂自荐,主动进见诸葛亮,并表示道:"今主上幼弱,初在位,应立刻派大使去东吴重申盟好。"言辞颇为肯切。

诸葛亮听后,点头笑道:"我也考虑此事多日,但一直找不到合适人选,如今却得来全不费工夫。"

邓芝当即问哪一位最合适。

诸葛亮哈哈大笑:"就是使君您啊!"(邓芝曾为太守,故称使君。)

显然诸葛亮早已看出,邓芝对和东吴重修旧好这件事,一定早已有过周详的考虑。用他来处理这个需要随机应变的复杂外交谈判,是再合适不过的了。

邓芝到达东吴后,孙权考虑到没有同曹魏断绝臣属关系,故而态度犹豫不定,没有立即接见邓芝。邓芝在寓所里给孙权写信表明来意,说:"我这次奉命出使,并非单为蜀汉,如若吴蜀联盟再次达成,东吴亦必当受益。"孙权见难以推托,便接见了他。见面后孙权对邓芝坦率地说:"我愿意与蜀和解,但蜀君幼弱,况且国小力薄,一旦为魏所败,东吴也就自身难保了,所以,至此仍然犹豫难决。"邓芝针对孙权的矛盾心理,着重强调了两国修复和好的重要性,说道:

"吴蜀两国占据四大州,大王为当世英雄,诸葛亮则是一时之杰。蜀有高山险谷,可以固守;吴有长江天险,倚为屏障。两国之长处合在一起,唇齿相依,进可兼并天下,退则鼎足而立,此理甚为明矣。现大王惧与蜀国和好,得罪魏国,臣服于曹魏,曹丕必然上要大王入朝称臣,下要太子以人质作保。如果不从命,他就以讨伐叛逆为由,领兵南下,至彼时,蜀国也会顺流相

机而进。这样，江南的土地恐怕再也不归大王所有了！"（原文见《三国志·邓芝传》）

孙权听了邓芝这番透彻而极为周详的分析，沉思良久，才说："君所言，甚为切理。"于是当即决定同曹魏断绝关系，重新西连蜀汉，结成盟友关系，并派张温以辅义中郎将使蜀，临行之际，孙权对张温说："本来不应派你出使，但唯恐诸葛孔明难以明了我所以同曹氏相通之意，所以不得已烦劳你走一趟。"张温回答说："诸葛亮思智过人，定当知道大王屈伸的理由，推断诸葛亮应该不会有什么疑惑的地方。"（《三国志·张温传》）张温到蜀国之后，按孙权的旨意，"称美蜀政"，"通致情好"，顺利地完成了使命，连诸葛亮对他也非常赞许。

当邓芝出使东吴之时，诸葛亮同时还交给他另一个使命，就是向孙权交涉，要求归还张裔。双方既已重修旧好，当邓芝一提出这个要求，孙权便一口应承。张裔临走之前，孙权同他谈了一次话，发现他很有才华，对他无比欣赏。事后，孙权对于放走张裔追悔莫及，赶忙派人去追。但张裔倍道兼行，早已进入蜀境，追赶不上了。

第二年（公元224年），邓芝再次出使东吴。由于吴蜀联盟是魏蜀吴三方相互斗争、相互制约、相互利用的产物，是在一定时期、一定条件下三方互相利用的结果。所以双方谁都没把联盟当作目的，坚持始终，而是当作保存和发展自己势力的一种手段。当孙权问邓芝："等到将来灭掉曹魏，天下太平，我们两国分治，不也是很好的事情吗？"邓芝坦率地回答说："天无二日，土无二王，当曹魏覆灭之时，两国的君主都要各行其德，两国的臣下也定当各尽其忠，然后整顿兵马，战场上一分高低，见个分晓，两国相安无事的局面恐难出现。"孙权大笑说："先生真乃坦荡荡之君子，讲的是实在话。"（原文见《三国志·邓芝传》）尽管如此，当时双方恢复和加强了联盟关系，还是意义重大的。孙权在给诸葛亮的回信中说，"和合二国，唯有邓芝"，对邓芝使吴所做的贡献，给予了充分肯定。

吴蜀联盟的再次恢复和发展，对诸葛亮将要进行的平定南中和以后北伐曹魏，都起了积极作用。

二、平定南中

后主刘禅刚即位不久，南方的许多郡县，便不断传出少数民族领袖起兵反叛的消息。

"西南夷"也就是通常所说的南中地区，这时蜀汉管辖着这一地区。这里居住的少数民族有大量的叟、青羌、僚、濮等，东汉以来便设有益州、永昌、牂牁、越嶲等四郡。如果按今天的行政区划，则包括四川西南部、贵州西部和云南一带，自古以来被称为"夷越之地"。

在秦朝始皇时期，由僰道开辟五尺道入南中，经营了这块地方，过了不久秦始皇又在南中置吏，象征行政权的直接介入。但是在秦王朝灭亡后，南中便恢复独立，中断了和中原地区经济、文化的联系。

在汉武帝时国威远播，南中地区的许多豪族便有意内附。汉武帝特别派出两位擅长辞令外交的大臣——司马相如和司马迁前往探查和宣慰。

司马相如回朝后，建议汉武帝在这里设郡置县，加强对南中的经营。司马迁则从其史学观察角度，更详细地向汉武帝报告那里的山川物产和风土习俗，同时将其写入《史记》的《西南夷传》，让我们对这块地方有了更多的认识。

汉武帝那时主要设立了三郡，首先在今天的贵州西部、云南东部设置牂牁郡，接着又在四川西昌一带设置越嶲郡，以及云南中部设置益州郡。为了展开有计划的经营，汉武帝实行了移民政策，修筑道路。汉族生产技术和经济文化的传入使南中地区逐渐繁荣起来。

但是，西汉末年的混乱，使整个社会满目疮痍，由此西南夷的经营又告中断。到东汉光武帝刘秀时，武威将军刘尚进行了数度征讨，西南夷才重归汉朝管辖。东汉明帝更是对南中地区进行刻意经营，南中部落领袖便纷纷要求内附，于是，明帝便在今天的西南大理、保山一带加设永昌郡。由此，南中四郡的行政规划便宣告完成。

随着东汉末年外戚、宦官争权夺利的日益频繁，南中地区成为他们斗争的赏赐品。斗争中的取胜者经常将"功臣"派到西南夷，他们在那里轮番搜刮，仗势欺压这些少数民族。

据《华阳国志》记载，益州郡素有"盐池田渔之饶，金银畜产之富"，永昌郡也是金银遍地生。因此，有机会到这里来做官的，几近十世无忧。为了能长期在这里贪污和搜刮，他们甚至勾结朝廷权贵，用重金来贿赂朝臣，安帝时的永昌太守刘君，便打造过一条黄金铸成的蛇，献给了东汉梁冀，此人有跋扈将军之称。由此，朝廷发现南中是个难得的宝矿，也不甘落后地直接加强搜刮。

为了充分利用这里的富庶宝矿，东汉安帝永初六年（公元112年），朝廷下诏，在越巂郡设置"长利""高望""始昌"三个皇家园林，益州郡设置"万岁"苑，皇室成员便在此捕养珍禽异兽。

东汉王朝的统治者，对南中地区进行如此残酷的剥削掠夺，使得南中的少数民族，对汉族统治者完全绝望，从而展开一连串的反抗斗争。

但是，东汉王朝的统治者向来素有"大中华主义"的大汉族主义心态，很自然，他们将这些少数民族争求生存空间的反抗斗争，视为"化外之民""蛮夷之族"不可饶恕的暴行；因此，毫不犹豫地采取了严厉又残酷的镇压，他们以为只要"天朝军队"一到，蛮夷自然束手就擒。但是，统治者没有预料到的是，却引发了更激烈的反抗斗争。

东汉安帝元初五年（公元118年），越巂夷人封离起兵，各地群众纷纷揭竿而起。

第二年，永昌、益州乃至于蜀郡的所谓夷族蛮人，纷纷响应，不到一年，叛军便集结多达十余万人。

叛军强烈攻击汉王朝的行政系统，那些只会贪污、压榨百姓的官员，面对叛军的反击，却束手无策，不少长吏、太守被杀，很快官署城邑变成一片废墟。

奉命讨伐南中叛乱的是益州刺史张乔，他派遣益州从事、以干练敏捷出名的杨竦率兵前往镇压叛乱。

叛民终究是叛民，缺乏组织，杨竦运用军事策略，发动奇袭，果然一举便击破了叛军的大本营。据史书记载，他"斩首三万余众，生掳一千五百余人，获得资财四千余万"。

杨竦将所得财物全部赏给作战的将士，以鼓舞士气，提高军队的作战力，彻底消灭了残余的叛军。虽然杨竦一开始就实行了残酷的武装镇压，但当他到达南中不久，发现这些叛民确实才是真正的受害者，因此立刻改用安抚政策，并设法离间叛军领袖，使他们力量减弱，再一一加以劝服，不久便迫使封离投降了。南中的首次大动乱，总算告一段落。

军事行动结束以后，杨竦向朝廷弹劾原南中地区太守县令"贪污长吏十有八九"，以及一些黄授小吏。但这些压榨少数民族的恶官，早已和朝廷大官有

第七章　决胜千里

勾结，甚至牵涉到了梁冀和安帝。因此，杨竦的弹劾并没有取得实际效果，这些该死的官员都减了刑。反观杨竦此行，开始作战时杀人太多，本身军队伤亡无数，却有"功"不录，没有获得应有的赏赐。由此可见，汉王朝的腐败已到无可救药的地步了。

不过，杨竦的处置及弹劾行动，毕竟还是发挥了一定作用，与以前相比，严重剥削少数民族的行为暂时缓和了下来。

但到了东汉桓帝及灵帝时代，朝廷的风气比以前更加恶化，赋敛加重，明目张胆的掠夺行为比比皆是。果然，汉灵帝熹平二年（公元173年），南中一带的蛮族再度叛变，他们很快便攻占了益州郡，益州太守雍陟成为俘虏。

由于叛军声势浩大，朝廷特派御史中丞朱龟率军进行讨伐。这次叛军已经有了经验，军事纪律也已严明，组织改善很多，他们进行主动进攻。反观朱龟的朝廷军，由于地形不熟，屡次陷入埋伏圈，竟至全军覆没。

灵帝的满朝文武官员对西南兵败的消息大为震惊，居然有朝臣主张"南中郡县远在边域，蛮夷之人叛变无常，劳师远征得不偿失，不如弃之"。

只有原籍益州巴郡的太尉掾李颙，强烈主张用兵，并一再提出许多"镇抚南中"的措施。于是汉灵帝封李颙为益州郡太守，并下令益州刺史庞芝作为协助都尉。

由于兵员不够，庞芝和李颙商议，组织训练巴郡的少数民族"板楯索"，编练成军，并由李颙统率南下，剿灭叛匪。李颙采取恩威并用的策略，费了不少的力气，终于把叛乱平定下来，叛军释放了雍陟。但双方只能算是打成平手后媾和，南中实际已处于半独立状态。

不久，黄巾党人事件相继爆发，朝廷无暇南顾，因而对南中地区的监督力量削弱了不少。中平五年，益州郡人马相和赵祇，在绵竹起义，也自号"黄巾"。他们招募被汉民族欺负的夷人，一两天内，居然有数千人响应，声势浩大。不久，绵竹县令李升战败，为叛军所杀，洛县被攻破，连益州刺史郤俭的军队也惨遭失败，郤俭战死。

很自然，周边郡县蜀郡、犍为郡陷入战乱，仅仅不到十天，益州地区已进入独立状态，马相自称天子，部属很快发展到达数万人。为此朝廷重新派遣刘焉为益州牧，这一次，朝廷授以更大的军权，以整顿益州。等到益州黄巾党人平定后，南中地区也已不再受益州的统治了。

由于历次镇压所遭受的重创，刘璋统治期间，改用招抚和亲政策，特别派出以为官清廉出名的董和，出任益州郡太守，主动安抚南中少数民族。《后汉书》上虽记载有"南土人爱而信之"的治绩，但其实是短暂的，董和能够治理和影响的地方仍非常有限。少数民族领袖的组织力逐步加强，他们和汉族的官员及长期在此剥削的豪族们，冲突日益激化，矛盾日益加深。

南中地区叛乱时间如此之长，因为牵涉较多的内政外交问题，不是光靠军事力量就可以解决的。况且刘备伐吴惨遭失利，元气大伤，势必要有一段时间来抚慰生灵、休养生息，所以暂时停止了征讨。他下令李严通过各种关系安抚这些少数民族头目，并派兵驻守险要之处，严加守备，防止叛乱继续向蜀中蔓延，等待较有利的时机，再重新加以解决。

对于东汉时期的民族矛盾尖锐复杂，诸葛亮了如指掌，并从中吸取了一些经验教训。早在《隆中对》中，他就提出了"西和诸戎，南抚夷越"的方针，并以此作为刘备集团占据益州后巩固内政、求得发展的重要政策之一。刘备占据益州后，诸葛亮建议刘备选派安远将军邓芳（字孔山），此人很有才能并能贯彻"和抚"政策，为庲降都督时，邓芳"轻财果毅"，颇能体察民情，注意不过重剥削压迫少数民族，对地方官吏和豪强进行规劝，使其有所约束，不许他们过于横行霸道，"夷汉敬其威信"（《华阳国志》卷四）。他对这一地区的镇抚工作，取得了一定的成效。章武元年即公元221年，邓芳死，刘备、诸葛亮不得不又选派益州郡俞元（今云南澄江）人李恢继任。李恢是南中当地人，对那里的情况颇为熟悉，有此一层关系，故而如鱼得水，容易搞好同各族的关系，同时他又"毛遂自荐"，很有信心和勇气，所以让他继任庲降都督。这样，蜀汉政权对南中地区的控制加强了。但是那些残酷暴戾，想称霸割据一方的汉族官僚、豪强地主和少数民族"夷帅"，则蠢蠢欲动，伺机发动叛乱。

章武二年即公元222年冬，汉嘉太守黄元听说刘备得了重病，于是趁机举兵反叛。第二年春，蜀将军陈智领兵大败黄元，斩其首示众。刘备死后，刘禅刚即位，益州郡豪强地主雍闿趁此时机，发动武装叛乱，益州太守正昂为叛军所杀。诸葛亮为此重新选派"干理敏捷"的张裔为益州太守，张裔为人干练，颇为有名，在汉族和少数民族中有一定影响。雍闿以此人声望太大不敢杀害他，便利用"夷人"迷信"鬼教"的心理，借"鬼教"说："张府君如瓠壶（葫芦瓜），外虽泽而内实粗（外面好内里坏）。"（《三国志·张裔传》）因此，群众对他产生了疑惧，然后把张裔抓起来，送往东吴，以求得孙权的支持。孙权遥任雍闿为永昌太守，并任刘璋之子刘阐为益州刺史，在交州和益州交界之处驻扎。永昌郡功曹吕凯、府丞王伉率领吏士严密防守，抗击雍闿，雍闿不得进入永昌郡。牂牁太守（一作牂牁郡丞）朱褒、越巂"夷王"高定（一作高定元）

第七章 决胜千里

也相继叛蜀,响应雍闿。至此时,叛乱几乎席卷了整个南中地区。

雍闿发动叛乱之后,少数民族并非一味盲目跟从。史书记载:"益州夷复不从闿。"这是因为蜀汉政府颇能体察民情,对他们的剥削压迫比较轻,他们在政治上和心理上都不愿意脱离蜀汉。于是雍闿就使用欺诈手段,煽动少数民族同他一起反叛。他指使叛乱集团的另一个头目,即在南中地区颇有声望的少数民族首领孟获去散布谣言说:"蜀汉官家要向你们征收胸前都是黑色的乌狗三百头、螨脑三斗、三丈长的断木三千根,如若不能办到则必死无疑。"很显然,这些都很难办到。乌狗一般胸前长的是白毛,现在却要全是黑色的,而且征收的数目太多,难以得到。螨虫之脑通常是很小的,要三斗殊为困难。断木刚坚,性委曲,"高不至二丈",缴三丈的断木更是不可能的。由于历代贪官污吏横征暴敛,名目繁多,"夷"族人民也就听信了孟获等的谣言,这才不得不屈从他叛乱。

叛乱发生之后,诸葛亮考虑到刘备辞世不久,尸骨未寒,内部不够稳定,军事势力不够强大,没有立即发兵去平定叛乱,但并未有丝毫松懈,一方面,"务农殖谷,闭关息民",巩固内部,准备力量,以便"民安食足而后用";另一方面,争取用和平的方式解决叛乱问题,还是把招抚作为"上策"。他让李严写信给雍闿,劝说雍闿明识大势所趋,明利害之关系,停止叛乱活动。却不想遭到了雍闿的拒绝。雍闿在回信中固执己见,语气强硬地说:"天无二日,土无二王,现在天下分裂,三国鼎立,不知所归。"(《华阳国志》卷四)从雍闿的话中可以看出,他舍近求远,臣属孙权,并不是出于真心,而是想称王称霸,割据一方。

正当此危难之际,魏文帝曹丕乘蜀汉换主之际,元气大伤,内部不稳定之机,给诸葛亮施加压力,授意一些依附于曹魏的东汉遗老,包括诸如三公之流的司徒华歆、司空王朗、尚书令陈群等,他们分别给诸葛亮写信,要他听"天命",知"人事",臣服于曹魏,"举国称藩"。诸葛亮没有回信。为了表明自己的坚定立场,增强蜀汉大臣和百万将士抗曹的决心,诸葛亮写了一篇义正词严的文告,满怀激情,诚恳备至,要满朝文武知晓,文中说:

"昔项羽起事非以己之德,虽然以中原华夏为据,握有帝王权势,终于身败名裂。今者,曹魏不以为戒,重蹈项羽之覆辙。然有人对他们奉承备至,此辈之流如同陈崇、张竦称颂王莽的功德帮助王莽篡汉一样。光武帝刘秀领兵虽少,终于打败王莽几十万大军。以道义讨伐邪恶,不在人数之多寡。曹操率领兵马几十万,赴阳平救张郃,终以失败逃走,丢掉了汉中。他很清楚,帝位并不是随意篡夺的，不久就郁郁而死。现在其子曹丕终于篡夺了帝位。纵使他们那些人像苏秦、张仪那样能说会道，善于辞令，到头来也是徒劳无用。过去轩辕氏整卒数万，制四方，定海内，况且我们以数十万之众，以道义讨伐罪逆，此乃正义之师，何功不成，何城不破？"（原文见《三国志·诸葛亮传》裴注）

这就是被称之为《正议》的大致内容。在这篇文章里，诸葛亮以蜀汉为继承汉朝的"正统"地位，和"篡夺"汉朝政权的曹魏势不两立，毫无惧色，他把这称之为"以道义临制罪逆"。虽然蜀魏之间的矛盾斗争，实质上是两个地主集团之间争夺统治权力的斗争，并无"道义""罪逆"之分，胜者为王，败者为寇，但在当时，这种封建正统思想还是有一定影响的。

由于永昌郡太守王伉及功曹吕凯，矢志坚守永昌，南中叛乱事件遂由危急转向和缓，叛军无法席卷整个南中地区。蜀汉军日后的反扑军事行动，也得以顺利展开。

尤其值得一提的是吕凯，他将雍闿指挥下的南蛮军北进的进军路线、布置写成《平蛮指掌图》，进呈给诸葛亮，以为南征之参考。其中对于南中地区的地形、地貌、气象、风俗习惯，以及南蛮兵器及作战方法，都有详尽的分析及说明。

诸葛亮阅毕，非常感激，将此《平蛮指掌图》作为南征军团的演习指导。也许就是有此"知己知彼"的蓝图，诸葛亮才能够轻松地七擒孟获而"百战不殆"，达到完美的"全胜"。

诸葛亮重新与孙吴恢复盟好，内部经过整顿局势稳定后，便于建兴三年（公元 225 年）三月，亲率大军南征平叛。

诸葛亮率军出发之时，参军马谡前来送行。诸葛亮向他询问破敌之策。马谡说："南中依仗地势险要偏远，不归顺朝廷已经很久了。即使今天我们用武力打败他们，使他们暂时屈从，大军一退他们必将再次反叛。用兵之理，应以攻心为上策，攻城为下策；心战为上策，兵战为下策。希望丞相不要专用武力，要运用和抚政策，使他们诚心归附。"

诸葛亮听了马谡的建议，觉得切合实际，欣然采纳，因为这和他的"南抚夷越"方针是一致的。

当时叛乱的地区主要集中在南中四郡，即益州、越巂、永昌（治所在今四川保山东）和牂牁，而为首者便是益州郡的大姓酋帅雍闿。以叛军的分布情况来看，诸葛亮统率南征三路大军，即东路由马忠率领，自僰道（今四川宜宾市西）出发，攻打牂牁；中路由驻在平夷县（今贵州毕节）的庲降都督李恢率领，

第七章 决胜千里

向叛乱的中心地区益州郡进攻，目的即吸引和牵制雍闿等人的力量；而诸葛亮自己则率领主力部队从西路攻打势力较大的越巂叛军。

诸葛亮率领的主力进发，大军由安上（今四川屏山）沿泸水（今金沙江）而进入越巂地区，正当此时，盘踞在越巂的叛军头目高定已分别在旄牛（今四川汉源）、定笮（今四川盐源）、卑水（今四川昭觉东北）一带筑营防守，防御工作已甚为严密。为了一举歼灭高定的军队，诸葛亮率军进至卑水之后，考虑到士卒劳顿，便暂时停止进攻。而高定为了加强防守越巂治所邛都，便利用这一段时间，迅速将其他各处的叛军集中调至邛都周围。但他没有预料到的是，这一来恰恰中了诸葛亮的计谋。高定的部队刚一收拢，诸葛亮便立即发起猛烈进攻，一举歼灭了越巂地区的全部叛军，并斩杀高定。越巂的叛乱也立刻平定。与此同时，东路的马忠也大败朱褒，攻占了牂牁郡。两翼的敌人已经肃清，诸葛亮遂指挥大军继续向益州郡进发。

而中路的李恢自平夷进发后，却遇到了沿途诸县叛军的持续性围攻。李恢作为庲降都督，实为总摄南中之官。叛军在其南下途中，层层堵截，最后将李恢军队围在了昆明。李恢颇能见机行事，见叛军的数量多于自己数倍，此刻，又未得诸葛亮消息，遂麻痹叛军说："官军粮食已尽，欲退还，但军士都是南人，不想再北上，要求与南人共同计谋下一步的行动。"因李恢原籍建宁俞元（今云南晋宁县城），故叛军信以为真，也放松了对其围困。于是，李恢趁夜发动突然出击，大破叛军，并乘胜追击，南至槃江，东接牂牁，与诸葛亮军队声势相连，遥相呼应。

同年五月，诸葛亮率军艰难穿过人烟稀少的山岭，涉险渡过波涛汹涌的泸水，终于进入益州郡。这时前来与高定会合的雍闿在内讧中已被高定的部下斩杀。孟获代替雍闿成为叛军头目，继续统领叛军反抗，战争在益州郡内进行。孟获作为少数民族首领，在南中地区很有威信和影响。诸葛亮为了更好地解决南中诸民族和蜀汉政权的关系，改变南中地区时常"叛乱"的局面，使蜀汉在南中地区的统治能够长期稳定下来，在稳固的军事力量作后盾的前提下，采用"攻心"战术，下令军队在同孟获作战时不能伤害他，只可生擒。

经过第一次交战，孟获果然被用计活捉了。诸葛亮对他不杀不辱，为了使他心服，所以有意在他面前显示一下自己士兵的战斗力，让军队列成阵势，亲自把他领到阵前，说："这样的军队你能打得赢吗？"孟获回答说："先前我不知道你军的虚实，被你用计打败。现在我看过你军的阵势，了解了实情，只不过如此。所谓'知己知彼，百战不殆'。如果给我机会再战，我是能够取胜的。"诸葛亮见他还没真正心服，便把他放了回去。孟获再次回去集合部众，又来战斗，结果还是兵败被擒。这次他仍然不服气，诸葛亮又把他放了回去。就这样，通过锦屏山之役、泸水之役、孟优事件、秃龙洞之役、火女王之役等战役，一捉一放前后共有七次。当最后诸葛亮又要放他的时候，他确实感到诸葛亮足智多谋，又不是存心与自己为敌；也并不是想把"夷"人赶尽杀绝；另一方面"夷人"也逐渐明白受骗的真相，不愿再打下去以弄得民不聊生，他便心悦诚服地率众归顺了诸葛亮。他对诸葛亮说："公，天威也，南人不复反矣！"这就是流传多年的整个"七擒孟获"的故事。

这时东路的马忠攻下牂牁后，也击破诸县，向益州郡推进。三路大军最后消灭叛乱势力，七月，在滇池（今云南晋宁东）胜利会师。

在南征途中，诸葛亮的军队纪律严明，组织性极强，禁止烧杀抢掠，注意搞好同当地少数民族的关系。在坚决打击叛军主要头目中的顽固分子的同时，采取心理战术，注意争取次要而有影响的头目。半年之后，南中地区豪强地主和少数民族上层分子分裂割据的叛乱活动，被彻底粉碎了。这是诸葛亮采用军事和政治相结合方针的胜利。

唐朝诗人胡曾在《泸水》诗中，对诸葛亮不避艰险，率军南征一事，给予热情的赞颂：

五月驱兵入不毛，月明泸水瘴烟高。
誓将雄略酬三顾，岂惮征蛮七纵劳。

但必须明确一点，诸葛亮的南征，与南中少数民族的关系不是单纯的"征蛮"问题，即不是单纯的汉族与少数民族之间的战争，而是蜀汉中央与地方、统一与分裂两种势力之间的战争，只是这场战争同时也披上了民族矛盾的外衣而已。

建兴三年（公元225年）十二月，南中的一切安排就绪，诸葛亮遂班师回成都。蜀国群臣皆迎出数十里之外，朝中上下对诸葛亮南征的胜利无不欢欣鼓舞。但此刻诸葛亮的心情却极为平静，他又在考虑下一步的举措了。面对当时的迫切局势，他决心伐魏，而伐魏之前尚需对吴、蜀联盟做进一步的巩固。诸葛亮便再次物色使吴的人选，在欢迎的人群中，他一眼便看见了费祎。费祎，字文伟，江夏人，自幼识悟过人。少年时代曾随其族父伯仁游学入蜀，会刘备定蜀，遂定居于益州。其时费祎仅为黄门侍郎，官位卑微，但诸葛亮却以礼相待，特命费祎与他同车而行。于是，众人莫不对费祎另眼相看。

诸葛亮之所以对费祎有诸多了解，是从他参加许靖之子的丧礼开始的。费祎与董和之子董允齐名，而且相与为友。许靖丧子，两人欲共赴葬所参加葬礼，董允遂向父亲请求派车。结果董和只给派了一辆等次极低的"鹿车"。董允有些犹豫，费祎则从前面首先上车。及至葬所，诸葛亮及诸贵人都到了，皆车乘华丽。董允神色不悦，而费祎仍是泰然自若。由此，诸葛亮对费祎便格外欣赏。

几天以后，诸葛亮派费祎使吴，身份是昭信校尉，并以宣信中郎将董恢为副使。孙权本性滑稽，嘲啁无方；再加上诸葛恪（诸葛瑾长子）、羊衟等人又极善辞令，滔滔雄辩，要应付这样的外交场面实非易事。但每当论至高潮，费祎都能词顺义笃，答之有理，东吴士人终不能屈。后来几次会见，孙权便特意准备好酒让费祎饮用，趁其酒兴问以国事，并论当世之务，企图让费祎难堪。不料费祎既不上当，亦不失体。他先辞以酒醉，然后回去作书回答孙权的发问，条条娓娓道来，无所遗失。孙权因此愈加器重费祎。又一次，孙权以自己手中所常执的一口宝刀赠给费祎，欲观费祎的反应。费祎接刀后说："臣以不才，何以堪明命？然刀所以讨不庭、禁暴乱者也，但愿大王勉建功业，同奖汉室，臣虽暗弱，终不负东顾。"孙权因此赞扬费祎道："君天下淑德，必当股肱蜀朝，恐不能数来也。"

费祎归蜀后，被迁为侍中。后来诸葛亮北驻汉中之时，费祎为参军。因为他奉使称旨，又使吴多次。费祎每次使吴，诸葛亮常于成都南面的长星桥亲自相送，并叹曰："万里之路，自此始也。"后人遂名此桥为"万里桥"。

三、"和抚"政策

在南中平定之后，诸葛亮仍以"和抚"政策作为主要策略，随后采行"即其渠帅而用之"的方针。换句话说，尽量利用当地有声望的少数民族部落领袖为当地行政领导者，甚至采用南中的重要人物并授以高官，例如孟获日后便累官至御史中丞，对蜀汉的边疆稳定贡献颇大。

这个策略是想彻底改变数百年来汉人剥削压榨少数民族的恶习，自然立刻遭到朝廷中保守分子的激烈反对，他们认为少数民族领袖绝不可靠，这种"放任"的人事任用政策，将危及朝廷的统治权。

但诸葛亮坚持以事制事的政策，他并不奢谈理想，反而以切合实际的方式来分析利害。他分析以为，以汉人来管理战后的南中地区，将有三大不利：

第一，如果以汉人为行政长官，势必要在南中屯驻大量的军队。如果驻军人数太多，势必耗费国家军粮，对蜀国抗拒曹魏的基本国策，是相当不利的。

第二，此次平叛南中战事，南方夷人死伤无数。虽然已经暂时无战事了，但父兄被杀之仇恨，不共戴天，不是轻易忘得掉的。将汉人留于此地，日夜相见，反而相当危险。

第三，南中少数民族有他们自己的文化价值体系。汉人统治者对此并不熟悉，由汉人统治的话，即使秉公论断，也得不到信任，反而会将彼此的误解加深，造成日后更多的困扰。

因此他决定采取"不留兵，不运粮"的政策，几乎是中央统治下的全自治式的，由南中的少数民族行使自治权力，使这个地区成为一个"纲纪粗定，夷汉粗安"的自治区。

虽然诸葛亮一生行事颇为谨慎，但他以顾全大局为前提，策略上合理而行得通的，他便毫不迟疑地去改革。

不过，"即其渠帅而用之"，并不意味着完全的无政府状态，叛乱好不容易被平定，自然不能让其再度叛乱。为维持稳定的局面，诸葛亮采取不少抚慰性措施，以加强蜀汉中央政府对南中地区的控制。

第一，积极推行郡县制，选派干练有素并熟悉当地情况的人为郡太守。

为了进一步加强蜀汉政权对南中地区的统治和管辖，使西南地区臣服蜀国，诸葛亮扩大和健全了郡县组织，改益州郡为建宁郡，分建宁、牂牁郡的各一部分新建兴古郡，又分建宁、越巂郡置云南郡。在受叛乱势力影响较大的益州郡，则被分区划小了。这样，原来叛乱地区的四个郡就重新增改为越巂、建宁、云南、永昌、牂牁、兴古六个郡。加上没有叛乱的朱提郡，庲降郡都督所辖共七个郡。李恢作为庲降都督加安汉将军兼建宁太守，移治七郡的中心地区味县（今云南曲靖）。郡数的增加，郡区的缩小，有利于防止地方势力过于集中，以致分裂割据。

与此同时，诸葛亮精心委任得力的、熟悉少数民族习俗的并在当地颇有声望的人为各郡太守。如新上任的永昌太守王伉和越巂太守龚禄，原本就是南中地区的官吏（龚禄原来就是越巂太守）；建宁太守李恢、云南太守吕凯，不仅以前长期在南中地区为官，而且本人就是当地的土著人（吕凯是永昌不韦人）。

第七章　决胜千里

这些人一般都能如实贯彻诸葛亮的民族政策，在南中治理过程中，发挥了很大的作用。

第二，适当任用少数民族头领参与蜀汉各级政权。

为了尽量争取少数民族首领的支持与合作，结成民族统一战线，更有效地统治南中地区，诸葛亮对于那些拥护蜀汉政权的、在当地很有影响的少数民族上层人物委以重任，让他们参加到蜀汉中央政权中来。如孟获官迁至御史中丞，孟获的同族孟琰英勇善战，亦被任命为虎步监，官至辅汉将军，大姓爨氏首领爨习当上了领军。在他们的影响下，蜀汉对南中地区的统治加强了。县级行政级别以下的官吏，基本上由少数民族上层人士担任。

在少数民族聚居集中的地区，诸葛亮采取了"即其渠帅而用之"的政策。尊重他们的风俗习惯，保留他们原来的部落组织，并且承认原来少数民族的头领、酋长的统治权力，只是给予新的封号。如世代统治昆弥川（洱海地区）的龙佑那被正式封为"酋长"，并"赐姓张氏"。牂牁郡"夷帅"火济曾协助蜀汉军队数次"破孟获有功"，被封为"罗甸国王"。为了加强这些封号的权威性，诸葛亮便给少数民族头领颁发了"铁券"，借以表示酋长们的权力是蜀汉皇帝赐予的，是神圣不可侵犯的。酋长们见自己受到了朝廷的器重，也就听从朝廷的命令了。

为了使少数民族明了封建纲常，懂得礼法，服从统治，诸葛亮给他们作"图谱"，宣传封建等级尊卑的从属关系，教育少数民族要尊敬天地、神龙、皇帝、官吏，听从治理，要向官府缴纳金银财宝，粮食粟帛，还要以牛、酒慰劳官吏。少数民族酋长面对这个"图谱"，"甚重之"（《华阳国志·南中志》）。后来，每当上级官员到来时，少数民族头领便秉持"铁券"前去晋见，以表明他们权力和地位的合法。

第三，极力强调经济发展之重要性，加强边远地区同内地的联系。

南中地区生产落后面貌是必须改变的，诸葛亮在这里普遍推广了汉族地区先进的农业耕作技术。他"命人教打牛以代刀耕"。直至今天，云南省德宏地区傣族还有关于诸葛亮带来牛耕的传说。诸葛亮还充分注意在这一地区兴修水利，灌溉农田，开垦荒田。在现在云南省保山县城南大约十里的地方，还有大约三个能够灌溉的"诸葛堰"，传说是诸葛亮当年下令修筑的。诸葛亮本人并没有到过保山，这种传说反映了诸葛亮对兴修水利、发展生产的重视。经过诸葛亮的宣传抚慰，原来长期居住在深山密林中过着原始狩猎生活的"夷"人，"渐去山林，徙居平地"，建立村落城邑，从事农耕植桑生产，整个南中地区的经济有了长足的进步，人民生活得到了改善。

虽然以农为本，诸葛亮对南中地区的手工业和商业也很重视。他极其重视这里原来的盐井和矿山并尽量征收为官有，设置盐铁官，经营管理专卖盐铁生产。手工业生产技术在这里也得到了发展。永昌郡的特产橦华（花）布，大量畅销于成都市场，南中的特种矿产铜、锡、黄金、阑干细布等，也得到了进一步的开采生产和利用。龚禄之后张嶷为越巂郡太守，他贯彻执行诸葛亮的民族政策，动员大量人力，重新修复了久已不通的旄牛道（从四川雅安至西昌的古道）和沿途"亭驿"（食宿点和交通站），这几条道路的开通方便了汉族和少数民族地区的商旅往来，促进了边区和内地的经济文化交流。

在云南昭通孟孝琚碑附近的墓中，曾出土过蜀国的特有钱币"直百五铢"。这说明蜀汉在统一度量衡方面也取得了一定成绩，也说明当时少数民族地区与内地的联系是十分密切的。如此祥和局面的出现，是和诸葛亮对少数民族实行"和抚"政策分不开的。

第四，"部曲"制度的推行。

在汉代，"部曲"是一种军事编制。大概到东汉后期，部曲则成为豪强地主家兵的统称。"部曲"平时替主人生产，受封建的压榨和剥削，战时为主人当兵服役。诸葛亮平定南中之乱以后，对军队建设给予了足够的重视，他把当地少数民族中的壮丁编入军队，连同其家属大约数万户一起迁到蜀中。这支军队后来骁勇善战，号称"飞军"，成为蜀汉军队中的一支精锐部队。同时，诸葛亮把少数民族中的"羸弱"男子分配给焦、孟、量、毛、李等汉族和少数民族大姓作"部曲"，战时为兵，平时生产。对一些不能诚心归顺大姓的所谓"刚狠不宾"的"恶夷""顽民"，则鼓励大姓出金帛收买驯服他们，作为"家部曲"。对拥有"部曲"多的大姓给予极大的优待，"奕世袭官"。因此，不少"夷人"成为"部曲"，他们和汉人取得了同样平等的地位，一起当兵生产，叫作"夷汉部曲"。施行这一措施之后，一些"大姓"的政治欲望和经济利益得到了满足，他们同蜀汉朝廷的关系逐步得以改善，逐渐成为蜀汉政权的军事支柱。如果南中地区"夷人"发动叛乱，庲降都督或郡太守们便可依靠"夷汉大姓"及其"部曲"，进行镇压。

在云南昭通后海子东晋霍承嗣墓中发现一幅壁画，第一排为汉族装束，手持环首铁刀的十三人；第二、三排为头上有"天菩萨"（头顶绾髻的一种发型），身着披毡，装束为"夷人"的共二十七人。这是一幅"夷汉部曲"的组成情况画。虽然这幅壁画产生于东晋，但可以反映诸葛亮实行"夷汉部曲"制

第七章 决胜千里

度的情况。

"夷汉部曲"的形成，加强了少数民族和汉族人民的联系，在改善民族关系方面起了重要的作用。同时，诸葛亮推行"部曲"制度，使封建隶属关系在南中地区有所发展，这对西南地区社会的进步起到了一定的促进作用。

实际上，诸葛亮一贯思虑谨慎，绝不可能真正放任那些少数民族的豪强领袖自由行事。他在迁移南中劲卒青羌到蜀中后，特别留下羸弱的部曲，分给雍、量、毛、李等大姓为部曲，并设置五郡都尉加以统一管理，将他们纳入政府正式的地方军队。

诚然也有不少部落，坚决拒绝被并入大姓或迁移蜀中，诸葛亮便下令大姓们用金帛招抚他们，准许他们世世代代承袭官爵。

这个策略不仅可以削弱大姓们的经济实力，而且也以"金钱"攻势，降伏了最不易控制的蛮夷豪族。把他们组成"夷汉部曲"，加强了他们之间的认同感，汉人政权和少数民族之间的关系得到大幅度改善。

蜀汉建兴十一年，南夷的耆老刘胄叛乱，庲降都督张翼便率此夷汉联军将之讨平。越巂太守张嶷，觉得现有兵力不足以固守，便将这些"后备军人"编组成赤甲、北军两衙所，以强化军事实力。

又永昌郡常有寇害，太守霍弋招募"偏军"，即此种"后备军人"征讨之。

可见这些前期预备的"兵力"，对日后南中地区叛乱的平定，的确发挥了不小的作用。

同时，为加强对南中的掌握，诸葛亮大量提拔南中有声望的豪族领袖，充当蜀汉朝廷的高官。例如建宁郡耆老爨习是李恢的姑父，后来长期跟随诸葛亮北伐，最后官至领军。朱提郡的蛮族领袖孟琰，亦曾多次参加北伐，最高官位至辅汉将军、虎步监。叛军的领袖孟获，更官至御史中丞，职掌监察大权。这些策略，对南中蛮族向心力的培养，有很大的帮助。

诸葛亮一向对少数民族的文化非常尊重。他十分重视庲降都督的人选。首任都督李恢，本身便是南中地区人氏。李恢于建兴九年辞世，诸葛亮让蜀郡太守犍为人张翼继任。由于张翼执法严格，经常禁止南中民族的宗教习俗，因此，惹起南中耆老刘胄等的反叛，更为严重的是影响到其他郡的不安。

面对此紧急情况，诸葛亮立刻召回张翼，改换为对益州了解较多的马忠，马忠很快讨平了刘胄，使南中地区恢复了以前的安定。

马忠字德信，巴西阆中人。刘备战败于猇亭，黄权投奔曹魏，刘备悲悔万分。这时，巴蜀西部太守阎芝派马忠率军以加强刘备亲侍部队。刘备在与马忠详谈后,便转忧为喜对他人表示:"黄权虽失,复得马忠,可见世上真不乏贤人呢!"从此以马忠为亲信。

诸葛亮开丞相府以后,以马忠为门下都督,南征平叛时马忠更出任主要军团领袖而屡建奇功。战事平定后,马忠受命代理诸葛亮在南中执行抚恤复员的工作,非常有威信。

蜀汉建兴三年,召为丞相参军,曾为诸葛亮军事指挥的成员,并领益州治中从事。由于和诸葛亮共事良久,彼此默契深厚,对诸葛亮的政治策略和作用体会甚深。

他继任庲降都督后,处事果断,恩威并立,将诸葛亮的和抚政策精神发挥得淋漓尽致。《三国志》记载:"蛮夷畏而爱之。"马忠辞世后,南中各族人民悲痛万分,并为他建庙立祠,可见其治绩的辉煌。

由于榜样在先,后来继任的霍弋,也能立法施教,政策轻重得当,使南中地区保持了安定局面。南中治理的成功,慎选人事当是重要原因。

越巂太守张嶷,也是一位颇能体认诸葛亮"和抚政策"的南中行政长官。越巂郡原任太守龚禄在蛮人叛变中不幸殉职,继任的代理太守,不敢到越巂郡上任,而寄居于八百里外的安上郡。实际上越巂郡徒有其名,完全陷入无政府状态。在此危难之际,整顿越巂郡的便是张嶷。

张嶷字伯岐,巴蜀郡南充国人,年轻时即以勇敢又富有谋略而著称,拜为牙门将,和马忠共同讨伐汶山叛羌,长期以谋略筹划建立功劳。

张嶷在正式接任越巂太守后,率直属军团深入越巂境内,以恩信诱之,使不少部落酋长皆来归顺降服。张嶷主动缩小打击范围,把敌人仅仅限于杀死龚禄的荆都耆帅李求承,将其他部落全部视为胁从军。于是,李求承很快陷入孤立,没多久就被抓到,被处以极刑。

张嶷一向力主"和抚政策",反对用武力解决少数民族的叛变。他认为治理南中,应首重恩信,一定要尊重他们的宗教及文化,与他们站在同一阵线上,才能使夷人心悦诚服。

他做得非常成功。据说当他在修复越巂郡旧城郭时,夷人男女无不尽心尽力而为,使工程在极短时间内便告完成。

除了精神生活外,张嶷也很重视物质上的富足。他在郡内的定莋、台登、卑水三县,有计划地开采盐、铁和漆,并设立专任官员进行管理,让少数民族的各部落都广泛参与,以改善他们的物质生活。

更重要的政绩是张嶷成功地打通了邛都经旄牛到成都的旧道,并修复古亭

第七章 决胜千里

驿站，以方便商旅往来，不但强化蜀汉朝廷和南中地区的行政管理，也使南中经济有了突破性的发展。

张嶷在越嶲做了将近十五年的太守，当他卸任取道莋牛回成都时，夷人不分男女老幼无不夹道欢送，无不伤心流涕、依依不舍，甚至有一百余人随张嶷直到成都。

后来张嶷跟随姜维北伐，不幸战死于沙场上。越嶲夷民接获消息，无不悲痛万分，并为他建立祠庙。

南中平定之后不久，诸葛亮便在南方推广汉族的先进耕作技术和先进文化。诸葛亮派专使劝说少数民族从深山迁居到平原，并教他们用牛和铁犁耕地，兴修水利，灌溉农田。诸葛亮率军南征途中，有许多农作物品种散落在南中地区播种，南方的少数民族把这些农作物品种保留了下来。据中唐诗人"八司马"之一的刘禹锡《嘉话录》中关于"诸葛菜"的记载：

> 嶲州界缘山野间，有菜，大叶而粗茎，其根若大萝卜。土人蒸煮其叶而食之，可以疗饥，名之谓"诸葛菜"。云武侯南征用此菜莳于山中，以济军食，亦犹广都县山枥木谓之"诸葛木"也。诸葛所止，令兵士独种蔓菁者，取其桂出甲者生啖，一也；叶舒可煮食，二也；久居随以滋长，三也；弃去不惜，四也；回则易寻而采之，五也；冬有根可刨食，六也。比诸蔬属，其利不亦博乎？三蜀之人，今呼蔓菁为"诸葛菜"，江陵亦然。

《云南记》中亦有类似的记载：

> 嶲州界缘山野间有菜，大叶而粗茎，其根若大萝卜。土人蒸煮其根叶而食之，可以疗饥，名之为"诸葛菜"。云武侯南征用此菜子莳于山中，以济军食。

嶲州即三国时越嶲一带，按今天的行政区划，即指四川越西、美姑以南，金沙江以西、以北，锦屏山、盐井河以东地区，诸葛亮南征便经过这些地方。而文中所记载的蔓菁是一种方便军食的蔬菜，早在《诗经》中就已有所记载。《诗经·邶风·谷风》云："采葑采菲，无以下体。"其所谓"葑"，即蔓菁；所谓"菲"，即萝卜。诸葛亮少年时代在农村度过，并随姐姐一起挖过野菜，对蔓菁的形状自然是了如指掌。当他率大军南征之时，为防军需一时供应不继，备种蔓菁"以济军食",正见其用心之细,思虑之详。武侯当年之"军食",后来竟成为西南人民救荒疗饥的重要蔬菜,这是武侯当时所没想到的。

手工业方面,诸葛亮除在南中设置盐官和铁官以掌管煮盐和炼铁外,还充分利用当地铁矿资源,为少数民族制作大量的生产用具和生活用品。如著名的"诸葛铜鼓",相传便是诸葛亮组织工匠铸造的,后人为纪念孔明,便以诸葛命名。铜鼓本为军队用具,其作用与钲相似;后散在民间,少数民族遂以之为世代相传之"宝器"。据《益都谈资》记载,诸葛铜鼓面宽一尺七寸,高一尺八寸,蜂腰,四耳相对,花纹甚细,色泽如瓜皮,重达二十余斤。若悬于水上,以木槌击之,声极丰腴圆润,乃孔明七擒孟获时所制。直到明代神宗万历元年(公元1573年),四川巡抚曾省吾征九丝城都蛮,尚俘获诸葛铜鼓九十三面。

面对南方少数民族的落后习俗,诸葛亮对此深以为弊,决心加以革除。高承《事物纪原》说:"诸葛亮南征,将渡泸水,土俗杀人祭神,亮令以羊、豕代,取面画人头祭之。馒头名始于此。"《古今事物考》卷七也形容诸葛孔明最初制作的馒头是"杂用羊豕之肉,而包之以面,像人头以祀"。若以此溯源,馒头的发明当归功于诸葛亮。不同之处在于最早的馒头都有馅。今南方某些地区犹称包子为馒头,当是其遗俗。诸葛亮用装有羊、豕之肉而表面画有人头形象的馒头代替人头以祭,这无疑是一种极大的变革。

第八章 五次北伐

一、奏请北伐

建兴二年（公元224年）以后，诸葛亮家中逐渐热闹起来了。先是夫人黄氏及诸葛均一家从隆中迁来，并且诸葛均这时已经有一个儿子，名曰望儿；紧接着，诸葛乔从东吴前来入嗣，诸葛亮为其娶妻，并生子曰攀儿。至蜀汉建兴五年（公元227年）初春，夫人黄氏又喜得一子，取名瞻儿。诸葛亮47岁得子，其高兴程度可想而知。而三代同堂，阖家团聚，令他倍感欣慰。

但诸葛亮并没有陶醉于天伦之乐当中。他仍时时想着国家的安危以及如何实现北伐曹魏、匡复汉室的宏伟理想。为了不致因家庭琐事影响公务，他将黄氏在隆中变卖家产所得，以及自己历年的俸禄节余合在一起，购置了一处田产，计有薄田15顷，桑800株（在双流县东北八里，后谓之"葛陌"），地处成都西南面。他于桑丛中建起茅屋几十间，又在院内杂植些松、梅、翠竹，子弟们日常便居住其中。诸葛亮闲暇时也来此小住，重温一下阳都和隆中乡间的感觉。

这一段时间，由于蜀国坚持了"务农殖谷，闭关息民"的"和抚"政策，经济发展异常迅速，国库充盈，百姓富足。再加上南中地区的平定，与东吴联盟的巩固，边境也十分安定。此时，诸葛亮正坐镇成都，精心筹划，一伺时机成熟，便立即出兵伐魏。

蜀汉建兴四年（公元226年）春，诸葛亮先命令都护李严自永安还住江州（今重庆），并在江州重新建筑大城。江州为蜀中门户，又是交通枢纽，自然要加倍防守。再加上诸葛亮要出兵伐魏，后方之事业也必须由李严就近主持。而就在这年五月，曹魏又传来消息说，魏文帝曹丕已死，其子曹叡即位（即魏明帝)。于是诸葛亮便加紧扩军备战，以伺大举之日。

待一切都准备就绪，蜀汉建兴五年三月，诸葛亮率军北上。临出发前，他给后主刘禅上表曰：

> 先帝创业未半而中道崩殂，今天下三分，益州疲弊，此诚危急存亡之秋也。然侍卫之臣不懈于内，忠志之士忘身于外者，盖追先帝之殊遇，欲报之于陛下也。诚宜开张圣听，以光先帝遗德，恢弘志士之气；不宜妄自菲薄，引喻失义，以塞忠谏之路也。
>
> 宫中府中，俱为一体，陟罚臧否，不宜异同。若有作奸犯科及为忠善者，宜付有司论其刑赏，以昭陛下平明之理，不宜偏私，使内外异法也。侍中、侍郎郭攸之、费祎、董允等，此皆良实，志虑忠纯，是以先帝简拔以遗陛下。愚以为宫中之事，事无大小，悉以咨之，然后施行，必能裨补阙漏，有所广益。将军向宠，性行淑均，晓畅军事，试用于昔日，先帝称之曰能，是以众议举宠为督。愚以为营中之事，悉以咨之，必能使行阵和睦，优劣得所。亲贤臣，远小人，此先汉所以兴隆也；亲小人，远贤臣，此后汉所以倾颓也。先帝在时，每与臣论此事，未尝不叹息痛恨于桓、灵也。侍中、尚书、长史、参军，此悉贞良死节之臣，愿陛下亲之信之，则汉室之隆，可计日而待也。
>
> 臣本布衣，躬耕于南阳，苟全性命于乱世，不求闻达于诸侯。先帝不以臣卑鄙，猥自枉屈，三顾臣于草庐之中，咨臣以当世之事，由是感激，遂许先帝以驱驰。后值倾覆，受任于败军之际，奉命于危难之间，尔来二十有一年矣。先帝知臣谨慎，故临崩寄臣以大事也。受命以来，夙夜忧叹，恐托付不效，以伤先帝之明。故五月渡泸，深入不毛。今南方已定，兵甲已足，当奖率三军，北定中原，庶竭驽钝，攘除奸凶，兴复汉室，还于旧都。此臣所以报先帝，而忠陛下之职分也。
>
> 至于斟酌损益，进尽忠言，则攸之、祎、允之任也。愿陛下托臣以讨贼兴复之效；不效，则治臣之罪，以告先帝之灵。若无兴德之言，则责攸之、祎、允等之慢，以彰其咎。陛下亦宜自谋，以咨诹善道，察纳雅言，深追先帝遗诏。臣不胜受恩感激。今当远离，临表涕零，不知所言。

这就是著名的《出师表》。就《出师表》的内容来看，主要强调以下几点：

第一，出师北伐的目的。

第八章 五次北伐

诸葛亮说:"我本是出身卑微的一个平民,在南阳耕种过活,在乱世中苟全性命,并不想在诸侯中求名得官。先帝(指刘备)并不因为我卑下鄙俗,亲自屈驾三次来到草庐中拜访我,向我询问天下大事。我因此非常感动,于是答应为先帝奔走效力。后来恰逢先帝被曹操打败,我在局势危急的关头,接受了重要使命,从那时到现在已经二十一年了。先帝知道我谨慎小心,所以在临终时把匡复汉室的大业托付给我。自受任委托以来,我日夜忧虑叹息,唯恐事业不能完成,以致损伤先帝的知人之明。所以,我在五月艰难地渡过泸水,率军深入不毛之地。现在南方地区稳定,人民安居乐业,兵甲已经充足,应当鼓励和率领三军,向北平定中原。虽然我能力平庸,但当尽力去铲除奸凶,匡复汉室,还朝于旧都,这是我用来报答先帝,并效忠于陛下所应尽的职责。"

北伐曹魏,匡复汉室,是诸葛亮很早便在《隆中对》中就已定下的目标。诸葛亮一系列政治、军事、外交活动都是为了实现这一目标。现在同东吴已经重新结成联盟,南方已经安定,兵甲已经充足,所以诸葛亮决定亲率大军北伐。这既是为了不辜负先帝的嘱托,也是为了对陛下刘禅的效忠。

第二,阐明执法严明之重要性。

诸葛亮说:"皇宫中的侍臣和政府里的官员是一个整体,对他们的提升和惩罚、奖励和贬斥,应平等视之,不应该区别对待。如果有做坏事触犯法律的,或是忠心耿耿为国为民的,都应交给主管官员进行论断,给予惩罚或奖励,以显示陛下的公正严明。不应有所偏私,使皇帝的内廷和丞相的外府里有不同的法度。"

诸葛亮积极推行法治,注意有法可依,更强调"违法必究"。他执法严明,不仅是对部下,也包括对自己。对于后主刘禅,诸葛亮也劝诫他不要偏袒身边的亲信和皇室贵戚,严格执行统一的法律,维护法纪的尊严。这是诸葛帝"法不阿贵"思想的重要表现。

第三,用人尚贤。

诸葛亮说:"侍中、侍郎郭攸之、费祎、董允等人,都是忠诚正直、心地纯正之人,所以先帝才选拔他们辅佐陛下。我认为,宫廷里的所有事务不论大小,都要同他们商量,然后切实执行,必定能够查漏补缺,得到很多好处。将军向宠,贤良公正,熟悉军事,过去试用他的时候,他的才能得到先帝的称赞,大家也一致要求推举他为都督。我认为军营中的事情,都应该同他商量,这样一定能够使军队和睦,优劣各得其所。亲近贤良的大臣,疏远卑鄙的小人,这是前汉所以兴盛的原因;反之,则是后汉所以衰败的原因。先帝在世的时候,每当和我谈论起这些事情,没有一次不对桓、灵帝时期的黑暗政治感到非常痛心和遗憾。侍中郭攸之、费祎,尚书陈震,长史张裔,参军蒋琬,这些都是忠贞贤良的臣子,希望陛下能够亲近他们,信任他们。这样,汉朝的兴盛就指日可待了。"

诸葛亮不但自己注意任人唯贤,还劝说刘禅要任人唯贤。东汉后期皇帝亲近宦官、外戚,把政治搞得乌烟瘴气,造成统治阶级内部互相倾轧。为了吸取经验教训,诸葛亮把是否任人唯贤提高到关系国家兴亡的高度,要刘禅做到"亲贤臣,远小人"。他所赏识推荐的郭攸之、费祎、董允、陈震、张裔、蒋琬、向宠等文武大臣也确实都是德才兼具的人。

第四,广开言路,虚心纳谏。

诸葛亮说:"陛下应该广泛听取臣下的意见,以发扬先帝遗留下来的美德,振作志士们的勇气,不应过分地看轻自己,讲些与情理不合的话,以致堵塞臣子向您忠谏的道路。"

又说:"(陛下)如果听不到兴德之言,就惩治郭攸之、费祎、董允的疏慢失职,揭露他们的过失。陛下也应该多用心思虑治国之道,征求、咨询正确的意见,辨别、采纳有益的言论。"

在这篇文章里诸葛亮建议刘禅要广开言路,积极纳取忠益之言,实行"纳言"之政,给臣子以尽述忠言的机会,不要偏听偏信,这样国家才能够治理好。

《出师表》比较集中地反映了诸葛亮的政治思想,也表明了他对刘禅的赤胆忠心和深切期望。希望刘禅要清晰地看到当前蜀汉在三国中的不利地位,以身作则,奋发自勉,切不可妄自菲薄,自暴自弃,满足于暂时比较安定的局面。诸葛亮希望自己的这些政治主张,在自己身临前线时,在蜀汉都能够得到切实的贯彻执行。

从文学的角度而言,《出师表》也是一篇具有极高价值的作品。文章内容发自肺腑,不仅从正面表达了诸葛亮开明的政治思想和统一中原的远大抱负,抒发了他的忧国尽忠之情,而且从侧面反映了三国时期政治军事斗争的现实。文章结构完整,辞令典雅,不追求形式上的辞藻华丽,但仍然具有较浓的文学色彩。像"苟全性命于乱世,不求闻达于诸侯""受任于败军之际,奉命于危难之间"等,都是后人传诵的名句。

魏明帝曹叡听说诸葛亮已经进驻汉中,想亲率大军从斜谷进攻,一举歼灭。散骑常侍孙资劝阻说:"斜谷、南郑地势深险,路上险阻重重。如果派大军征讨,就要征调大批人力、物力,容易引起天下骚动,还不一定能取得成功。不如派大将据守各险要之处，挡住敌人。几年之后，魏国益强，吴、蜀二国必然衰弱下去。"魏明帝才打消了这个念头。

紧接着魏明帝委任司马懿都督荆、豫州诸军事，屯兵宛城，以专门抵御东吴这一面。

这时，蜀汉降将孟达仍任新城太守。孟达以前得到魏文帝的信任与重用，魏明帝即位后，他心中极其不安，唯恐有变。诸葛亮听说孟达在魏不得意，就想方设法同他联系，劝他回来，孟达回信给诸葛亮，表示愿意归蜀。孟达向来跟魏国魏兴太守申仪不和，申仪风闻孟达跟西蜀有秘密来往，便秘密上奏告发。魏明帝安排司马懿处理此事。司马懿一面写信给孟达，说些安慰的话以便稳住他，一面立刻发兵，日夜兼行，仅用八天的时间就到达新城郡。孟达极力据守上庸城，一方面向汉中的诸葛亮告急，一方面又向东吴求援。吴、蜀便各派军队来救，被司马懿派兵阻击。不久，孟达部将开门出降，司马懿将孟达杀死。诸葛亮迫于无奈只好调回救兵。

二、痛失街亭

建兴六年（公元228年）春，诸葛亮出兵北伐。那时，荆州已在孙吴手中，《隆中对》里定下的从荆、益两路出兵北伐，从实际情况来看已经不可能。领兵大将魏延建议说："镇守长安的夏侯楙胆小怕事且无谋略，如果让我亲率精兵五千，从褒中（今陕西褒城）出发，沿着秦岭而东，当子午谷而北，不需十日可到长安。夏侯楙听说我军突然来袭，必然逃走，长安轻而易举便可攻下。待曹魏调集大军来攻时，丞相必已率大军从斜谷到达长安。这样，长安以西所有地区，可一举而定。"诸葛亮是一个谨慎之人，非常注意有生力量的保存。他从敌我力量的对比中看到了敌强我弱的情况，认为魏延的建议极具冒险性，容易陷于彻底失败，不可收拾，不如"安从坦道"，平取陇右，然后再攻下关中，因而拒绝了魏延从近处偷袭长安的建议。

诸葛亮决定采取稳扎稳打的方针，进取陇右（今甘肃地区）。当时蜀汉有声望的将领大都已先后死去，只有赵云还在世。为了迷惑曹军，诸葛亮采取虚张声势的办法，扬言由斜谷（今陕西眉县西南）出兵，去攻打郿城（今陕西眉县北），派赵云、邓芝带领一支军马作为疑兵，进据斜谷南面的箕谷。诸葛亮自己则率主力向西北方向的祁山（今甘肃礼县）扑去。

蜀军攻郿的情报，很快便传到魏都洛阳，魏明帝曹叡匆匆派大将军曹真都督关右诸军，驰援郿城，并亲自赶到长安去坐镇。由于在陇右方面曹魏没有进行防蜀的充分准备，蜀军所向披靡。在诸葛亮出其不意的攻击下，祁山以北曹魏所属的天水（今甘肃甘谷东）、南安（今甘肃陇西东）、安定（今甘肃泾川北）等郡相继叛魏响应蜀军。在天水邵冀城，魏将姜维到诸葛亮军前投降。诸葛亮大为高兴。

正当战局对蜀汉极其有利的时候，曹叡派大将张郃领兵约五万，前来迎战。张郃在街亭（今甘肃秦安东北）与蜀军前锋马谡遭遇。

张郃字儁乂，河间鄚县人。张角黄巾党人起义，张郃积极响应朝廷征募，投入讨贼军，屡建奇功，不久便升为军司马，后编组属冀州牧韩馥属下。袁绍替代韩馥为冀州牧时，张郃归属袁绍，因在和公孙瓒斗争中功劳极大，升为宁国中郎将，成为独当一面的年轻将领。

官渡之战时，张郃和军团指挥郭图意见甚为不合，遭到郭图逸言相害，在走投无路的情况下投奔曹操。曹操非常欣赏张郃的才华，称之为"韩信归汉"，拜张郃为偏将军，封都亭侯。

汉中大战时，夏侯渊殉职，在郭淮建议下，张郃受命于危难之际，代理统帅之职。在他的正确指挥下，有效地挡住了刘备大军的强大攻势。由此可见，张郃是位颇富智慧和经验的大将。

经过多年磨炼以后，张郃的作战经验更丰富、更为老到了。为了应付凉州失陷的严重危机，张郃以左将军的高级官衔，奉命率领军队，对付诸葛亮的北征军团。

张郃率领约五万精兵强将，由洛阳出发，在长安拜见曹叡后，立刻西进。他先到达郿城（今眉县），和曹真会合，彼此交换对于东西作战策略的意见后，便即刻转向攻入凉州。

张郃的作战计划异常大胆，他无视蜀军已同时占有安定、南安及天水三郡的现实，采用中央突破战术，由郿城直攻陇山北麓，通过陇山和六盘山之峡道，径直进入凉州北境。也就是说，他由中央直接切断了在安定的魏延军团和天水的诸葛亮主力军的联系。

张郃之所以如此大胆，是因为他经过分析认为，凉州诸郡的反叛是慑于诸葛亮突击的巨大声势，魏延虽然已经占领安定郡，其实未获当地军民的诚心支持，人心向背并不利于他。只要曹魏军能快速有效地攻入凉州，安定郡诸县必

第八章　五次北伐

会很快反正，到那时候，魏延军团反而会成为孤立军团。收回安定郡，天水和南安必定有光复的希望。

张郃这一战术，的确又狠又准，蜀汉北征军团大为惊慌，因为他们攻占太多地方而尚未稳定战局，尤其是安定郡的魏延军团更有被彻底切断后路的危险。

诸葛亮立即在天水召开军事会议，参谋本部建议，派大军在祁山东北的咽喉要地街亭（今甘肃省秦安县东北）迎头痛击越山而来的张郃军团。由于这场会战将是两军胜败的关键，所以必须派遣足智多谋又能独当一面的大将负此重任。

大多数将领都认为最好调回目前在安定郡指挥的宿将魏延，或者选择较富作战经验的张嶷来担任。但诸葛亮认为据守在安定郡的蜀军，正陷入极度不安中，立即撤回大将，可能会因此而崩溃，况且魏延绕道赶回，尚需时日。张嶷过于审慎，应变能力明显不够，不见得是张郃的对手。犹豫之下，诸葛亮决定派他一向器重的参军马谡。

马谡是马良的幼弟，自幼熟读兵书，组织力甚强，足智多谋，又好为讨论，是堪称一流的军事参谋，可惜一直被编组在参谋本部中，缺乏实战经验。

马良死后，由于诸葛亮和马良素有深厚友情，更为怜惜马谡，经常将他带在身边，耳濡目染，随时教诲磨炼。刘备在永安宫托孤时，见到诸葛亮出于私情过分重视马谡，遗言提醒诸葛亮，马谡为人言过其实，自视甚高，思虑常不务实际，不可赋予重任。

有很长一段时间，诸葛亮将马谡置于参谋本部，不敢赋予实际作战责任。直到诸葛亮南征前夕，马谡告以"攻心为上"的明智建议。诸葛亮由此甚为欣慰，更以之为南征军事行动的指导方针。

或许由于这件事，使诸葛亮断定马谡已经完全成熟，因此在这次北征行动中，不再将他安置在参谋本部，而以参军长身份成为诸葛亮本部军团的首席将领。

但是，街亭会战实在太关键，大部分将领都怀疑马谡能否胜任，纷纷表示不同意见。诸葛亮却独排众议，认为张郃经验丰富又富有作战智慧，一般的将领可能不见得敌得过他，派任没有传统包袱敢出新意的马谡，发挥创新的作战方法，正好可以对付张郃，得胜的机会相对来说可能会较大。

考虑到马谡临场经验的不足，诸葛亮特派遣行伍出身、经验丰富的裨将军王平为副将，除了保留少数近卫军外，诸葛亮的主力军，几乎全部交付给马谡，即刻在街亭附近布阵。出发前，诸葛亮特别嘱咐马谡，要沿河边布阵，只要挡住张郃的攻势，把其锐气挫掉，等待魏延由安定郡出击，南北夹击，即可彻底一举歼灭张郃军。若能够在街亭战役中获胜，凉州便能牢牢地掌握住了。

可惜的是马谡在和王平到达街亭以后，观察了地形，却对诸葛亮安排的布阵方式表示不赞同。马谡发现街亭坐落在渭水南方、祁山的西北方，街亭和渭水间是一片盆地。诸葛亮交代沿祁山山麓，一直到渭水旁边的盆地沿线布置防守，阻挡张郃军渡水而来，只要张郃攻击受阻，得以拖延时间，安定郡的魏延军便可由后面突袭之。

马谡却认为张郃越过陇山而来，如果在河边布阵，张郃军便会由上而下，不仅能够清楚地看出马谡军的全盘部署，而且由上攻下的气势比较锐利，虽然有渭水阻挡，但张郃军团在数量上占绝对优势，如此布局是非常不利的。

就算能勉强阻挡张郃过河拖延一段时间，仍需靠魏延由后面突袭，才能击败张郃，到时候战功一定反为魏延所夺，这对一个战场的指挥官而言是很丢面子的。因此，他决定反其道而行之，引诱张郃渡河，让其进入街亭再进行决战，在这里不但可以由高望下，无比清楚地看到张郃的部署，而且在决战时，蜀军更可由高往下冲，《孙子兵法》有言："高山勿仰。"这样一来，对张郃相当不利。

做事审慎的王平自然不赞成马谡的看法，他担心万一战事拖长，决战不能马上进行，那么在祁山半山上布阵的蜀汉军队，饮水就会有困难，数万大军集结，水源缺乏是非常危险的。

但固执的马谡不接受劝谏，他总认为派遣少部分军力，部署街亭西北角上邽附近，便足以维持水源的供应。王平认为街亭战役关系重大，不应该违背丞相（诸葛亮）事先嘱咐，马谡颇为"义正词严"地说道，"将在外，君命有所不受"，况且战场上的指挥官，身在第一线，不可能完全接受后方参谋人员的指挥，所以依然坚持己见。

当然，马谡军团的部将黄袭和李盛也支持马谡，王平迫不得已，只好率本属部将千余人，在街亭的西北角盆地布阵，以和山上的马谡主力军互为犄角。

张郃的主力军日夜兼程地越过陇山北方，由东北逐渐接近街亭附近。行军途中，张郃得知街亭的指挥官是诸葛亮素来器重的将领马谡，因而根本不敢大意，他一方面派遣斥候部队探察安定郡魏延军虚实，精确计算魏延军可能赶到战场的时间，一方面仔细观察马谡在街亭布阵的情形，以及街亭北方渭水的宽窄深浅，为渡河做准备。

第八章　五次北伐

在搜集完详细情报后，张郃先下令大军在渭水北岸驻扎，自己亲临前线，仔细观察马谡军团的虚实。

他仔细对照画下来的地图和实际的情景后，不禁哈哈大笑道："马谡空有其名，毫无实际作战经验，必为我所擒矣！"

张郃首先派出部分兵力，在陇山口倚据地势之险要而守，以阻挡魏延军可能的从后袭击，再派出副将率领突击队夜间渡河袭击街亭东北角负责水源保护的蜀汉特遣队，只要突击大获全胜，便立刻把桥头堡建立在渭河南岸，掩护魏军渡河进入街亭盆地。

为了能够从四面夹攻马谡，张郃将部队分成数拨，第一拨驻扎在最容易渡河的地方，分成单股个别行动，如果渡河成功，立刻在南岸建立桥头堡，相互掩护。在第一拨军队完成渡河后，剩下的第二、三、四拨大军，便能够旌旗整齐地摆出正兵姿态，大摇大摆地渡过，以声势战慑伏布阵于半山上的马谡军团。

张郃作战经验十分丰富，在到达作战战场当天晚上，便派突击队渡河发动奇袭，蜀汉负责水源供应的部队遇此突击措手不及，因而全部被俘获。曹魏军由此渡河成功，连夜在渭河南岸建成桥头堡以掩护前锋部队的渡河行动。

突袭成功及桥头堡工程完成的情况报告给张郃后，张郃天未亮便下令第一拨部队全面展开渡河行动，一到南岸后立刻着手建立防御工事，以协助后续部队到来。在此期间若遭到敌人攻击，一律由起先建立桥头堡的突击队负责抵抗，不得延缓整个工事的进度。

凌晨，马谡接到曹魏大军突然袭击水源部队的消息后，立即派特遣队前往进行调查，没过多久又接获曹魏大军已经开始渡河的消息，马谡下令全营备战，并选派黄袭率领先锋部队下山攻击渡河中的魏军。

黄袭的先锋军，遭到曹魏临时桥头堡军队无比顽强的抵抗，由于曹魏部队的防御工事陆续完成，黄袭的军队无法进行有效的突破，眼看魏军渡过河的部队愈来愈多，在惊慌之中，只好下令部队撤退回半山上的军事营区。

在马谡到达前线以后，张郃第一拨的军队渡河行动已经完全成功，整片的防御工事在南岸边已建立。虽然马谡下令攻击，但曹魏兵在工事掩护下万箭齐发，蜀国部队根本接近不得，只好暂时退回本部营中。

这时张郃已亲临渭水南岸，在大本营中坚定指挥第二、三拨大军强力渡河。蜀军在半山上注视着山下的敌情，只见满山遍野的曹魏军逐步进入作战位置，水源早已被切断，山下曹军兵力更是数倍。蜀军将领和军士没有一个不吓得面色惨白，士气渐渐开始崩溃。

一天以后，张郃的近五万大军，已完全过了河，并且在街亭平原上将马谡军围了个水泄不通。

与此相反，山上的马谡部队，整天都没有水喝，也煮不成饭，仅借着干粮勉强喂饱肚子，士卒心慌意乱。加上一眼望去满山遍野、军容严整的曹魏军团，蜀国军队哪有心情作战。马谡虽亲自率队往下冲，但很快便被击败。张郃又下令不得上山，马谡所设计的所谓木石战具也发挥不了杀敌的功效，愈僵持下去蜀军取胜的机会愈小。

天黑前，已有不少蜀军倒戈投降，士气遭到巨大摧残。眼看士气已完全崩溃，李盛和黄袭最后不得不建议放弃本寨突围而出，马谡在如此紧急的关头仍然犹豫不决。

黑夜降临，张郃下令沿山放火，虽然火势不大，但更助长了蜀军崩溃的心理，慌乱中，马谡不得不率领本营军下山突围。剩余的蜀军由山上舍命往下冲，曹魏军此刻也暂时不能抵挡，张郃不愿造成不必要的损伤，于是下令放过马谡，重新布置防线，并决定招降山上蜀汉大军。

群龙无首的蜀汉大军，只好全部向敌人投降，张郃在街亭战役中获得全胜，俘虏了近万名蜀汉士卒，所获辎重更是不可胜数。

在西北角的王平，见张郃渡河完毕，知大势已去。他下令千余名部队，分成数拨，尽量部署在隐蔽处，如有魏军攻来，便大作锣鼓，以为疑兵。

果然不久以后，见到马谡带领残余部队前来投靠，跟在后面的是不知其数的曹魏追兵。王平立即下令掩护马谡迅速撤退，亲自在前线督阵，霎时锣鼓喧天。由于天黑，张郃怕有埋伏，不敢过分冒险，于是鸣锣收兵，重新部署街亭的防务，以防止蜀军卷土重来。

王平见张郃军队已经收兵，仍自己断后，以接应从街亭山上下来的蜀汉败军，进行重新编组，有秩序地向天水郡撤退，尽量使蜀汉军队的损失减少到最小。

魏延的支援军，大约在六盘山附近，得知街亭战败的消息。魏延凭着他十分丰富的作战经验知道，街亭战败后，北征军团的补给线将被切断，诸葛亮势必退兵，而自己的军团远在北边的安定郡，就此形势看来，很可能成为孤军，会有全军覆没的危险，因此，必须赶快行动。他派遣急使通知留守安定郡的军队，迅速绕道六盘山北麓，向陇西撤军，自己则带着支援部队，在六盘山西边安排接应，再共同前往与诸葛亮军会合。

第八章 五次北伐

果真如此，诸葛亮接到街亭战败的讯息后，为顾及全国军民的安全，即刻下了撤军的命令。

他首先将总部撤至西面城区，重新进行布防，准备接应由前线陆续退回的北伐部队。马谡战败之后，率少数残兵返回本阵，向诸葛亮请罪，其余败军还在王平指挥下，陆续艰难地退回。魏延的前锋军团历经千辛万险，勉强逃了回来，亦死伤大半。

诸葛亮命令尚属完整的马忠军团押后，部署于祁山南麓的建城，以阻挡曹魏追兵。为了避免军情泄露，诸葛亮命令将西城千余户民家，强行移往汉中地区。至此，第一次北伐行动以失败而告终。

小说《三国演义》中描写诸葛亮从西城退军时，因为仓促中准备不及，在西城被司马懿的大军追上。逼不得已，诸葛亮只好铤而走险，用"空城计"欺骗司马懿，侥幸保住了生命。平剧中有名的《失空斩》，便在描述"失街亭"、"空城计"和"斩马谡"的故事。其实，这段情形完全是小说家的编造。

分析原因可得以下几点：

首先，诸葛亮一向审慎，不应该对退路完全没有准备，况且他的大本营在祁山东南，离街亭尚有一段距离，就算街亭败得突然，诸葛亮也不会如此仓皇失措。第二，这次的北伐行动，自始至终，诸葛亮都未曾和司马懿交过手。自从在新城收斩孟达后，司马懿一直负责曹魏的东战线防务，西战线根本不是司马懿的管辖范围。镇守在长安的是魏明帝曹叡，指挥街亭战役的是老将张郃，甚至后来收复凉州三郡，也是由大司马曹真指挥张郃和郭淮进行的，司马懿绝对不可能会突然出现在西城附近的。这显然是小说家虚构的故事了。

在得知诸葛亮主力在祁山后，防守郿城的曹真即刻向箕谷的赵云军团发起猛烈的攻势，但由于箕谷地势异常险要，曹真空有数十倍兵力，一时之间也拿赵云毫无办法。

街亭败讯一传出，赵云即刻判断诸葛亮必会撤军，曹真也必乘势发动猛烈攻击，乃下令原先布置在各险要地段虚张声势的蜀军，立刻迅速集结，择定几个要害关口，以防备曹真发动猛攻。

不久，曹真部队果然发动了极其猛烈的全面进攻。赵云以为不能守，于是命令由邓芝集结辎重和部队，有秩序地先行撤退。他自己则率领少数直属部队押后，烧毁栈道，让曹真军无法越过箕谷，以确保汉中和褒城的绝对安全。在这次北伐的败退行动中，唯有赵云军团全军而退，兵员、装备和辎重损失相对来说是比较少的。

回到汉中以后，各军检讨战败责任，作为丞相的诸葛亮当然难辞其咎，他上书后主刘禅时说：

"为臣才疏学浅，却窃据在军政要职上，而今亲自率领三军北伐，没有训章明法，碰到危难又判断错误，以致有街亭马谡违背军令招致惨败的错误，箕谷方面也没有做有效防守，这全都是臣用人不当所致。臣有不知人之罪，领导上亦显无能。春秋大义，任何失败，责任都应归咎于总帅，为臣无所推卸，请自贬官职三等，以此作为对失败者的处罚。"

后主刘禅只得按照诸葛亮的请求，贬诸葛亮为右将军，但仍行丞相事，其余不变，仍然总揽军政大权。赵云统领的虽然是预备部队，但他却是偏师之主帅，当然也应负起部分战败责任，把他由镇东将军，贬为镇军将军。

魏延本身只是这场战争中的受害者，自然不用负责。马忠军负责押后，也无过错，所以不做任何奖惩。

实际上，在这次撤退行动中，表现最无可挑剔的应算是赵云，面对曹真主力部队的围追堵截，老将军自己押后，全然不顾自身的安危，使军队损失到最小程度，实在是难能可贵的。诸葛亮从邓芝那里听说赵云在指挥行动中，所显示出的沉着、智慧、责任和勇气，非常感动。他让赵云把带回的军资余绢，分赐给将士们，却被赵云郑重地拒绝，他表示："军事上遭此惨败，将士怎么能够获得赏赐呢？"他请求将这些赏赐，全部归入国家府库中，留作十月时的冬天赏赐用。

在年轻时代，赵云就是位果敢精明、英勇善战又能顾全大局的将领，也最能替国家、部属和人民着想，他人格高尚，尽忠职守，一直深为诸葛亮所钦佩。

此次战败责任最重大的自然是马谡、李盛、黄袭和王平了。但王平曾经对马谡进谏，用兵只是出于将令不可违之缘故，且在整个撤退行动中，主动以少数兵力掩护战败的主军，功大于罪，不但没有被处罚，而且加拜参军，统五部兼掌营事，晋位讨寇将军、封亭侯，王平是这次战役中唯一得到重赏的将领。

王平是蜀汉后期的著名将领，正是在这次大败仗中，他以优异表现而崭露头角，成为日后北伐的主力将领。

王平字子均，巴西宕渠人。他起初在洛阳投入曹军，由基层干起，后在汉中之役转而归顺了刘备，拜牙门将和裨将军。他出身行伍，手不能书，所识不过十字，但头脑异常清楚，实际经验丰富，组织力甚强，口授而成的作战计划，有条有理。把他与马谡的言过其实、好论军计相比，正好形成鲜明的

第八章　五次北伐

对比。

街亭战役的主要将领李盛被判处死刑,黄袭同样被贬为庶人,罪责最重的自然是马谡了。

《三国志·诸葛亮传》中记载:"遂戮谡以谢众。"但《马良传》中则记载:"诸葛亮判马谡下狱监禁,不久死于狱中,诸葛亮为之感伤流泪。"这里的记载并没有讲明马谡被斩杀。

《资治通鉴》综合两者说法,再加上《襄阳记》中有马谡死后诸葛亮亲自临祭的记载,明确表示:"诸葛亮将马谡下狱而后杀之,亲自吊祭,为之落泪,并且抚恤扶养马谡的遗孤,恩赐如同马谡生前。"

据史料判断,马谡应该是被斩杀的。因为丞相府参军蒋琬,曾经替马谡求情道:"自古以来,楚成王因战败之责,杀害大将成得臣,楚国的敌人晋文公听到了这个消息后,非常高兴,像晋文公这样的心理自然是不难了解的,当然希望敌方内讧。在天下未定之前,杀害既有智慧又善于谋略的将领,岂不是巨大的损失吗?"

诸葛亮义正词严地说:"孙武之所以能制胜天下者,在其用法赏罚分明也。如今四海分裂,正必须依赖战争以平定天下,若是军中法令不行,又怎么能够有效地讨贼呢?"

据以上史实推测,马谡是被处以极刑的。

马谡在狱中,曾多次上书向诸葛亮求情:"明公视我马谡犹如亲生儿子,马谡也视明公如父亲,恳请明公发挥大舜诛杀鲧而提拔大禹的精神,让我们平生的交情不要因为这件事而受损,我即使死于黄泉之下,无所悔恨也。"

马谡知道自己罪孽深重,必死无疑,只是希望诸葛亮不要移怨于其家族,仍能重用马家之人。

《三国演义》中有诸葛亮为斩杀马谡而痛哭的描写。诸葛亮痛哭马谡,一方面,当然是顾及马谡的才华及彼此间的交情,另一方面,也是严厉的自责。刘备临终以前,特别交代马谡言过其实,不可委以重任,诸葛亮却仍然破格提拔,因一时欠缺深思,最后酿成如此大错,的确"有伤先帝之明",因而悔恨不已。

后世小说和戏剧中多有"挥泪斩马谡"的情节,描述的便是诸葛亮这种深为自责的复杂的心理挣扎过程。

三、征战陈仓

蜀汉建兴六年（公元 228 年）冬天，曹魏大将军曹休率领的魏军在石亭（今安徽桐城境）被孙吴陆逊率领的军队击败。西线魏军绝大部分被吸引东下，留在关中地区的兵力不多。诸葛亮趁此时机即刻又领兵数万北征，杀出散关（今陕西宝鸡西南），进逼陈仓（今陕西宝鸡东）。

陈仓是自古兵家必争之地。当年韩信能够成功地攻入关中，便是在这个地方"明修栈道，暗度陈仓"。在连绵不绝的秦岭山脉中，唯一可容纳较大军团经过的，只有这条通道。加上地势隐蔽性极高，"暗度"的时候是不容易被发现的。

另外，陈仓城腹地极小，容不下太多军队，城外山路崎岖，无法屯驻，故此城虽然极其重要，守军却不能太多，只能在危急的时刻再派兵队前来援助，这一点对进攻的一方绝对有利。

诚然，陈仓地势险要，易守难攻，即使兵力极少，也可以挡得住数倍以上的进攻部队，真可谓"一夫当关，万夫莫开"。

陈仓属关中军区管辖，曹魏大将军曹真便坐镇于此。

曹真字子丹，是曹氏第二代最优异的将领。曹真之父曹邵，曾追随曹操起义反抗董卓，在战争中殉职，因此曹操对其遗孤极为怜爱，视同己出，曹真在曹操的刻意调教下长大。

曹真长大后，非常喜欢狩猎，有一天他随曹操出猎，正好碰上猛虎突袭，大家都魂飞胆破各自奔走，唯有曹真停了下来，以弓箭瞄准极其沉着地射之，老虎即刻应声而倒，全队哗然。曹操十分欣赏其勇猛，于是让他代替曹纯，和曹休共同管辖虎豹骑兵营。

从那以后曹真屡建军功，夏侯渊在汉中殉职时，曹魏军士气低落，曹操极为担心。曹真自愿作为征蜀护军，和徐晃共同数败刘备军，稳定了曹魏阵营的士气。曹丕即位以后，对曹真极为器重，以镇西将军督雍、凉两州军事，进封东乡侯。黄初二年，又升为上军大将军，都督中外诸军事，曾数度击败东吴的北征军团，转拜中军大将军，加给事中。

曹丕将要辞世之际，特地召见曹真，与陈群、司马懿共同担负辅佐重任，并委任曹真为首席辅佐大臣。

曹真不但勇猛，而且有谋，器量大，相当体恤别人。每次征行，都能与将

第八章　五次北伐

士同甘共苦，军赏不足时，常以家财分赐之，因此甚得军心，士卒皆愿为其尽死力。诸葛亮第一次北伐时，曹真倾大军围堵箕谷，和蜀汉首席大将赵云对峙。曹真的作战经验根本比不上赵云，但也没让赵云占任何便宜，最后反而被迫退军。

陇西三郡起先全部都反叛曹魏，曹叡派曹真前往宣抚招降，凉州将士一见曹真到，不发一兵一卒，就立刻反正，可见曹真在军中的声望是何等之高。

曹真在观察地形后，判断诸葛亮在祁山已经失利，下次北上，一定会选择陈仓为首要攻击目标，因此特意安排智勇双全、忠诚负责的豪将郝昭，全盘负责固守陈仓城。

诸葛亮仍旧以魏延为前军司令，用数万兵力尽围陈仓。陈仓城是利用山形为城墙而环围式建立的，一般的攻城武器对之产生不了什么效力，魏延数度攻城，皆无功而归。

诸葛亮眼见强硬措施是行不通的，便只好用软的。由于陈仓守军只有两三千人，而魏延的攻城部队有两三万人。曹真由长安来的援军，大约至少要二十天才能到达。诸葛亮便派郝昭的同乡好友靳详前往劝降，郝昭却答以："吾受国恩和曹将军重用，只有死而后已。"语气极为严肃地拒绝之。

出于无奈之下，诸葛亮只好用云梯车，试图强硬登城而上。云梯是长形的登城梯子，前面张有牛皮，这种牛皮浸过火油，坚固异常，普通刀箭绝对无法穿过。

云梯一般是放在冲锋车上，所以叫作为云梯车。冲锋车是由马匹拉动的超大型的战车，车前有巨大的铁柱，是击破城门的工具。

当魏延以云梯车展开猛烈攻击时，郝昭也不是一个窝囊废，他早探知这种附有牛皮的云梯，刀箭绝对不入，但由于浸过火油，所以特别惧怕火焰，于是命令部下由城墙上连续射下大量火箭及滚火球，云梯车瞬间便被烧毁。

郝昭更准备绳连石磨，由城门上直接砸下来。不久，冲锋车完全破损。

由于陈仓城离城外平地极高，一般弓箭根本射不上去，诸葛亮于是便设计百尺高的井阑，让士兵在上面使用弓箭攻击城墙上的防卫士兵。郝昭命令士兵躲在掩体内，如果蜀军不攻近城墙，一律不与之对抗，由此诸葛亮白白浪费数万羽箭。

诸葛亮下令一边放箭，一边以土填壕沟，准备以强攻来攻破城墙，郝昭则命令在城内建筑重墙，使蜀汉部队一点办法也没有。

诸葛亮又命令由城外挖地道，郝昭也下令在城内挖横沟，阻断地道通往城中心，使动员数万兵力的地道工程，同样无法发挥攻城效用。

这样的攻防战争，连续进行了二十多天，由于郝昭早就接获曹真命令，有相当周密的准备。因此尽管诸葛亮智慧再高，魏延勇气再够，都丝毫奈何不了他。

这次诸葛亮是从汉中的行营直接出散关，袭击陈仓，部队未曾重新编组及加以补给，因此，粮秣准备得并不充分。按照诸葛亮的估计，陈仓防守兵力最多不会超过数千，如果采用突击战术，应该三五天内便可全线攻破。等到陈仓被攻占，强化北方防务后，再补足粮食也为时非晚。如果在前线的编组和补给工作上耽搁太久，军机必会泄露，到时候就难以发挥突击的实际效用了。

没有想到的却是曹真早有准备，再加上郝昭英勇无比，诸葛亮的两三万大军，竟一时间束手无策，反而因为兵员过多，每日粮食消耗极大，不到二十天，临时补充的粮秣、器械已严重缺乏了。

敌后情报显示，曹真派遣的费曜部队及由曹叡指挥的张郃部队，很快便能够到达陈仓。审视敌我力量之对比，诸葛亮决定暂时撤回成都。

这时候，由王双率领的费曜军团已到陈仓城外，听说诸葛亮决定退兵，王双恃其勇猛，拒绝郝昭的苦苦进谏率军追赶。诸葛亮早已派遣押后的魏延在散关附近设下了埋伏，王双不察，全军陷入埋伏圈内，魏延一声令下，埋伏的士兵四起，当场斩杀了王双。

王双原为胡族的猛将，身长九尺，力敌万人，向来是曹真最倚赖的先锋大将，没想到死在这场己方几乎是全胜的战役中。

诸葛亮这次北伐唯一的重大收获就是斩杀了王双。

四、流马木牛

接连两次无功而返，诸葛亮由此暗下决心，全盘检讨自己在战略和战术上的得失，最大限度地吸取经验教训。

显而易见，前两次采取的都是突击战术，直插敌人军事要害。前一次虽几近大获全胜，但由于深入敌境，补给线不足，在街亭战败以后，确有被切断后路之虞，不得不仓促撤军。

第二次是因为一开始情况判断出现错误，无法发挥奇兵战术的实际功能。

第八章 五次北伐

由于急于求成，造成了两次北伐的失败。彻底检讨之后，诸葛亮决定采取更务实的办法，先建立进攻的桥头堡，作为搜集情报的中心，缩短战线，使补给能够充足，充分了解敌情后，再进行下一步的行动。也就是说，诸葛亮有意采取长期战的策略。

前面两次出兵都在敌方内部发生剧变之时，第一次是曹丕新逝，第二次是曹休新败，但皇位继承人魏主曹叡表现极佳，在政治上和军事上都使对方无可乘之隙，看来只有靠己方逐步努力累积的力量了。

蜀汉建兴七年春天，诸葛亮全面准备以后，发动第三次北伐，这次完全采行近取固本的策略，只求赢取小成绩即可。

进军的目标是祁山之南的武都和阴平，这两个地方都在魏蜀的边境上，虽是军事要镇，然而此处却人迹罕至，离凉州尚有一段距离，即使被攻破了，对曹魏来说只是"小菜一碟"而已，应不致有太大的反应。这次的北伐行动，严格来讲，只能算是大赌博中的一场小游戏。

这次动用的北征军和第二次基本相同，大约仅有两万余兵力。

这次北伐同样分为几拨来进行连续性的攻击。

第一拨，由将军陈式统领，从武兴出发，直接攻打武都郡和阴平郡。

第二拨，诸葛亮亲率万余主力军团，暗中向西行进，随时准备接应陈式。

武都和阴平两郡，当时都是雍州辖区，因此曹魏的雍州太守郭淮，亲自督军南下，准备强力阻击陈式的前锋部队。

（郭淮字伯济，山西太原阳曲人）。汉中战役之时，任夏侯渊军团参谋长，天荡山之战前，郭淮大病，未曾参与规划。夏侯渊战死，曹军陷入危急存亡之中，郭淮抱病复出，劝说军团将领，共同拥立张郃为代理总司令，以稳住曹军的士气，有效地阻挡了刘备的猛烈攻势。因此曹操深为欣赏，赐爵关内侯，迁升为镇西长史。

街亭战役时，郭淮攻破了高详所据守的列柳城，隔断了诸葛亮退路，逼得蜀军不得不紧急大撤退，郭淮亦以军功升为雍州刺史。

据这些事实可以推测，郭淮是位智勇双全的军事将领，并不容易对付。因此，诸葛亮的第二拨部署，隐藏主力部队实力，暗中行动，也有他的用心之处。

果然，郭淮并没有发现诸葛亮的主力军团，只是全力迎击陈式军团的攻势，双方在武都郡发生几次武装冲突。

正当郭淮的部队逐渐掌握优势时，诸葛亮的主力军团却突然出现在武都西北的建威郡，极有可能再出祁山，继续攻向西县及街亭。郭淮听此消息大惊，没时间详作思虑，便下令放弃武都、阴平，立刻退回街亭，再次部署防御。

诸葛亮这次突然袭击行动，未战而吓走郭淮部队。诸葛亮留下陈式部队驻守此处，并对当地少数民族氐、羌做了抚慰后，便又率领部队退回汉中，进行组训军队的工作。自此以后，武都和阴平正式划归蜀汉政权的版图。

基于这次成功的战略战术，后主刘禅立刻下诏嘉赏，诸葛亮丞相职位得以恢复。其诏书内容如下：

"街亭战役严重失利，其实错在马谡，相父却引咎辞职，自己请求贬为右将军，为了不违背相父自责以明法大义，朕迫不得已只得同意。

"但前年，相父再次光耀我汉军荣誉，斩杀魏国名将王双。今年的北伐，更大败郭淮大军，降服氐、羌族人，光复阴平、武都二郡，威震凶暴，功勋赫然。

"当前天下骚扰未定，罪魁祸首的曹魏政权尚未消灭，相父承受复国大任，是我朝廷最重要的支柱，却长久居于自我委屈的地位，确实不是光扬我军民忠诚爱国精神的好事。因此，现在便恢复您丞相之职，请勿推辞。"

接获诏书不久，也就是那一年的十二月，诸葛亮在南山（今四川省南部县）建立了丞相府，并且在汉城（陕西省沔县）和乐城（今陕西省周县）建立了城寨，做好长期在前线进行战争的准备。

不幸的是就在这时，赵云病逝，他是诸葛亮加入刘备集团以来仅存的亲密战友。

无论是对诸葛亮还是后主刘禅而言，这都是令人悲痛万分的噩耗。赵云在战场上一向刚烈英勇，能以七十二岁高龄寿终正寝，也算是值得安慰的了。

在追随刘备的元老级重臣中，赵云是最支持诸葛亮的，尤其是他能顾全大局、抚恤部属、照顾人民、生活俭朴、从不浪费军资，堪称武将中的楷模。这位高风亮节、相处二十三年的同事兼老友病逝，自然让诸葛亮非常伤感。

对后主刘禅而言，赵云更是莫大的恩人，前后两次只身救主的功劳及其忠诚之心永难忘记。三十二年后，刘禅在追谥刘备时代的元老将领——关羽、张飞、马超、庞统、黄忠之时，也特别对赵云做了追谥。

在姜维等人的建议下，对赵云的一生做了如下的评断：

以云昔从先帝，劳绩既著，经营天下，遵奉法度，功效可书。当阳之役，义贯金石；忠以卫上，君念其赏；礼以厚下，臣忘其死；死者有知，

第八章 五次北伐

足以不朽；生者感恩，足以殒身。谨按谥法，柔质慈惠曰顺，执事有班曰平，克定祸乱曰平，应谥云曰顺平侯。

赵云的贤者之风在谥书中多次被强调。现今成都武侯祠中，赵云被塑造为慈祥古朴、白发满头的元老级文臣模样，想必是用来表征他素来的儒将风范吧！

就在同年夏天，东吴的政治形势发生了巨大的变化。

击败曹休的大部队后，东吴和曹魏关系已处于敌对状态，孙权干脆一不做二不休，索性也称起皇帝。他改元黄龙，追尊父孙坚为武烈皇帝，兄长孙策为长桓王，儿子孙登为皇太子。并委任诸葛瑾之子诸葛恪作为太子左辅，张休作为太子右弼。他以建业（今南京市）为京都。国号为吴，史称孙权为吴国大帝。

孙权派许多使节到成都进谒刘禅，希望今后两国以平等的皇帝名义相互往来。对此，蜀汉朝廷文武大臣争论不休，各执己见，大多认为孙权称帝，等于否认了蜀汉政权承续汉王朝的正统地位，绝对不能够予以承认，并主张即刻和东吴断绝关系，有的甚至要求出兵进行讨伐。务实派的大臣蒋琬拒绝这种过激的做法，因为这样不但会损耗北伐曹魏的力量，而且两面树敌，可能危及蜀汉王朝的政局稳定。因此，他认为应由正在汉中组训军队的诸葛丞相来做评判。

孙权自称皇帝，对诸葛亮一向以"清流派"传人自居的"正统"观念，也构成极其严重的挑战，经过深思熟虑之后，乃派使者对刘禅上书表示：

"孙权早已经有僭逆的野心，我们素来不过于计较，目的在于得到他们的支援，而互为掎角。

"我们现在公然拒绝承认其帝位，并与此同盟国一刀两断，必定会招致他们的敌视，也将迫使我们移师伐吴，无形中又多了一个劲敌。如果和他们拼一长短，只有打败了东吴后，才能再有力量攻进中原。

"但孙权手下贤才极多，文武大臣也和睦相处，肯定不是朝夕之间可以平定的，长期与他们僵持不下，必有利于曹贼，此非为上策。

"孝文帝以卑辞谦让应付匈奴，先皇帝也力主和吴国通好，这都是暂时应权通变之道，为的是国家长远发展战略，而非为匹夫逞一时之忿。

"也有人认为孙权以三足鼎立为其目标，不会和我们共同努力讨平曹魏，何况他已志得意满，并没有渡江攻打曹魏之打算。如此说法，都是似是而非的，为什么呢？

"其实孙权确是心有余而力不足，所以才会隔江以求自保。孙权不能渡长江，犹如曹魏之不能渡汉水，并非势力庞大而见利不取。

"我们大举北伐，并让他们知道成功后可以共分曹魏土地，并且统辖其军民，我想孙权绝对不可能静坐不动。

"就算他按兵不动，只要双方保持和平态度，让我们在北伐之时，可以完全毫无东顾之忧，使黄河以南的曹魏大军，不能够全集结在西方，如此一来对我们已是有利了。

"所以，孙权僭越称帝的逆天之行，暂时不宜公开揭露。"

诸葛亮迫不得已不但承认了这个既成的事实，并且以目前国家的实力和各方利益为考虑重点，他决心坚持自己既定的战略目标，集中全力攻击曹魏这个头号敌人，对吴国采取变通原则。因此，他迅速发表了以上公开说明，以说服蜀汉朝廷意见不同的僚属。

诸葛亮还派遣卫尉陈震作为使者，到建业祝贺孙权即帝位。

双方经过初步协商，约定将来平分曹魏疆土时，西部所属诸州归蜀汉，东部所属诸州归吴国，并发表共同宣言："勠力一心，同讨魏贼；若有害汉，则吴伐之；若有害吴，则汉伐之；各守分土，无相侵犯。"双方俨然是一种战略协作伙伴关系。这就使蜀汉和东吴的关系，得以继续维持稳定的发展。

诸葛亮在有关孙权称帝事件的奏章中所说的"孙权无力渡长江，犹如曹魏无力渡汉水"的说法，在第二年，便遭到巨大的挑战了。

建兴六年六月，曹真继曹休出任大司马，他建议曹叡主动攻击蜀汉，以解决西南军区的防务问题。

这次南征军团的编组相当庞大，对蜀汉的确是空前的挑战，其部属将领分配如下——

中路集团军总司令：曹真

原定由斜谷超过箕谷最后直插汉中，然后改由长安经过子午谷道直插汉中。

东路集团军总司令：司马懿

溯汉水而上，由西城进入蜀国境地，以和曹真会师。

西路集团军总司令：郭淮

由祁山南下，攻打武都郡和建威郡。

曹真向曹叡坚定表示："汉人屡次入寇，请由斜谷攻伐之，诸将数道并进，一定能够大克。"

曹真有意采用人海战术，发动全部军团攻击蜀汉，希望一次将之彻底攻

第八章　五次北伐

溃。曹真军团人数超过五万人,司马懿有三四万,郭淮军由各将领的小型军团组成,人数也在两万以上。

这是司马懿首次参与对蜀汉的战争,是诸葛亮和司马懿这两位日后北伐战场上的强劲对手,第一次正式交锋。

但是,汉中和益州都以地势险要闻名,诸葛亮在防守上,要比攻击轻松得多,况且诸葛亮一直在汉中第一战线,蜀汉一直处于战备状态,所以敌军来得虽然非常多,诸葛亮心理压力倒不是很大。

诸葛亮的作战计划非常简单,所谓"兵来将挡,水来土掩"。蜀汉的军事势力脆弱,却不乏独立作战的大将,加上依据险要地势而守,又在自己的国境之内,拥有地利及人和的绝对优势。

他自己亲率主力军团,驻屯东方成固地区的乐城,既可抵挡曹真由子午谷进入汉中的主力兵团,又可阻止曹真和司马懿会师。

同时他命令李严由江州统领两万人马,前往汉中支援,表封李严之子李丰为江州都督,接替他父亲镇守江州,严密观察东吴的动静。

如此严阵以待地防备了一个多月,却仍然没有看到"一只老鼠或蚂蚁",到底曹魏的大军团哪里去了?诸葛亮每天都派遣大量细作,搜集敌人的行军动向,并没有发现曹魏军越山而来的情况。

曹真于六月中抵达长安,首先等待张郃军团,他下令张郃由斜谷道大举攻入汉中地区,自己则由子午谷道推进,约定在南郑会师。

曹真的大军在八月初出发,刚进入子午地区,便碰到连续三十多天的狂风暴雨,在谷中绕了将近一个多月,面对庞大山雾区,部队都迷路了。加上刚修好的栈道又被大水冲垮,建了又坏,坏了又建,仅是修复工程就耗时一个多月,曹真的数万大军在大雨中奋斗,真的是英雄无用武之地。

张郃的军团也并不比曹真好过,斜谷道地形异常险恶,下雨天根本动弹不得,又和曹真失去了联系。张郃向来经验老到,判断天险难斗,干脆退回郿城按兵不动,伺机重新进攻。

司马懿由东路溯汉水而上,雨季的大洪流阻住了去路,只能够一直停留在豫州,唯有等待"天公作美"了。

曹魏朝廷内部有许多大臣反对这次冒险军事行动,同属辅佐大臣的陈群首先进谏:"想当年太祖由阳平攻鲁,是趁丰年收割完成之时,但张鲁并没有攻下,我们就已发生粮食危机。如今未到收割期便贸然出兵,粮食问题势必更为难以解决而成为后顾之忧,而且斜谷险阻,难以进退,补给运输时费力费时……对此绝对不能不深思而熟虑之。"

太尉华歆也以大雨为患，认为不应当发动战争，劳民又伤兵伤财，并不是治国之道。少府杨阜亦上书表示："大军困于山谷之间，进退维艰，非领兵之道也。"

散骑常侍王肃进谏，天气短期内无法转晴，是以"贼得以逸待劳，乃兵家之所惧也"。

曹叡深思熟悉虑后，下诏令曹真班师撤回长安。

曹真退兵以后，张郃和司马懿便各自返回屯兵营地。

倒是西战线的郭淮军团行动比较顺畅，他和魏曜分别攻打武都和阴平，使蜀汉防务数度告紧。

诸葛亮等到曹真退兵后，便即刻下令魏延和吴懿率军入西羌，从后方干扰郭淮等军的补给线。郭淮和魏曜迫不得已回军迎击，双方最后会战于阳谿（今甘肃渭源县东北）。魏延打败了郭淮军，向曹魏证明了蜀汉的国防实力。

郭淮被魏延和吴懿击败以后，因为大军深入陇西，防卫和补给方面困难重重，清理完战场后，不宜久留，便再度退回武都郡以南。郭淮虽被打败，但仍能够守住祁山的防线。

诸葛亮因魏延之功上表升魏延为前军师、镇西大将军，进封南郑侯。吴懿为左将军，进封高阳乡侯。

因为曹真来势甚为凶猛，诸葛亮着实不敢轻敌，一开始便摆出长期抗战的姿势，因此，粮秣的准备显得非常重要。

雨季已经将近两个月，诸葛亮军团仍在山中度过，粮草运输成了最迫切需要解决的问题。为解决此问题，诸葛亮首先采用了一种叫作"木牛"的运输工具。

鉴于秦岭山区的栈道寸步难行，专门设计了这样一种独特的运输工具，在第四次北伐时，更是被广泛采用。第五度北征，和司马懿对阵于五丈原时，还鉴于木牛的几个缺点，加以改良，成为运输得又多又快的"流马"。

据史料记载：木牛是一脚四足，流马是前后两脚；车轮即脚，足是支撑用的木柱。换句话说，木牛及流马并不是"牛"形或"马"形的机器，而是单轮或四轮的小木车而已。

清代人张澍在他所编纂的《诸葛武侯故事》中，引用《后山杂谭》的记载："蜀地有个小车子，用一个人推动，能够载运八石重的东西，前半部分如牛头；还有一种大车子，可以四个人同时推，载重量超过十石，这可能就是诸葛亮所发明的木牛流马吧！"

但是根据史料记载，诸葛亮时代，木牛只能载一岁粮，流马只能载四斛六斗。据此推测，杂谭所记，已经是经过改良后运输量加大了的木牛流马了。

木牛、流马能够运粮，本身又不像牲口那样需要喂食，对远距离的长期作战，确实帮助很大。

五、鞠躬尽瘁

1. 对阵宿敌

蜀汉建兴九年三月，经过大约两年的休养生息，诸葛亮经过周密策划，便又在汉中结集了数万人马，预备发动第四次北伐。

第一次北伐，策划上最周详，掌握的时机也最好，但是用人不当，错用了马谡，造成最后的败局。

第二次北伐，算得上是第一次北伐的延续，因为敌军统帅曹真已有预备，再由于陈仓守将郝昭表现颇佳，促使诸葛亮无功而还，即使不能说是失败，仍然相当的没面子。

第三次北伐，规模最小，目标也不大，仅仅用来重建自己的信心，及加强西战线的基础力量。

蜀汉建兴八年的那场大雨阻止了蜀魏对抗战。此后，魏军总司令曹真病重，一旦去世，曹魏将因同时丧失曹氏第二代精英曹休和曹真而发生政局混乱，从而削弱魏军的整体作战水平，所以诸葛亮准备趁机展开大规模的北伐。

这次，他仍旧选择祁山的西区战线，可见在战略策划上，诸葛这次的目标没有改变——仍是曹魏最西部的凉州。

三月上旬，诸葛亮完成编组。

蜀汉江州防卫司令李平（即李严）自从去年调到汉中，一直在汉中进行协助工作，东边的防务由其子李丰负责。诸葛亮上表拜李平为中都护，在汉中开署管事，督办这次北伐军团粮秣的转运、调配工作。

这次动用兵力几近数十万，所需的辎重粮秣非常多，因此，动用了一批新改良的"木牛"负责转运工作。掌管后勤补给的李平，工作繁重而艰巨。

第四次北伐军团编制如下——

北伐集团军总司令：诸葛亮

参谋总部：杨仪、姜维、杜义

第一集团司令：魏延

第二集团司令：高翔

第三集团司令：吴班

第四集团司令：王平

汉中后勤配给总调度：李平

北征军团按照编制，在三月底从汉中出发，预备在武都、阴平集结，然后向祁山发动最强大的攻击。

就在这个最关键时刻，曹魏的西部战区总司令——大司马曹真，命在旦夕。

去年，曹真指挥南征蜀汉的军事部署，动用的军力非常庞大，连东部战区荆、豫两州的督军司马懿也被借调了。但是却碰到连续三十多天的阴雨天气，秦岭地区整日浓雾笼罩，对此区地形不甚清楚的曹魏关中集团军主力军团居然迷路了，将近一个月举步维艰。

曹真气急败坏，不得不亲自冒雨监督行军，不幸得了严重风寒。回到长安以后，他的心情一直抑郁不安，病情更为严重，到了建兴九年春天的时候，已经病重得难以行走了。

魏主曹叡亲赴长安探视，曹真明白自己去日无多，于是推荐司马懿接替他的位子。

因为司马懿和曹真素来不和，曹真于是亲自写了一封急函，派人交给司马懿，信中说道："非仲达不足以救国家。"要求司马懿接任自己没有完成的工作——消灭蜀汉和东吴，统一全中国。

司马懿字仲达，河内温县人，大诸葛亮两岁，温县在洛阳东北约七十公里的地方。

司马家为当地名门望族，司马懿的祖父曾任河内郡太守。司马懿是家中八个男孩中的老二，因为这八个男孩子，都表现非常优异，民间当时便有"司马家八达"的美称。

司马家兄弟受过良好的教育，学识渊博，特别是在佛学方面造诣颇深。长兄司马朗年轻时便颇有名望，当时的军事名将董卓有意重用他，但司马朗以董卓乱政，拒绝受聘，反而离家投奔曹操，因为曹操举义旗反抗董卓。

司马朗个性温和、豁达，工作认真，曹操曾封之为成皋县令。"治务宽惠，

第八章　五次北伐

不行鞭杖，而民不犯禁"，曹操对此人非常欣赏，以为是千古难得的将才。不幸他在随军南征东吴时，罹患疫病，死于军旅，时年仅四十七岁。

曹操怜惜司马朗英年早逝，所以特别将他年仅二十九岁的大弟司马懿聘为私人秘书，有意破格提拔。

年轻时代的司马懿和兄长有极大不同，虽然个性上都显得善良豁达，但司马朗坦率诚恳，司马懿却城府极深，友人们常批评司马懿"内忌外宽，善于权变"。换句话说，他虽热情有气度，却机警善变，又有点狡诈，颇似年轻时代的曹操。

官渡之战前，曹操广延人才。司马懿当然是其中之一。但司马懿对于曹操是否有力量敌得过袁绍没有足够信心，因而不愿出仕，便假装中风，不去应征，居然连兄长司马朗都以为他是真的病了。

曹操的首席内政辅佐崔琰，曾经对司马朗说："你那位大弟弟，智慧和勇猛都在你之上！日后一定是威震南北的将才。"

可是，司马懿不久还是被招抚为文学掾，陪曹操的儿子曹丕一同做学问，两人有相当亲密的友情，因为曹丕比司马懿年轻八岁，所以待他有如兄长一般。

汉中大战之前，司马懿由书记升迁为军事参谋，曹操在世的最后十二年里，司马懿从不间断地跟随在曹操身边，自然而然地学会了不少曹操思考、应变及待人处世的各种谋略和技巧。

宋代司马光的《资治通鉴》中，司马懿是在曹操征伐汉中道教军团首领张鲁时登场的，当时已出任军事参谋。他在征服汉中以后，建议曹操要乘胜强攻益州，曹操却笑着回应他说："人的欲望真是没有止尽的呀！又何必得陇而望蜀乎！"

汉献帝建安二十四年，关羽发动北伐，以水淹法打败于禁大军，威震南北，曹操有意迁许都以避之。司马懿极力劝阻，并建议联合东吴突袭关羽后方，一举解除襄樊所受的巨大压力。

曹丕即帝位后，司马懿即刻成了曹魏政权的重要人物，深获曹丕信任。曹丕病重期间，更将司马懿与曹氏第二代精英曹真、曹休等，加上陈群组成托孤的辅佐大臣，尤其交代曹叡，任何事情都应该同司马懿商量。

不久，孙权在江陵方面军力逐步增加，使樊城和襄阳陡增压力。曹叡于是任命司马懿为骠骑大将军，同时委任豫州和荆州督军，进驻宛城，以抵挡东吴的扩张。

在这段期间，孟达预计在新城起义，响应诸葛亮的北伐，被司马懿以迅猛的行动挫败。

建兴八年，曹真发动征讨蜀汉的军事行动时，曾约司马懿由汉水沿水西上，由西城地区攻打汉中盆地的东方，这是司马懿首次参与和蜀汉的作战。但是由于持续一个多月的大雨，汉水暴涨洪流，司马懿连船都没有登上，曹叡已经下令撤军了。

曹真与司马懿之间，虽然明争暗斗，经常会有不愉快发生，但彼此仍非常尊重对方。所以，曹真在临死前，出于公义，推荐司马懿接替自己和诸葛亮作战。他的理由是孙权力量虽大，但他仅仅只想自己为皇帝，原则上是以自保为王，并不图北上统一中原。蜀汉自认为汉王朝正统继承人，所以诸葛亮北伐的抱负心旺盛，不得不严密防范之。也许曹真早已看出，由于曹氏第二代精英皆早早仙逝，曹叡虽然贤明，但年纪太小，曹氏政权的实力已大大降低，必须靠在洛阳的司马家声望，来维系曹氏政权，因此希望司马懿和曹叡密切配合。

司马懿命令在渭水河畔建筑防卫营寨，据险固守，因为诸葛亮北伐路途遥远，粮秣难运，所以固守可以以逸待劳。不管蜀汉军怎样挑衅，司马懿一律不理，让诸葛亮毫无办法。

统领数倍于敌人的军团，却能够在得到十足把握之前，强忍着不进行最后决战，充分显示了司马懿坚毅不拔的毅力，这使他日后成为雄霸一方的豪杰。

面对司马懿的稳固防守战术，诸葛亮只好命令暂时把军队撤退到邦山东北大约五十里的卤城，在这个地方能够同时监视司马懿的大部队和上邦守军的虚实。假如司马懿想趁机解救上邦之围，诸葛亮就能够配合魏延军团内外夹击之，或许还能够在街亭安排另一次会战，以报当年马谡溃败之仇。

但司马懿没有中计，他虽然移动了军团，却没有攻向邦城，反而尾随在诸葛亮集团军后面。不过，也不是趁机从背后偷袭，而是远远盯着，并且若即若离地和诸葛亮维持一段所谓的安全距离。

诸葛亮确实无法知道司马懿到底要的是什么战术。只要诸葛亮一动，他立刻跟着动，诸葛亮一停，他也跟着停，并且即刻构筑防御工程，搭建营寨，以等待蜀军来攻，但诸葛亮真的命令攻击时，他又坚守闭营，不理不睬。

比诸葛亮更难以忍受的，却是司马懿所率部队的将领们，他们觉得这样太丢人了。曾在这里立下彪炳战功的老将张郃，实在难以恭维司马懿的战术，便坦然地建议道："蜀汉大军远征攻击我们，我们避其锐锋不想和他们会战，以消耗他们的粮秣和士气，这种战术我可以同意。我方的祁山守军，知道我们大

第八章 五次北伐

军南下，相信一定信心十足，能够固守住他们的阵地，所以我建议分出一支奇兵，绕到他们的大后方，一方面可以强化祁山的抵御能力，一方面也给蜀军诸多的压力。像这样尾随他们前进，又不能够逼近，一副很害怕的样子，确实会让众人大失所望的。"

司马懿仍然认为时机尚未成熟，决定继续跟着诸葛亮奔走，每到一个地方，立刻建营扎寨，但就是不肯出战。

后军指挥官贾栩和魏平，实在忍受不下去了，便纷纷讨论道："司马公畏惧蜀军有如老虎，确实是我们的耻辱，再这样下去会使我们成为天下的笑柄。"

这种传言当然会进入司马懿的耳朵，司马懿自然很难受。再加上军中又连续有耳语表示，蜀军最怕的是张郃，像司马懿这种胆小鬼，根本不把他放在心上。这些传言的确让一向冷静的司马懿也开始有点稳不住了。

到了五月，诸将求战的呼声越来越高，司马懿迫不得已，只好按照张郃的建议，让张郃分出一支奇兵，到祁山之南攻击王平的军队，他自己带着魏平和贾栩，从正面向诸葛亮挑战。

张郃的步骑混合编组，大约有六千名，由探马搜集来的消息得知，王平的无当飞军大约三千名。

因此张郃暗自计划，如果王平看到曹魏援军来到，一定会立刻撤退，祁山之围会迎刃而解。到时候，他便可会合祁山守军，由南向北夹击木门附近的诸葛亮本部，和街亭之役一样，将很快逼使诸葛亮退回汉中。

王平的飞军人数虽不多，却个个骁勇善战、视死如归。王平一听说张郃援军到，不仅没有逃跑，反而天天在第一线亲自督战，并且在祁山外围，依据地势，构筑了一道异常坚固的防御工程。张郃的军队攻势异常猛烈，却一步也不进去，更不要说和曹魏守军取得联系了。

王平早年曾经担任曹操关中军团的重要骨干，本身又是行伍出身，实战经验非常丰富，对张郃关中集团军的作战方式非常熟悉，因此，两军对峙达数十天之久，张郃仍然对他毫无办法，反而自己的军队渐渐有了粮秣供应上的严重问题。

司马懿的主力军团，进行得也颇为不顺。

最初司马懿的策略是，先由魏平和贾栩统率万余人马埋伏在卤城东北角山林地带，然后由他亲自率领主力军团，和诸葛亮军作正面的对抗，当两军陷于僵持状态时，魏平等可绕道山路由侧面袭击蜀汉军团。由于曹魏军事力量在人数上占有绝对优势，或许能有效地将诸葛亮北伐的主力部队围困在卤城附近，这样曹魏军便可一举攻破蜀军了。

为了达此目的，司马懿还令自己的两个儿子司马师和司马昭，从正面发动试探性进攻，吸引蜀军注意力，让魏平和贾栩得以顺利前进。

不幸的是，魏平和贾栩进入山区绕到侧面以后，便迫不及待地想袭击蜀汉军团，让审慎的诸葛亮有所察觉，进而展开巧妙的反制行动。

诸葛亮命令魏延攻击并搜索魏平在山区的军团，双方刚一接触，魏延便展开猛烈攻击。曹魏军兵力虽然居多，但因为在山区调动非常困难，反而被魏延军一一攻破。这场仗打完，魏军损失了将士三千多人、玄铠五千多套、角弩三千一百多张。司马懿看到魏平军团已破败，便放弃和诸葛亮对峙，再度退回营寨坚守。

在祁山外围僵持的张郃军团，听说司马懿已经战败，急忙引军退回，双方再次合为一军，守住阵地，无论蜀军怎样挑战再也不出来了。

据野史所载，诸葛亮不仅火速击败了魏平军团，还让高翔、吴班等诱使司马懿父子进入山林之中，安排火攻想要消灭之，不幸当天下大雨，火药失去了效用。司马懿父子才得以脱险。

但是依司马懿小心谨慎的个性，此种情况的真实性似乎很低。总而言之，这场宿敌对阵、高手相逢，自始至终如同在捉迷藏，作战两方根本没有当面交锋。

双方相持到六月间，诸葛亮的粮秣已经成为困扰军士最严重的问题。

新设计的"株"当然功能很好，到底还是速度不快，诸葛亮由武都到祁山，由祁山到卤城及邦城的战线拉得太长，让负责运送粮秣的李平感到非常吃力。

不久，参军马忠和督军成藩火速来到卤城前线，请求晋见诸葛亮，代李平转达后主刘禅的口谕，表示后方的组织工作出了严重的问题，粮秣和装备供应上困难重重，希望诸葛亮先行退军，再从长计议。

诸葛亮正为粮秣供应不足而苦恼，听说后方出了问题，也认为不能勉强，便紧急下令撤退军队。

看到诸葛亮军团突然撤退，司马懿判断蜀军已经弹尽粮绝，军心必已不稳，如能趁机追击，也许能报魏平遭击溃的大耻。于是他命张郃率领前军军团，组成骑兵连，火速追击。

《三国演义》描述，听说诸葛亮退兵，张郃便想主动追击之，司马懿极力劝阻，但张郃固执地坚持自己的意见，以致遇伏身亡。史书上的记载恰好相反，司马懿命令攻击蜀汉退军，张郃以《孙子兵法》上"归师勿遏，围师必阙"

的道理加以对抗，但司马懿坚持不愿放弃，张郃迫不得已只好屈从于他。

按照诸葛亮的性格，即使在危急关头，他同样能做到井然有序。街亭战役后，除了魏延军团距离太过遥远损失较大外，其余的军团大多能安全返回，由此可知，诸葛亮相当懂得临危不乱的道理。司马懿与他初次交手，低估了诸葛亮这方面的能力，想趁机讨回点"利息"，没有料到造成曹魏军团前所未有的悲剧。

由于王平在祁山还拥有很大优势，诸葛亮根本不需要担心归路遭到切断的问题，所以他先指示包围邦城的高翔集团军先行撤退。郭淮和费曜虽已经获得解围，但同主力部队的联系已经断绝多时，谨慎的郭淮不敢擅自行动，让卤城的蜀汉军队在没有压力的情况下，迅速而又有秩序地撤军了。

但诸葛亮担心司马懿和郭淮在确定蜀军撤退以后会趁机追击，于是亲自押后，在木门的山上，安排了大量弓弩队，并配置了部分刚改造成功的连弩，想试试它的杀伤力度。按照诸葛亮原来的构想，只是杀杀曹魏的霸气，打击其威风，让他们不敢追来，不料却"钓到了一条大鱼"。

在这次攻防战役中，一向在这个地方威风无比的张郃，却吃了不少暗亏，心里极为不平。加上首次和司马懿配合，处处受限，一股怨气正无处发泄，又被强制命令追击撤退中的敌军，因此，几乎是不顾性命地往前横冲直撞，即使到达山谷地区，也没有特别警戒，以致遭到诸葛亮押后部队的袭击。

如果是一般的传统武器，据张郃的实践经历，想逃过这个劫难是绝对可以的，只不过损益连弩威力无比，一发十数支飞箭，无法抵挡。在首次进攻战中，张郃的右膝中箭，坠下马来，使他气愤难平，大吼一声，愤怒向山上杀去，不一会儿，便殉身于乱箭之中。

这位让诸葛亮头痛多年的魏国一代名将，就这样意外地送了命。从张郃部队中分出追击的骑兵连，也几乎全军覆没了。

2.大星陨落

第四次北伐以失败告终，主要问题在于粮食供应的困难。然而诸葛亮经过持续和曹真、张郃及司马懿等曹魏第一流名将对阵后，作战信心大增，尤其是袭杀张郃以后，诸葛亮对击败曹魏、占领关中更是胸有成竹了。

为解决粮运问题，他把"木牛"和"流马"又进行了一番改造。建兴十年和十一年，诸葛亮加强了粮源及兵源方面的部署。他在黄沙大规模垦殖，并在景谷的白马山，操练木牛和流马的运输作业。十一年冬，在斜谷道建造了一个空前巨大的粮库，做好了再度北伐的准备。

几年来，诸葛亮绝大部分时间仍在汉中地区"休士劝农""教兵讲武"，偶尔返回成都探望家人，他的两个女儿诸葛怀和诸葛果也在这段日子里出生，诸葛亮此时已五十二岁了，却仍然能够生育子女，可见他的身体健康情况尚好。

　　但是，诸葛亮之所以常来回于前线和京城，并非为了和家人团聚，主要原因在于蜀汉的军事政治系统中，出现了严重的纠纷。

　　前锋集团军首席猛将魏延统率的"主战派"，和车骑将军刘琰、绥军将军杨仪所统率的"参谋"派之间，由早期的意见不和，逐渐演变成意气之争，彼此相互倾轧，使军队的运作产生了严重的问题，诸葛亮为此烦恼不安。

　　魏延向来深得军心，加上骁勇善战，是前线不可或缺的将才。杨仪则擅长后勤行政工作，对诸葛亮最为困扰的粮运问题，常能提出极具实效的解决办法，深得诸葛亮器重。这两人都是诸葛亮少不了的左右手。

　　为协调彼此间的分歧，诸葛亮只好以酗酒的借口把官职最高的车骑将军刘琰遣回成都，以减轻魏延的心理障碍和对"杨仪班"的仇视。

　　所以，诸葛亮的担心和工作量，同时增加了不少。正在这时，他听说隆中时代的好朋友、曹魏御史中丞徐庶和典农校尉石韬退休，不禁感慨良多："魏国人才真多呀！连他两人还能够退休！"

　　就在这段日子，诸葛亮的食量和睡眠急剧下降，无因的焦虑越来越严重，大小事如若不亲自经手，都会有强烈的不安，健康情况也开始衰落。

　　蜀汉建兴十二年（公元234年）二月，诸葛亮在经过几年的充分准备之后，又统率十万大军从乐城出发，冲出斜谷口，开始了第五次的北伐。与此同时，他又遣使赴吴，与孙权约定：东西配合，共同伐魏。他亲自写信给孙权说：

　　"汉室不幸，王纲失纪，曹贼篡逆，蔓延及今，皆思剿灭，未遂同盟。亮受昭烈皇帝寄托之重，敢不竭力尽忠！今大兵已会于祁山，狂寇将亡于渭水，伏望执事议以同盟之义，命将北征，共靖中原，同匡汉室。书不尽言，万希昭鉴。"

　　孙权看到诸葛亮言辞颇为诚恳，又念及同盟之友谊，也决定向曹魏宣战。五月，孙权率众十万人聚巢湖口，想要围攻合肥新城；又遣陆逊、诸葛瑾万人入江夏、沔口，以向襄阳挺进；再遣将军孙韶、张承入淮水，以向广陵、淮阴同时进发。吴蜀东西合攻的形势初步形成。

　　而蜀军于四月便已开进渭水南岸的郿县，并且屯兵于五丈原。五丈原是渭水岸边的一处长蛇形状的黄土台原。它南北约七里长，东西约二里宽，四十余丈高。其南端与褒斜道北口相连，屏依秦岭棋盘山；另外三面则壁立刀削，往

第八章 五次北伐

北一直伸展到渭河岸边。原下，西面是麦李河，东面是斜水。五丈原关山险阻，地势险要，进可攻、退可守，确实是一处行军布阵的军事要地。况且，由五丈原北渡渭水就是北原（即积石原），而北原又是关中通往陇上的战略要地。倘跨渭登原，连兵北山，则通往陇右的通道就会被隔绝。诸葛亮之所以首先占据五丈原，其主要目的也是要由此向北发展，以期占领北原，阻断关中与陇上的联系；然后再夺取陈仓以西的广大领土，并伺机往东发展，直逼长安。

诸葛亮将中军营垒坐落在五丈原南面距斜谷口不远的地方（即豁洛城），中军帐两侧全部是深渊，中间建筑了城楼。而魏延作为此次北伐的先锋头领，扎营于原下渭河岸边、长史杨仪领军屯驻于斜谷口旁边的山上。为防万一，诸葛亮还在棋盘山上扎有一座后营，并且山后有一条小道能够直通斜谷深处。从后营、中军营、杨仪营到魏延营，蜀军一字长蛇阵铺开，但又互为犄角，阵势非常严密。

此时，魏明帝因吴分兵三路向北进攻，于是便自率水军东征，而遣秦朗督步骑两万余人助司马懿抵抗蜀军。他给司马懿的命令是："但坚壁据守，以挫其锋。彼进不得志，退无与战、久停则粮尽，虏略无所获，则必走矣。走而追之，以逸待劳，全胜之道也。"

魏军诸将发现蜀军已屯驻渭南，欲往渭北以待之。但司马懿不同意，说道："百姓和粮食积聚皆在渭南地区，此必争之地也。"遂引军渡过渭河，屯兵斜水，背水为堡垒，以与蜀军相峙。那时，司马懿认为诸葛亮要直接东下长安，因此对诸将说："诸葛亮如果出武功，依山而东，确为一大患；如果西上五丈原，诸将无事矣！"但雍州刺史郭淮却不同意这种看法。他对司马懿说："诸葛亮这次来，必争北原，应先派兵据之。如果蜀军攻占北原，与北山连成一片，隔绝陇道，再将这一代的汉民和夷民煽动起来，这将对我们极其不利。"于是司马懿乃遣郭淮驻兵北原。郭淮率兵刚到北原，正在构筑阵地，蜀国大部队便赶到了。但因魏军早已有准备，所以蜀军屡攻不下，所以只好又退回五丈原。

诸葛亮派遣辅汉将军、虎步监（统率卫戍部队的军官）孟琰（孟获族人）攻占斜水东岸。司马懿乘斜水上涨之时，二十日内出动一万骑兵来进攻孟琰军营。诸葛亮及时在河上建造竹桥，派兵越河攻击。魏兵看见竹桥将成，遂退去。但由于魏军防范甚严，孟琰暂时也难向前推进。

诸葛亮鉴于头几次出兵全是因为粮草不继而没有成功，而司马懿又暂时坚壁不出，因此便分兵屯田，作为久驻之基。他让士兵们分散在渭水地区的居民中间，和百姓一起种田，共同相处。那时在渭水和斜水岸边仍然有很多荒田，蜀军全把它们开垦起来，种上水稻。从那以后，这些水田便被人们叫作"诸葛田"。

蜀军与魏军就这样展开对峙。在这期间，诸葛亮曾多次挑衅，但司马懿一直不肯出兵。其间，从东路进攻曹魏的孙权却先退兵了，孙权原来预料曹叡不会亲自出动，待听说曹叡统率大军出行后，便逃跑了。不久，孙韶一路也退去了。由此，魏明帝便完全腾出手来，集中力量应付西路的蜀军。魏明帝高兴地说："权走，亮胆破，大军足以制之，吾无忧矣！"

与此同时，诸葛亮仍然不停地向司马懿挑战，但司马懿都置之不理。一次，诸葛亮派使者送给司马懿一套妇人的衣服，司马懿知道诸葛亮在讥笑他缺乏大丈夫气魄，也知道诸葛亮是想以此激他出来决战，但他依然坚持原有的政策，坚守不出。但是，为了激励士气，他仍装出很生气的样子，而且特意上表明帝，要求与诸葛亮决一死战。不久，明帝曹叡派遣卫尉辛毗杖节为军师来到司马懿军营。姜维对诸葛亮说道："辛佐治（毗）杖节而到，贼不复出矣。"诸葛亮非常清楚司马懿玩的这套把戏，说："他原本就不想出战，向朝廷请战，目的是在于向他的部下显示武力罢了！将在外，君令有所不受。如能制服我们，难道还用得着到千里之外去请战吗？"

两军一直相持了百余天。在这期间，双方的使者往来不断，诸葛亮和司马懿也通过使者传递着书信。司马懿写信称赞已投魏国的蜀汉将军黄权（公衡），说道："黄公衡，快士也。每坐起叹述足下，不去口实。"黄权是随刘备伐吴期间，因道路阻隔，还蜀不可，不得已而降魏的。当时蜀国大臣要逮捕他的妻子，刘备、诸葛亮不许，故黄权始终对诸葛亮心存感激。诸葛亮也通过使者打听老朋友徐元直、孟公威等人的情况并且在给司马懿的书信中，"使杜子绪（袭）宣章于公威"，即请曾任司马懿军师的杜袭把良好的问候转达给老朋友孟公威。

司马懿有时也向使者打听诸葛亮的饮食、起居情况及事务之繁简，但从不问军事问题。使者告诉司马懿，诸葛亮夙兴夜寐，连杖二十以上的责罚，他都要亲自过问，每日所食不过数升。使者走后，司马懿对别人说："诸葛孔明食少事烦，其能久乎！"

果然，事情不幸被司马懿的言中。因为长期的劳累，加以驻兵五丈原后日理万机，寝食难安，心力交瘁，八月以后，诸葛亮即卧病不起。起先只是觉得心口痛疼难忍，不思饮食，诸葛亮以为是长年戎马生涯所造成的胃病又犯了，

第八章 五次北伐

况且眼下正值秋凉季节,"心口疼"病是很容易复发的。但渐渐地,他便感到体力不支,终于不能处理军中政务了。

平时,诸葛亮一直在为国事、军事操劳,没有片刻闲暇。如今病重,日常事情委任杨仪、魏延、姜维他们处理,自己反倒有了一些空闲。诸葛亮躺在病榻上,回顾了自己的一生:

首先想到了父母、叔叔和姐姐,还有故乡的沂河水,水边的鲜花、绿柳、草地,以及城西的松林,院前的银杏树。他到现在还记得,每当秋天落叶时候,银杏树的树叶就像一把把金黄的小伞,飘摇落下,让他看得入迷。听父亲说,银杏树是爷爷为孙子种下的,必须百年之后才能结果。如今他早已离开故乡,不知那银杏树结果了没有?还有后园里的几十株薏苡,结出的子竟像一颗颗五颜六色的珍珠,闪光发亮。每次他将薏苡子采来,姐姐都用针线将那些珠子串成一串,戴在自己的脖子上,煞是好看。但采了没有几次,他就随父亲去了泰山,此后便听到了那终生难忘的《梁父吟》,并与小伙伴们一起去扑候鸟,去挖野菜。又随叔父来到襄阳,然后认识了水镜先生、庞德公以及那一群风华正茂的年轻友人。记得水镜先生曾说过自己是典型的琅邪人,静中寓动,多中有一,既聪明通达,又坚持己见。当时不解其意,现在回想起来,倒与自己的性格甚为符合。叔叔似乎也说过,自己的固执劲,也有几分像远祖司隶校尉公。难道不是的?叔父死后,姐姐想接自己过去,但自己却执意想带弟弟到陇中去躬耕;后来刘备来请,自己开始并不愿意,而一旦答应之后,又鞠躬尽瘁、矢志不渝。开始帮刘备摆脱险境,扩大势力,接着又是入蜀治蜀,再后便是几度出师北伐。前几次失败了,此次出师,原本是非常有希望的,不期遇上了司马懿这个老对手,又不期自己卧病不起。先帝在时,常常对自己说"谨慎",但自己是不是太谨慎小心了?事事要求最完美。世上的事岂是一个人能做得完的?又岂是样样都能成功的?

他就这样想着想着,不知不觉睡着了。睁眼看时,天已亮了。阳光从营帐西面的窗孔中照射进来,照见侍妾秋容正忙着为他煎药。秋容来到他的身边好几年,一直无微不至地照顾着他,但他却没有给秋容一件像样的衣服,秋容也不计较这些。他不禁从内心深处感激这位女子。由眼前的秋容,他又想到了成都的黄氏和瞻儿。黄氏和自己情投意合,患难与共。自己离开隆中的十几年中,黄氏更是备尝艰苦。但她对自己竟没有一句怨言。这样的夫人也确实太令人尊敬了!以黄氏的聪明与才智,如果是个男儿,其事业成就绝不会在自己之下。还有瞻儿,才八岁,聪慧可爱,却不知将来能否成器?

"老爷，应该服药了。"秋容的话打断了他的思路。

他让秋容扶他起来将药喝下。药刚吃完，杨仪进来了。杨仪告诉诸葛亮说，司马懿那边仍是没有动静，随后便出去了。过了一会儿，魏延也来了。魏延提着一尾金色鲤鱼，说是刚从渭河里捞上来的，特来献给丞相补补身子。诸葛亮摆摆手说："我什么也吃不下。"但魏延还是让秋容收起来，并转身对诸葛亮说："请丞相放心养病，战争的事，有我呢！"说罢也返身走了。

杨仪、魏延走后，诸葛亮又想到了他们几个人之间的关系。杨仪办事才能高，主持丞相府的日常事务自己颇为放心；而魏延亦勇猛过人，打过很多硬仗，是蜀中数一数二的战将。但诸葛亮也察觉到，杨仪生性心胸狭窄，将来怕不能容人；而魏延亦性情矜高，目空一切，每次出征总想请兵万人，与自己异道相会，被拒绝后叹恨其才用之不尽。杨仪、魏延平时不和他是知道的，但他既爱惜杨仪的才智，又依仗魏延的骁勇，一直不忍有所偏废。好在他们两人在自己面前并没有显露出来，只是在背后互不服气而已，他也就假装不闻不问了。况且还有费祎在他们中间调停！费祎这人不错，既才智过人，办事干练，又雍容大度，和合群僚，将来必定能够承担大任。而目前，蒋琬似乎显得更加成熟。蒋琬托志忠雅，尽心王事，而且能识大体，顾大局。自蜀汉建兴五年发兵汉中，蒋琬作为参军，与长史张裔统留守府事，每样都能够竭尽全力，每次来汉中汇报都很令自己满意。建兴八年代张裔为长史以后，对北伐战争更是足食足兵以相供给。他已打定主意，要向后主推荐蒋琬为自己的接班人；而蒋琬之后，当然是费祎了。

诸葛亮想着想着，突然，一个久思不决而又不能回避的问题浮上了心头：眼下汉中这一摊又应该交给谁呢？是杨仪，还是魏延？自己平时能够居中持平，而一旦自己撒手而去，他二人必将内讧，到那时，事情就麻烦了。当断不断，反受其乱。现在就到了应该抉择的时候了。此时他不禁又想起首次北伐时魏延要请兵出子午谷那件事。倘魏延大权在握，将在外，君命有所不受，魏延也许还会再率军出子午谷，以证明他当年计策的正确呢！而这明明是一着险棋！况且司马懿已不是曹真，魏延根本不是司马懿的对手。如果这招一失，汉中就可能不保，而蜀国的命运也就肯定要葬送在魏延手里了。不行！一定不能将权交给魏延！而交给杨仪呢？杨仪虽然善于调度，办事也不莽撞，但毕竟是文官，不能够领兵作战。如果以汉中之事属杨仪，则还需有人配合。他不由得又想到了司马费祎，还有护军姜维。姜维年轻，足智多谋，又思虑精密，极有前途，将来北伐的征途可能就要落在姜维肩上。但是目前，只要杨仪能将汉

第八章　五次北伐

中的军队保存下来，将来内有蒋琬，外有姜维，局面应该是能够维持的。想到这里，他下定决心：大权先交给杨仪，并由杨仪、费祎、姜维共同组织撤退部队。至于魏延，应该多留些余地为好。

那天晚上，是诸葛亮卧病以来睡得最好的一个夜晚，因为他已经将后事都安排妥当了。第二天早上，他醒得很晚。而醒来之后，自觉精神还行，遂叫秋容将他扶起。坐了一会儿，又让秋容准备纸笔。秋容以为是近来的药力发生了功效，不禁暗自为丞相庆幸。待纸笔准备停当之后，诸葛亮便开始写道：

　　臣初奉先帝，资仰于官，不自治生，今成都有桑八百株，薄田十五顷，子弟衣食，自有余饶。至于臣在外任，无别调度，随身衣食，悉仰于官，不别治生，以长尺寸。若臣死之日，不使内有余帛，外有赢财，以负陛下。

他写完后，稍稍休息了一下，又于另纸再补写了一句："臣若不幸，后事宜从付（蒋）琬。"这才自己动手把信封了。

接着，他开始给兄长诸葛瑾写信。他很清楚，自乔儿死后，兄长一直在念念不忘瞻儿，所以他在信中明示兄长："瞻儿今已八岁，聪慧可爱，嫌其早成，恐不为重器耳！"原本还想再写几句让兄长费心教诲瞻儿的话，但是他推想兄长已经能够知道自己的意思，所以便不再继续写了。

一想到瞻儿，他的心情就不能平静。这孩子出生得晚，而此刻正随他的母亲住在成都。他领兵进驻汉中那年，孩子才出生。这七八年间，自己一直忙于北伐，每次回到成都都不能长住，如今孩子已经长到八岁了，自己总共才见过几面。他内心深处不禁隐隐生出巨大的内疚，对夫人，也是对儿子。但他也是迫不得已呀！他既受先帝托付，就必须尽心竭力北伐曹魏，匡复汉室，其他的事情便无暇顾及了。而今眼见自己一病难起，作为父亲，他应该对儿子再施以最后的教诲。想到这里，他又提笔写道：

　　夫君子之行，静以修身，俭以养德，非淡泊无以明志，非宁静无以致远。夫学须静也，才须学也，非学无以广才，非志无以成学。淫慢则不能励精，险躁则不能治性。年与时驰，意与日去，遂成枯落，多不接世，悲守穷庐，将复何及！

上述所写成为后人世代相传的《诫子书》。在《诫子书》中，诸葛亮依据自己一生修身和治学的体会，着重强调了修身和为学都要"静"的道理。而诸葛亮所说的"静"，其实是一种不含杂念的精神，只有达到了境界，才能"致远"，才能对万事万物都能透彻地理解；一旦时机到来，便能够静中寓动，以静求动，动静相辅而相成，做出一番大事来。与"静"相反的是"躁"，"躁"既妨碍修身，也不能治学，而且容易转化为"淫慢"，终至一事无成。这一番道理是琅邪文化的精髓，也是诸葛氏家族的传统，由诸葛亮在《诫子书》中淋漓尽致地阐发了出来。

写完这几封信之后，诸葛亮已经累得筋疲力尽，满头大汗。秋容连忙扶他躺下。自此以后，诸葛亮的病情便日益严重起来。

诸葛亮病重的消息很快便传到了成都，后主连忙遣李福前往探视，并询问此后的国家大计。李福听完诸葛亮的谈话后匆匆离去，但想到还有一件大事忘了请教诸葛亮，几天后不得不返回。诸葛亮一见李福便说："我清楚你回来的意思了。我死以后，蒋琬可以接替我的职位。"李福又问蒋琬之后谁可胜任此位，诸葛亮说："费祎可以继任。"李福再问，诸葛亮便难以回答了。

李福走后，诸葛亮便让人将杨仪、费祎和姜维找来，开始秘密安排他死后的撤军事宜。诸葛亮告诉他们三人，他死后暂时不要发丧，先整顿兵马，从容撤回汉中。并令魏延断后，姜维次之，如魏延不从命，军队可自行出发。又遗命将自己"葬汉中定军山，因山为坟，冢足容棺，敛以时服，不须器物"。

等到一切都安排完毕之后，诸葛亮已是奄奄一息了。到了夏历八月二十八日夜晚，诸葛亮终于怀着没能完成统一大业的遗憾，病逝于五丈原军中，时年54岁。正所谓"出师未捷身先死，长使英雄泪满襟"。是夜，天上没有明月，星光也很暗淡，而刮了一天的秋风也早已停止，五丈原上静悄悄的。只有渭河的水还在东去，发出潺潺的流水声。

传说在诸葛亮去世的那天晚上，有一颗红色的流星，自东北向西南流动，数次起落，最后变小，投于诸葛亮营中。此事首见于东晋孙盛的《晋阳秋》，而今天五丈原诸葛亮庙内正殿侧墙镶嵌的一块石头，传说是当年那颗流星的陨石，附近落星湾的居民世世代代把它保存下来。这些是民间附会所得，抑或天文现象的巧合？无论其答案为何，并不妨碍人们称诸葛亮为"巨星"，称诸葛亮的死为"大星陨落"。

诸葛亮究因何疾而终，到现在还弄不清楚。近人有人怀疑是肺结核，或谓胃癌，或谓胃溃疡大出血。"呕血"之事见王沈《魏书》，且谓"亮粮尽势穷，

第八章 五次北伐

忧恚呕血，一夕烧营遁走，入往道发病卒"。但是裴松之在《三国志》注中已辨其妄。裴松之云：

> 亮在渭滨，魏人蹑迹，胜负之形，未可测量。而云"呕血"，盖因亮自亡而自夸大也。夫以孔明之略，岂为仲达呕血乎？及至刘琨丧师，与晋元帝笺亦云"亮军败呕血"，此则引虚记以为言也。其云入谷而卒，缘蜀人入谷发丧故也。

诸葛亮死了以后，部将便遵照他的遗令秘不发丧。

杨仪命费祎去探听魏延的意思，魏延却对费祎说："丞相虽亡，吾自见在。府亲官属就能够将丧还葬，我要亲自率领诸军击贼，云何以一人死废天下之事邪？且魏延何人，当为杨仪所部勒，做断后将乎！"于是与费祎共同拟定随丧回去和留下抗敌的将吏名单，并让费祎手书。费祎对魏延说："我回去一定代你向杨长史说清楚，长史文吏，不懂军事，不会违背你的命令。"费祎一出门便策马而去。魏延接着就后悔了，但是已经追悔莫及。

魏延派人观察杨仪诸人的动向，杨仪仍按诸葛亮临终前规定的次序撤退。魏延大怒，趁着杨仪没有出发，遂率领自己的部队径先南归，随后又烧绝栈道。于是杨仪、魏延又都上表朝廷，指责对方是叛逆。一日之中，羽檄迭至。后主征求侍中董允、留府长史蒋琬的意见，蒋琬、董允全部保杨仪而怀疑魏延。这边杨仪、姜维等也砍树修道，昼夜兼行，紧紧跟住魏延。

待杨仪等全部整军撤出五丈原后，百姓始奔告司马懿。司马懿下令出兵追之，快要接近蜀军的时候，姜维即按诸葛亮临终的布置，令蜀军反旗鸣鼓，佯装向魏军攻击的样子。司马懿怕遭诸葛亮算计，竟不敢进逼。于是杨仪又指挥军队结阵退去，进入斜谷，然后发布丧葬讯息。蜀军退走后，司马懿察看五丈原一带的营地，看到所有营垒、屏障、井灶甚至厕所都布置得有条不紊，严密有序，大为赞叹说："天下奇才也！"但是司马懿也因中了诸葛亮生前设下的计谋，遂被百姓当作笑柄，说："死诸葛吓走生仲达。"司马懿听后也不生气，他笑着说："吾能料生，不能料死也。"

这边杨仪等一直跟在魏延后面向汉中地区行进。魏延首先抵达褒中，占据了褒谷口，而且派兵迎击杨仪等人。杨仪令将军王平在前面抵抗魏延。王平指责魏延说："丞相刚亡，身尚未寒，你们怎敢如此！"魏延所部士兵知道是魏延无理，因此都不肯替魏延卖命，军队四散。仅有魏延与他的几个儿子骑马逃到汉中。杨仪随即派马岱追斩之,并斩杀其三族。

蒋琬在成都听说魏延之事后,遂率宿卫诸营北上赴难,走了数十里后,听说魏延已死,乃将军撤走。而魏延之所以不北降曹魏而南还汉中地区,就其本意说来,也只是想除掉杨仪等人,由自己来代替诸葛亮的职务,并不愿背叛蜀汉。

待蜀军全部退回汉中地区之后,杨仪等人遂按诸葛亮的遗命,将诸葛亮葬于勉县南面的定军山下。坟墓不大,仅能容下棺。入殓时也穿着平时的服饰,没有陪葬的器物。

后主刘禅也听说诸葛亮已卒,素服三天,并下诏对诸葛亮一生的丰功伟绩进行了表彰。随即又派持节左中郎将杜琼前往汉中,赠诸葛亮丞相武乡侯印绶,谥号曰忠武侯。后世遂以"武侯"来称诸葛亮。

而杨仪领军退还,又诛杀魏延,自认为功勋至大,应当代诸葛亮持政。然而诸葛亮早已指定蒋琬是他的继任者。杨仪回到成都,仅拜为中军师,没什么可统领的,于是怨愤形于声色,叹咤之音发于五内,心中极为不平。一次,后军师费祎前往慰省,杨仪竟对费祎说:"起先丞相亡没之际,我如果带领军队投奔魏国,也不会落到如此地步。真是后悔不已!"费祎密表其言,建兴十三年(公元235年)遂废杨仪为庶民,流放汉嘉郡。杨仪来到流放地,又上书痛斥朝廷,言辞激切。过后,朝廷遂收治杨仪,而杨仪自杀。

而此时被流放在汶山郡的廖立,正同妻子耕植自守。他一直相信诸葛亮会给他以自新的机会,听说诸葛亮卒,廖立垂泪叹息说:"我必将永远留在少数民族地区了!"与此同时,被流放在梓潼郡的李平(严),听说诸葛亮卒,竟发病死。李平也经常希望诸葛亮还会再起用他,而后来的执政者却不会这么做,所以才一时激愤而亡。

3. 名垂千古

诸葛亮一生的事业中充满坎坷,但为了实现统一中原,匡复汉室,他毫不动摇,勇往直前。他忠诚于刘备集团的信念,矢志不渝。诸葛亮刚一出山,便在曹操的大军压境下,遭到惨败。他确实是"受任于败军之际,奉命于危难之间",在此种极为不利的形势下,诸葛亮到东吴劝说孙权结成联盟,孙权通过诸葛瑾劝说他留下来,却被他毅然拒绝了。

荆州之失,夷陵之败,刘备之死,南中之乱,一个接着一个打击诸葛亮。在如此困境之下,诸葛亮仍然顶住了曹魏方面施加的重重压力,拒不称藩,而且公开地表示了与曹魏决一雌雄的决心。

第八章 五次北伐

刘禅年轻即位，毫无才能，诸葛亮全然可以取而代之，可是他全无二心，全力辅佐刘禅。为了克服各方面的困难，改变蜀国不利的局势，寻找发展出路，诸葛亮日夜思索，费尽心机。他对各方面的工作都认真负责，一丝不苟。除处理全国的军政要务外，还亲自组织兴修水利、桥梁、道路、驿舍等诸多工程，而且亲自过问养蚕、织锦、煮盐、冶铁、铸钱等事业，参与设计木牛、流马、连弩等器械，检查一些重要兵器的制作。他事无巨细，皆一揽于身，"躬自校簿书，流汗竟日"。所以，丞相主簿杨颙很为诸葛亮的健康担心，曾多次劝他说："处理政事，各有专责，上下之间，也有分别。因此古人说，王公是'坐而论道'的，士大夫是'作而行之'的。丙吉不问横道死人，陈平不知钱谷之数，这都是各有专职的缘故。而丞相您亲自校阅簿书文件，不是使自己太劳苦了吗？"秦汉以来的传统是丞相只管大事。丙吉是西汉宣帝时的丞相，一天他外出，见有人当街聚众斗殴，死伤者横于道路，他却视而不见。有人问他原因，他回答说："人民斗殴死伤，属于长安令和京兆尹的管辖范围。"陈平是西汉文帝时的丞相，一次文帝问他国家一年收入多少钱谷，他不知道，说："钱谷之事，皆有主管官员。"杨颙用这两个典故来劝诸葛亮，是要诸葛亮少管一些具体事情，应当保重些身体。对于杨颙的劝说和体谅，诸葛亮非常感激，但强烈的责任心使他对许多事情放不下，像丞相府的簿书最能反映国家各方面的情况，对治理好国家作用颇大，他怎能不翻阅呢？

诸葛亮不辞劳苦，亲自南征，深入不毛之地。在他统兵出发之前，屯骑校尉、领丞相长史王连真诚地进谏说："此不毛之地，疫疠之乡，不宜以一国之望，冒险而行。"诸葛亮则认为平定南中，事关重大，并不接受这一劝阻。在此后长期的北伐战争过程中，诸葛亮更是终日操劳，费尽心机，亲自过问处理各方面的事情，就连军中砍鹿角用的斧子质量太低，他也亲自过问说："如此钝的兵器怎能取胜呢。"因此他的工作万分繁忙。一次，司马懿向诸葛亮的使者探听诸葛亮的近况说："诸葛孔明的身体可好？事情肯定很忙吧？睡觉和饮食怎样？"使者以为这是客套话，并非什么军事秘密，便如实回答："诸葛亮夙兴夜寐，打二十板屁股的刑罚他全都过问，胃口不算好，一天吃不了多少东西。"事后，司马懿对将士们说："诸葛孔明吃的很少，事无巨细皆过问，能活得长久吗？"事情果然像司马懿估计的，诸葛亮终于积劳成疾，而且病情急剧恶化，最后死于军中。临死前，诸葛亮还安排接替自己的人选和退军的事宜。他忠于蜀汉，"以身殉国"，确实是"鞠躬尽瘁，死而后已"。

诸葛亮"事无巨细"，大事小事一齐抓，很容易影响大事的处理，固然有其不足的一面，然而还不能说他是一个忙忙碌碌无所作为的人，更不能用现代标准苛求他，说他是一个"事务主义"者，而应该说他是一个实干家。

诸葛孔明的"鞠躬尽瘁"，包含着报答刘备的知遇之恩，包含着对君主尽臣子的气节，这确实是表现了对刘备的"忠"，这是一种封建道德观。然而只是这样理解还不全面，诸葛亮"鞠躬尽瘁"，既是"忠"于刘备，同时也是为了追求和实现自己的理想和抱负。其中还包括爱国的内容。就是说，他想改良政治，统一全国，让百姓最终免受战乱之苦。凡是对腐朽的现状有所革新，对人民的剥削和对民族的压迫注意加以减轻，对社会经济的发展起积极作用的人，都可划归于爱国的范畴。总之，诸葛亮的"鞠躬尽瘁"既是爱君主也是爱国。同时包含了为实现自己的抱负而奋斗不息，直至以身殉职的高贵品质。他和那些单纯忠于自身家族，不愿改良政治、庸碌无为的人不同，是一个忠于皇帝的贤相。所以，他的"忠"在一定意义上已经超出了"愚忠"的范围，在客观上是符合封建人民群众的愿望和要求的。

诸葛亮死后，只要是他生前经过的地方，不论汉民、夷人，全都要求为他立庙。但汉蜀王朝都以礼仪不合为由阻止了。于是百姓出于爱戴之心，因时节私祭于道路、田间。此后，蜀中有的官员又建议听任百姓在成都为诸葛亮立庙，也遭到后主的拒绝。景耀六年（公元 263 年），也就是诸葛亮去世之后的二十九年，亦即蜀汉灭亡的那一年年初，步兵校尉习隆、中书郎向充等上书后主刘禅说：

"臣闻周人怀召伯之德，甘棠为之不伐；越王思范蠡之功，铸金以存其像。自汉兴以来，小善小德而图形立庙者多矣。况亮德范遐迩，勋盖季世，王室之不坏，实斯人是赖。而蒸尝止于私门，庙像阙而莫立，使百姓巷祭，戎夷野把，非所以存德念功，述追在昔者也。今若尽顺发心，则渎而无典；建之京师，又逼宗庙，此圣怀所以惟疑也。臣愚以为，宜因近其墓，立之于沔阳，使所亲属以时赐祭，凡其臣故吏欲奉祠者，皆限至庙，断其私祀，以崇正礼。"

习隆等人的意思是说，诸葛亮德高望重，功勋盖世，如果不让民众祭祀是不合情理的；如果在京师立庙，又怕威逼宗室太庙，只好在墓地附近建庙。这当然符合刘禅的心意，所以旋即下诏批准习隆等人的奏议，而沔阳武侯祠遂成为全国最早的一处纪念诸葛亮的祠庙。景耀六年秋，魏征西将军钟会伐蜀汉，路经汉中地区，就曾到沔阳诸葛亮庙进行祭祀，而且命令军士不得于诸葛亮墓附近刍牧樵采。

西晋永安元年（公元 304 年），李雄在成都建立成汉后，又于成都的少城

第八章　五次北伐

建"孔明庙"。东晋永和三年（公元347年），东晋大将军桓温攻破成汉，将少城烧毁，但孔明庙却被保存下来。公元5世纪时，在成都南郊刘备惠陵的西面又建筑了一座孔明庙，与汉昭烈庙并列。到了唐代，诸葛亮的声望大大超过了刘备，故此庙遂被称为"武侯祠"。那时，名人骚客凭吊四时不绝。诗圣杜甫的《蜀相》一诗，便是唐乾元三年（公元760年）游武侯祠时写下的：

> 丞相祠堂何处寻，锦官城外柏森森。
> 映阶碧草自春色，隔叶黄鹂空好音。
> 三顾频烦天下计，两朝开济老臣心。
> 出师未捷身先死，长使英雄泪满襟。

其中，"三顾频烦天下计，两朝开济老臣心"两句诗，是对诸葛亮一生事业的高度概括。明代初年，惠陵的武侯祠与昭烈庙并立，明末毁于战乱。清代康熙十一年（1672年），又在废墟上重新建造了君臣合一的"汉昭烈庙"，也就是今武侯祠。虽昭烈庙在前，孔明殿在后，但是百姓仍习惯称此庙为"武侯祠"，而且相沿到今天。

从此以后，在五丈原、祁山堡、白帝城甚至云南保山许多地方都纷纷建起了武侯祠，纪念诸葛亮的活动很快波及全国。至于诸葛亮的隐居地隆中，早在西晋永兴年间，镇南将军刘弘便曾亲至，"观亮故宅，立竭表闾"，并下令太傅掾李兴为文，刻石立碑作为表识。东晋升平五年（公元361年），习凿齿参观隆中诸葛亮故居之后，便写下《诸葛武侯宅铭》，并刻碑纪念。南北朝时代，在诸葛亮茅庐故址上又建起"三顾门"。此后，隆中"诸葛故宅"又经代代增修，至今仍保留有草庐亭、三顾堂、躬耕田、水虹桥、抱膝亭、梁父岩、诸葛石井等与诸葛亮有关的旧址遗迹。近年来，诸葛亮的出生地阳都（山东临沂县砖埠乡孙家黄疃村），也建造了规模宏大的"诸葛亮故里纪念馆"，并且院后植的一株银杏树，也早已经亭亭如盖了。

就在诸葛亮去世之后四十年，即西晋泰始十年（公元274年），《三国志》的作者陈寿开始撰写《诸葛亮传》，并编辑《诸葛亮集》。陈寿在诸葛亮去世的头一年（公元233年）出生，后曾在蜀国为观阁令史，并在蜀国生活了整整三十年。他入晋后的第十二年，即晋泰始十年，怀着对诸葛亮的无比敬仰，在有关载记的基础上，又汲取了大量口碑，再加上自己的听闻，首次为诸葛亮撰写了传记。这就是我们今天所见到的《三国志·蜀表》中的《诸葛亮传》。《诸葛亮传》中，陈寿对所搜集到的大量历史资料进行了细心的审核，去伪存真，去粗取精，在坚持"实录"的总原则下，对诸葛亮的丰功伟绩和历史地位给予了充分肯定，对诸葛亮的高风亮节也进行了热情的歌颂。同时，陈寿也采用了司马迁撰写《史记》的"互见法"，在其他人物的传记中也从侧面叙述了诸葛亮的言行，从而使《诸葛亮传》成为贯穿《蜀志》全书的一条红线。

陈寿的《诸葛亮传》，还首次将他所编的《诸葛亮集》目录及他为进献此集给晋武帝司马炎的上书归入其中。陈寿所汇编的《诸葛亮集》共二十四篇，其目录如下：

开府作牧第一	权制第二
南征第三	北出第四
计算第五	训厉第六
综核上第七	综核下第八
杂言上第九	杂言下第十
贵和第十一	兵要第十二
传运第十三	与孙权书第十四
与诸葛瑾书第十五	与孟达书第十六
废李平第十七	法检上第十八
法检下第十九	科令上第二十
科令下第二十一	军令上第二十二
军令中第二十三	军令下第二十四

由于年代久远，陈寿所编《诸葛亮集》已经散佚，诸葛亮的著述也大多不存。我们今天所见到的各种诸葛亮文集，大部分是后人从各种志籍、总集中辑佚而成，其中，尤以清人张澍的《诸葛忠武侯文集》最为完备。但陈寿的首创之功还是不能埋没的。如果没有陈寿当年的搜集、整理和播扬，恐怕后人的"辑佚"也是相当困难的。

陈寿在《诸葛亮集》目录的后面，又附录了他给晋武帝的上表。《表》中不仅对诸葛亮一生的事迹做了简要叙述，同时也表达了史学家陈寿对诸葛亮全面的评价。全文如下：

臣寿等言：臣前在著作郎，侍中领中书监济北侯臣荀勖、中书令关内

第八章 五次北伐

侯臣和峤奏，使臣定故蜀丞相诸葛亮故事。亮毗佐危国，负阻不宾，然犹存录其言，耻善有遗，诚是大晋光明至德，泽被无疆，自古以来，未之有伦也。辄删除复重，随类相从，凡为二十四篇，篇名如右。

亮少有逸群之才，英霸之气，身长八尺，容貌甚伟，时人异焉。遭汉末扰乱，随叔父玄避难荆州，躬耕于野，不求闻达。时左将军刘备以亮有殊量，乃三顾亮于草庐之中；亮深谓备雄姿杰出，遂解带写诚，厚相结纳。及魏武帝南征荆州，刘琮举州委质，而备失势众寡，无立锥之地。亮时年二十七，乃建奇策，身使孙权，求援吴会。权既宿服仰备，又睹亮奇雅，甚敬重之，即遣兵三万人以助备。备得用与武帝交战，大破其军，乘胜克捷，江南悉平。后备又西取益州。益州既定，以亮为军师将军。备称尊号，拜亮为丞相，录尚书事。及备殂没，嗣子幼弱，事无巨细，亮皆专之。于是外连东吴，内平南越，立法施度，整理戎旅，工械技巧，物究其极，科教严明，赏罚必信，无恶不惩，无善不显，至于吏不容奸，人怀自厉，道不拾遗，强不侵弱，风化肃然也。

当此之时，亮之素志，进欲龙骧虎视，苞括四海，退欲跨陵边疆，震荡宇内。又自以为无身之日，则未有能蹈涉中原、抗衡上国者，是以用兵不戢，屡耀其武。然亮才于治戎为长，奇谋为短；理民之干，优于将略。而所与对敌，或值人杰，加众寡不侔，攻守异体，故虽连年动众，未能有克。昔萧何荐韩信，管仲举王子城父，皆忖己之长，未能兼有故也。亮之器能政理，抑亦管、萧之亚匹也，而时之名将无城父、韩信，故使功业陵迟，大义不及邪？盖天命有所归，不可以智力争也。

青龙二年春，亮帅众出武功，分兵屯田，为久驻之基。其秋病卒，黎庶追思，以为口实。至今梁、益之民，咨述亮者，言犹在耳，虽《甘棠》之咏召公，郑人之歌子产，无以远譬也。孟轲有云："以逸道使民，虽劳不怨；以生道杀人，虽死不忿。"信矣！论者或怪亮文彩不艳，而过于丁宁周至。臣愚以为咎繇大贤也，周公圣人也，考之《尚书》，咎繇之"谟"略而雅，周公之"诰"烦而悉。何则？咎繇与舜、禹共谈，周公与群下矢誓故也。亮所与言，尽众人凡士，故其文指不得及远也。然其声教遗言，皆经事综物，公诚之心，形于文墨，足以知其人之意理，而有补于当世。

伏惟陛下迈踪古圣，荡然无忌，故虽敌国诽谤之言，咸肆其辞而无所革讳，所以明大通之道也。谨录写上诣著作。臣寿诚惶诚恐，顿首顿首，死罪死罪。泰始十年二月一日癸巳，平阳侯相臣陈寿上。

在《诸葛亮集》的最后,还附录有一篇总评。

评曰:

  诸葛亮之为相国也,抚百姓,示仪轨,约官职,从权制,开诚心,布公道;尽忠益时者虽仇必赏,犯法怠慢者虽亲必罚,服罪输情者虽重必释,游辞巧饰者虽轻必戮;善无微而不赏,恶无纤而不贬;庶事精练,物理其本,循名责实,虚伪不齿;终于邦域之内,咸畏而爱之,刑政虽峻而无怨者,以其用心平而劝戒明也。可谓识治之良才,管、萧之亚匹矣。然连年动众,未能成功,盖应变将略,非其所长欤!

  陈寿由于在《表》和《评》中有"治戎为长,奇谋为短;理民之干,优于将略"及"应变将略,非其所长"等较为客观冷静的言语,曾遭后人非议。如唐代宰相房玄龄等撰写的《晋书·陈寿传》便认为:"寿父为马谡参军,谡为诸葛亮所诛,寿父亦坐被髡,诸葛瞻又轻寿。寿为亮立传,谓亮将略非长,无应敌之才,言瞻惟工书,名过其实。议者以此少之。"但是,在今天看来,陈寿之写作《诸葛亮传》,其态度确是严肃的,对诸葛亮的评价也确是几近公允。陈寿既非趋炎附势、折节屈从之辈,也就不会以个人恩怨来任意歪曲历史。而诸葛亮作为一位历史人物,之所以能够流芳千古,名垂不朽,在一定程度上,也有赖于陈寿《三国志·诸葛亮传》。

  纵观诸葛亮的一生,尤其是从二十七岁出山到五十四岁病逝五丈原的二十七年中,他凭着自己卓越的才能、超群的智慧和完美的人格,在汉末、三国的历史舞台上,创建了一番轰轰烈烈的事业,因此,也赢得了时人和后人对他的颂扬与敬佩。

  作为政治家的诸葛亮,对东汉末年的政治和军事形势有着异常清醒的认识和深刻的分析。他很早便在《隆中对》中准确地预测出了三足鼎立的将来形势,并且向刘备提出了跨有荆、益,从两路北伐,以统一中国的正确策略。从那以后,他首先帮助刘备联合东吴,共同抵抗曹操,以摆脱濒临覆亡的境地。接着,他又帮助刘备攻占了巴蜀、汉中,建立了蜀国,并担任丞相,主持蜀国的政务几近二十年。在那个时期,他任人唯贤,执法严明,安定社会,发展经济,南抚夷越,东联孙权,不仅蜀国风化肃然,政权巩固,并且也为北伐战争打下了坚实的基础。以一隅之地与雄踞中原的曹魏以及独霸江东的孙吴相抗

第八章 五次北伐

衡,并不定时地出兵进击中原,使曹魏处处被动,这本身就显示了诸葛亮非凡的政治家气魄和卓越的军事才能。事实证明,诸葛亮采取的一系列政治、外交策略及治国措施,都是行之有效的。陈寿将他与管仲和萧何相提并论,应该说是当之无愧的。

作为军事家的诸葛亮处理事务时善于把军事和政治结合起来,尤其在制定战略诸方面,更是充分考虑到了政治的背景和各种因素。如赤壁之战中,通过对三方形势的分析所制定的联孙抗曹的战略;平定南中叛乱时,为了巩固政权的需要制定的"心战"战略;北伐曹魏前,他首先与吴结盟并相约共同出兵的战略。这些都是他统观军事与政治的极好例证。在具体作战风格上,他虽然以"谨慎"著称,"奇谋为短",但是处在当时的形势下,他也是迫不得已而为之。因为蜀国的整体国力、军力,毕竟不能与魏国相比,所以倘有疏失,即会招致不测。他不能不考虑。再加上关、张、马、黄、赵去世之后,能够和魏国相敌的将领也所剩无几。正如陈寿分析的,"所与对敌,或值人杰,加众寡不侔,攻守异体","而时之名将无城父、韩信,故使功业陵迟,大义不及"。诸葛亮在军事科学上的贡献,应该说是多方面的。他将《周易》"天、地、人"一体的哲学思想运用于指挥军事战争上,"上知天文,中察人事,下识地理","顺天、因时、依人以立胜";他在太公兵法、孙吴兵法的基础上改良制定了"八阵图";他精心研制了"十矢俱发"的新式武器"连弩"(又称"元戎");为了解决军事运输问题,他发明了轻便运输工具"木牛"、"流马";还有他在军队训练、军事管理方面实施的一系列有效的规章制度和做法,全都为中国的军事科学增添了新的内容。诸葛亮不愧是中国古代一位伟大的政治家、军事家。

作为一代贤人,诸葛亮又具有完美的人格,具有中国的传统美德。他曾躬耕陇亩,亲身从事过农业生产劳动;同时他又熟悉中国古代典籍和思想,博采各家之长。从伦理方面来说,他位至丞相,功高盖世,蜀国政务无论巨细,皆由其做主处理,权力可谓大矣;但是"专权而不失礼,行君事而国人不疑",可谓能得人臣之道。特别值得一提的是,一诺之后,便置个人利益于度外,鞠躬尽瘁,死而后已,矢志不渝,体现了中国知识分子的高风亮节。甚至有人说,读诸葛亮《出师表》而不流泪的人,其人必不忠。对待朋友和部属,他也能推心置腹,与人为善,不以势压人。正如他在《论交》中所说:"士之相知,温不增华,寒不改叶,贯四时而不衰,历夷险而益固。"同时,由于他"公诚之心,形于文墨",因此,即使有人受到处罚也口服心服,毫无怨言。诸葛亮之死使廖立垂泣,李平致死,便是典型的例证。从个人修养方面来说,诸葛亮既淡泊、宁静，又不放弃建功立业；不仅风流儒雅，而且威严静穆；既温良纯厚，又足智多谋。但这一切又全都出自自然，丝毫不加矫饰。甚至在日常生活中，他同样以本色的面目出现，不浪费，但也不故作寒俭之态，甚至还循例娶妾并置田产，但平居"妾无副服"，而死后内无余帛，外无盈财。其人格看似平常，实际上难以企及。这就是大贤诸葛亮。正如当年蜀汉小吏所说："诸葛公在日，亦不觉异，自公殁后，未见其比。"

最为难得的是，宋代人戴少望《蜀诸葛亮论》中有一段话，"有仁人君子之心者，未必有英雄豪杰之才；有英雄豪杰之才者，未必有忠臣义士之节；三者，世人之所难全也。全之者，其唯诸葛亮乎！"可以说将诸葛亮人格的整体形象都概括出来了。而宋人罗大经在《鹤林玉露》中更认为诸葛亮之为人，"自三代而后，可谓绝无仅有矣"。此论虽不无过誉，但是诸葛亮作为中国历史上的一位杰出人物，却是不容置疑的。

正是由于诸葛亮形象的崇高与完美，因此他死后，后人对他的崇敬之心也愈来愈强烈，而且弥久不衰。诸葛亮死后几十年，晋武帝司马炎仍感慨万分："使我得此人以自辅，岂有今日之劳乎！"并且，从晋代开始，几乎历代统治者都持续给诸葛亮赐号晋爵。从晋代的"武兴王"，到元代的"威烈忠武显灵仁济王"，逐步升级。到了明代，朱元璋还把诸葛亮作为从祀帝王庙的历代名臣之一。清代，不仅将有关诸葛亮的许多祠庙重新翻修，并且还以诸葛亮为春秋祭孔庙时的从祀，使之成为孔子之后的一位大贤。

在民间，通过文学及戏剧等艺术形式的播扬，尤其是《三国演义》小说及三国戏的渲染，诸葛亮的形象更加深入人心，并最终形成了一种"诸葛亮文化"。诸葛亮本人也成为正义、儒雅和智慧的化身。后世一有人提起诸葛亮，大家的脑海中就会浮现出一位羽扇纶巾、身坐四轮小车的诸葛亮形象来。实际上，这一形象最早出现于东晋裴启所写《语林》中：

> 诸葛武侯与宣王在渭滨，将战，宣王戎服莅车，使人视武侯，乘素车，葛巾毛扇，指麾三军，皆从其进止。宣王闻之叹曰："可谓名士矣！"

魏晋时代崇尚"名士"，因此，好事者便将诸葛亮拉进了风雅闲散的"名士"行列。即使裴启的话有据，这样的形象也只是曾在五丈原上出现过，日常生活中的诸葛亮肯定不会是这样的形象。

今天，随着国际文化交流的不断加强，诸葛亮的名声远播海外，其"谋

第八章　五次北伐

略"也被运用于政治、军事、外交、公关、商业等各个领域,为世界人民所敬仰和爱戴。这不由得令我们记起杜甫在唐永泰二年(公元766年)客居夔州时所写的又一首咏怀诗:

　　诸葛大名垂宇宙,宗臣遗像肃清高。
　　三分割据纡筹策,万古云霄一羽毛。
　　伯仲之间见伊吕,指挥若定失萧曹。
　　运移汉祚终难复,志决身歼军务劳。

一千多年来,虽然人们对诸葛亮的认识有不同的角度,评价也或高或低,但大家却都像杜甫一样,始终在热爱并敬仰着诸葛亮。

现代诗人郭沫若在《蜀道奇》中写道:

　　鞠躬尽瘁兮,诸葛武侯诚哉武;
　　公忠体国兮,出师两表留楷模。

他对诸葛亮为国家鞠躬尽瘁的精神给予了高度肯定。

第九章 德音流远

一、子孙忠烈

诸葛亮辞世之时,他的儿子诸葛瞻仅有八岁。诸葛瞻跟母亲到汉中地区为父亲办完丧事之后,又返回成都,继续学业。当时跟他一同念书的还有侄儿诸葛樊。叔侄二人年龄相仿,兴趣相投,因此倒也不觉得寂寞。

诸葛瞻(公元227—263年),字思远,幼时聪慧过人,悟性极高。他除读《周易》《春秋》《汉书》及诸子书外,对诸葛亮所著《论前汉事》及各种兵书,也认真钻研过。他还爱好书画,读书之余,常常作书绘画。加上母亲不时给以指点,所以进步很快,十来岁时,书画便有可观之处。

一到诸葛亮的生日或忌辰,母亲便会让诸葛瞻将父亲的《诫子书》挂在堂上,焚香默念。随着年龄的增长,诸葛瞻也不断从父亲的《诫子书》中悟出很多的道理。他牢记父亲"非淡泊无以明志,非宁静无以致远"的谆谆教诲,下定决心摒除一切杂念,专心于学业,以继承父亲的遗志,报效国家。而黄氏内心虽对儿子非常疼爱,但在督促儿子学习方面,仍然是一丝不苟,要求非常严格。她还时常向儿子讲述诸葛氏的家史,讲司隶校尉公的忠正、刚直,讲祖父泰山郡丞公的谨严、清正,有时也讲诸葛亮在隆中苦读的故事。每当佳节又至,后主刘禅还常常派人送来礼物,以慰问诸葛瞻母子。而黄氏又常常借此机会,对诸葛瞻进行忠君爱国的教育。诸葛瞻便是在这样一种氛围中成长起来的。

蜀汉延熙六年(公元243年),诸葛瞻已经十七岁。这一年,他"尚公主",也就是娶后主刘禅的女儿为妻,并拜骑都尉,正式为国效力。第二年,他又被任命作为羽林中郎将,自那以后又屡迁射声校尉、侍中、尚书仆射,加

第九章 德音流远

军师将军等诸多职衔。实际上，诸葛瞻虽不直接主持政务，但也不时向朝廷提些好的建议。有时朝廷出台的一些"善政佳事"，虽不是诸葛瞻所建倡，国人出于对诸葛亮的追思怀念及对诸葛瞻的期望，也往往相互传告说："葛侯之所为也。"而诸葛瞻倒也并不因此而自矜，他清楚百姓的这种感情，也深感自己责任的重大。

此时的蜀国，在诸葛亮辞世之后，主政者们如蒋琬、费祎、董允、吕乂等，"咸承诸葛之成规，因循而不革，是以边境无虞，邦家和一"。蒋琬虽然鉴于诸葛亮的"数窥秦川，道险运难，竟不能克"，拟"乘水东下"，并数次使用舟船以袭魏国的兴、上庸（郡治上庸，在今湖北竹山县西南）；但是大家都说如果不能够胜利，还路甚难，并不是良策。蒋琬只好放弃了这一计划，并且他自己也从汉中还驻涪县，转以姜维为凉州刺史，"衔持河右"。到咸熙九年（公元246年），也就是诸葛亮去世后的第十二年，蒋琬死于涪县。蒋琬的继任者费祎虽然在延熙十一年（公元248年）出驻汉中，延熙十四年（公元251年）后又屯驻汉寿（四川剑阁县东北），然而直至延熙十六年（公元253年）他被魏降人郭脩谋害为止，不曾有过北伐的念头。费祎曾对姜维说："吾等不如丞相亦已远矣，丞相犹不能定中夏，况吾等乎！且不如保国治民，敬守社稷，如其功业，以俟能者，无以希冀侥幸而决成败于一举。若不如志，悔之无及。"至于吕乂和董允，也仅仅是"尽匡救之理""为政简而不敏"而已。

那时蜀汉朝中主张继续北伐者主要是姜维。姜维在诸葛亮死后，先后担任过右监军辅汉将军、大将军司马等职。延熙六年（公元243年）迁镇西将军，领凉州刺史。延熙十年（公元247年）迁卫将军，和大将军费祎共录尚书事。姜维深受诸葛亮的教诲，文武兼备，他决心继承诸葛亮的遗志，完成北伐的千秋大业。再加上他对西方风俗颇为熟悉，自以为可借用羌、胡等少数民族的力量来招抚陇西，因此每欲兴军大举。但是费祎常裁制不从，与其兵不超过万人。

延熙十六年（公元253年）费祎死后，夏天，姜维便率数万人出石营、经董亭（皆在今甘肃武山县南），围南安（郡治在今甘肃陇西县东南）。魏雍州刺史陈泰统兵解围至洛门（今武山县洛门镇），姜维由于粮尽退还。第二年，又从陇西出兵，魏守狄道长李简全城投降。姜维又进围陇西郡治襄武，将魏将徐质斩首，魏军逐渐败退。接着，姜维乘胜追击，攻破河关、狄道、临洮（今甘肃岷县）三县。延熙十八年（公元255年），姜维又和车骑将军夏侯霸等全部出狄道，攻破魏雍州刺史王经于洮西（洮河西岸广大地区）。王经军士死者数万，王经自己也退保狄道城。魏征西将军陈进兵解围，姜维只好回退钟题。

延熙十九年（公元256年）春，姜维迁任大将军后不久，又重整部队军马，与镇西大将军胡济相约会师上邽（今天水市）。但因胡济失期不至，姜维孤军奋战，直到被魏将邓艾破于段谷（今天水市东南），军士星散流离，死者无数。百姓于是开始埋怨姜维，而陇西一带也骚动不安。延熙二十年（公元257年），姜维乘魏征东大将军诸葛诞反于淮南，曹魏关中兵东下之机，再一次攻入秦川。他统率万人出骆谷，径至沈岭（终南山之一岭，在今陕西佛坪县北），并往北取了魏军在长城（紧靠骆水，在今陕西周至县西南）的部分积谷。曹魏大将军司马望和将军邓艾闻讯赶来，屯兵于长城；姜维也驻扎在芒水，双方依山为营，相互僵持不下。姜维数次下山挑战，司马望和邓艾都不应。直到景耀元年（公元258年）二月，姜维听说诸葛诞失败，才不得已撤军。这次出兵虽未能攻入长安，但足令关中震惧。返回汉中后，姜维再次命令汉中驻军改换以往"实兵诸围以御外敌"的防守战略，继而采用"诸围皆敛兵聚谷，退就汉、乐二城"，等到敌乏引退之时，然后"诸城并出，与游军并力搏之"的歼敌战术。

姜维的一系列军事规划虽然"思虑精密"，其军事行动也收到了一定的效果，但姜维毕竟是姜维，根本不具备诸葛亮那样的权威，可以令蜀国上下全力以赴地支持他水战；而他的对手，又恰恰是钟会、邓艾这样的劲敌。再加上蜀汉以一州之地与曹魏九州抗衡，其国力也相去甚远。因此，姜维后来的几次北伐，都未能成功。

而就在这时，即景耀四年（公元261年），诸葛瞻被委任为行都护卫将军，与辅国大将军南乡侯董厥并平尚书事，共同主持蜀国的军国大计。董厥，字龚袭，义阳人，诸葛亮当丞相时便已经担任丞相府令史，诸葛亮辞世以前曾称赞他说："董令史，良士也。吾每与之言，思慎宜适。"后来徙为主簿，诸葛亮死后又升尚书仆射，代陈祗为尚书令，迁大将军，平台事。不久以后，尚书令一职又由樊建接任。樊建，字长元，也是义阳人。延熙十四年（公元251年），曾以校尉身份使吴，时值孙权病重，不能亲自迎接，孙权因问诸葛恪："樊建跟宗预比起来如何？"诸葛恪回答说："才识不及预，但雅性过之。"

孙权所提到的宗预，字德艳，南阳安众人，建安中便跟随张飞入蜀，先后担任了蜀国的丞相主簿、参军右中郎将等许多职位。诸葛亮辞世后，东吴担心曹魏会乘机取蜀，于是便在吴蜀边境的巴丘增加驻兵一万人，作为防备；而蜀国听说后，也加强了对永安、白帝城许多地方的防守。由于双方各在边境增加兵力，遂引起了误会。恰在此时，宗预奉命出使东吴。孙权一见宗预便问道：

第九章　德音流远

"东之与西,譬犹一家,而闻西更增白帝之守,何也?"宗预回答道:"臣以为东益巴丘之戍,西增白帝之守,皆事势宜然,俱不足以相问也。"孙权听完哈哈大笑,对宗预的"抗直"个性十分佩服。而宗预在东吴人看来,仅次于邓芝、费祎。宗预晚年,又一次使吴,临别的时候,孙权流着泪,握住宗预的手道:"君每衔命结二国之好。今君年长,孤亦衰老,恐不复相见。"孙权送给宗预一斛大珠,并一直对宗预念念不忘。恰逢樊建使吴,遂于病中问之。

蜀汉末年,主持朝政的主要是诸葛瞻、董厥、樊建三人。此外,宦人黄皓也早已经开始参政。黄皓"便辟佞慧",深受后主刘禅爱戴。但是董允为侍中和尚书令时,"上则正色匡主,下则数责于皓。皓畏允,不敢为非。终允之世,皓位不过黄门丞",延熙九年(公元246年)董允辞世,陈祗代董允为侍中,与黄皓互为表里,黄皓于是开始干预政事。延熙十四年尚书令吕乂辞世,陈祗又以侍中守尚书令,加镇军将军。那时大将军姜维班位虽在陈祗之上,但是经常率众在外,很少过问朝政。陈祗上承主旨,下接阉竖,最后让黄皓步步得逞。景耀元年(公元258年),陈祗去世以后,黄皓骤从黄门令升迁为中常侍、奉车都尉,此后便"窃弄机柄,咸共将护,无能匡矫"。

诸葛瞻等人主持政务,最先面临的便是对内清除宦官黄皓、对外应不应该支持姜维作战这样两大难题。然而遗憾的是,诸葛瞻虽忠心为国,在这两方面都没能有所建树。

景耀五年(公元262年),姜维又率众出侯和(今甘肃临潭新城),不幸为邓艾所破,只好还驻沓中(治所在今甘肃迭部县洛大镇)。其时宦官黄皓把持朝内,右大将军阎宇又与黄皓朋比为奸,阴欲废姜维而树阎宇。姜维返回成都后,见黄皓恣肆专权,朝廷祸乱,于是劝后主诛杀黄皓。而后主却说:"皓趋走小臣耳,往董允切齿,吾常恨之,君何足介意!"刘禅又令黄皓向姜维请罪。姜维觉得刘禅并没有杀黄皓之意,又见黄皓枝附叶连,势力已长,于是请求往沓中种麦,以避内逼。

景耀六年(公元263年),姜维知道钟会正治兵关中,将要伐蜀,即上表后主,提出让张翼、廖化先派兵守卫阳安关口和阴平桥头,以防未然。这一关乎蜀汉生死存亡的重要建议,在此千钧一发之际,竟被黄皓等人压下来了,众臣子一概不知。等到曹魏已分兵三路,开始大举伐蜀,钟会将向骆谷、邓艾已入沓中之后,朝廷这才遣廖化前往沓中以为姜维后援,遣张翼、董厥等往阳安关口以为汉中诸围外助,但已经来不及了。张翼、董厥等刚到汉寿,就听说阳安关口已被魏军占领。这时姜维、廖化等也正从阴平撤退,于是一同退保剑阁以拒钟会。钟会作书于姜维劝降，姜维没有答复。由于姜维列营守险，钟会暂时无法攻克，再加上"粮运悬远"，后勤难继，钟会便开始考虑撤军了。

但与此同时，邓艾又由阴平，经景谷道（今甘肃文县西），行无人之地七百里，沿路凿山，缘崖攀木，绕过剑阁，直接奔往江油。蜀军在江油的守将马邈得知魏军到来后立即投降。邓艾于是开始往成都进发。

诸葛瞻听说邓艾军突然到来，即督诸军北上对抗。当时随诸葛瞻出征的将领主要有诸葛瞻长子诸葛尚，张飞的孙子、尚书张遵（张苞之子），黄权之子、尚书郎黄崇，李恢弟子、羽林右部督李球等。士卒到达涪县，黄崇力劝诸葛瞻速行据险，不让邓艾得入平地。诸葛瞻盘桓不进，邓艾军于是长驱而前，攻破蜀军前锋。诸葛瞻于是令军队退往绵竹（在今四川绵竹县东五十里），列阵拒敌。邓艾致书诸葛瞻劝降，书中写道："若降者，必表为琅玡王。"诸葛瞻气急，即斩邓艾来使。邓艾乃遣其子邓忠从右面出击，遣司马师纂等从左面出击，想要两面围攻绵竹，但都被诸葛瞻督军击退。邓忠、师纂初战不利，全部退回，对邓艾说："贼未可击。"邓艾一听便大怒，说："存亡之分在此一举，何不可之有？"并大声叱责邓忠、师纂，欲斩之。两人非常害怕，回头督军再战。

由于邓艾军队再没有退路，士兵都拼死向前；而蜀军又长期耽于逸乐，军事训练缺乏，所以再次交锋，绵竹城很快便被邓艾军攻陷了。诸葛瞻和张遵、黄崇、李球等相继战死。诸葛尚看到父亲已死，五内俱焚。他想到蜀国朝政的混乱和黄皓的专权误国，感叹良久道："父子荷国重恩，不早斩黄皓，以致倾败，用生何为！"于是驰赴魏军，策马冒阵而死。其时诸葛瞻三十七岁，诸葛尚仅十九岁。邓艾于是长驱而入，不多久便进军至洛城以北。后主刘禅听说邓艾军已经抵达，用光禄大夫谯周之策，决定向邓艾投降，并派侍中张绍、驸马都尉邓良及谯周到洛城向邓艾呈献投降书。降书曰：

> 限分江汉，遇值深远，阶缘蜀土，斗绝一隅，干运犯冒，渐苒历载，遂与京畿攸隔万里。每惟黄初中，文皇帝命虎牙将军鲜于辅，宣温密之诏，申三好之恩，开示门户，大义炳然；而否德暗弱，窃贪遗绪，俯仰累纪，未率大教。天威既震，人鬼归能之数，怖骇王师，神武所次，敢不革面，顺以从命！辄敕群帅投戈释甲，官府帑藏一无所毁。百姓布野，余粮栖亩，以俟后来之惠，全元元之命。伏惟大魏布德施化，宰辅伊、周，含覆藏疾。谨遣私署侍中张绍、光禄大夫谯周、驸马都尉邓良奉赍印授，请命告诚，敬输忠款，存亡敕赐，唯所裁之。舆榇在近，不复缕陈。

第九章 德音流远

刘禅的儿子、北地王刘谌不同意投降,他劝告后主道:"若理穷力屈,祸败必及,便当父子君臣背城一战,同死社稷,以见先帝可也!"但后主并未采纳他的意见,即刻命令使者带上降书、印绶出发。刘谌悲愤欲绝,在昭烈庙大哭一通之后,先杀妻子,而后自杀,以身殉国。国人知其所为,无不为之涕泣落泪。

邓艾在洛城正为下一步的行动担心。他明白,如果刘禅组织抵抗,数日不降,那么姜维将统率大军从剑阁赶来,到那时他的一万余人将会连退路都没有。恰在此时,蜀使张绍、邓良等到达洛城。邓艾得刘禅降书,喜出望外,当即便报书刘禅,对他的投降表示欢迎。邓艾派遣蜀使先还,随后率军南下。军队进至成都城北,后主刘禅舆榇自缚,来到邓艾军门。邓艾为刘禅解缚焚榇,并延请相见,承制拜后主刘禅为骠骑将军。成都附近蜀军皆遵刘禅命令,全部投降。刘禅又遣尚书郎李虎给邓艾奉上蜀国"士民簿"。邓艾军队倒也纪律严明,"无所掳掠","使复归业,蜀人称焉"。邓艾还对蜀士大夫自夸道:"诸君赖遭某,故得有今日耳。若遇吴汉之徒,已殄灭矣。"又说:"姜维自一时雄儿也,与某相值,故穷耳。"

邓艾命令魏军和蜀兵一起,对死难士卒进行埋葬。诸葛瞻、诸葛尚父子以及张遵、黄崇、李球等被就地葬于绵竹(故城)西郊。后人对诸葛瞻父子的忠肝义胆给予了高度评价。如晋人干宝说:"瞻虽智不足以抚危,勇不足以拒敌,而能外不负国,内不改父之志,忠孝存焉。"甚至连晋武帝司马炎也曾下过诏令:"诸葛亮在蜀,尽其心力,其子瞻临难而死义,天下之善一也。"后来,人们便又在绵竹修建"双忠祠",目的在于奉祀诸葛瞻、诸葛尚及绵竹死难的张遵、黄崇、李球等人。到了清代,"戊戌六君子"之一杨锐的兄长杨聪还为"双忠祠"撰有一副楹联:

想当年,国势垂危,臣主战,君主降,止争得尽瘁成仁,碧血尚膏刘氏土;
信名士,忠风无忝,父死忠,子死孝,问同是捐躯赴难,青磷谁识邓家坟。

杨氏所谓"邓家坟",也就是邓艾坟墓。邓艾后来也死在绵竹,但是人们却只知有"双忠"或"五忠"(合张遵、黄崇、李球而言),对于邓艾,则连坟墓也不知在何处了。

当成都陷落之时,姜维等正统率部队在剑阁要塞防守。听说邓艾将进入成都,那时传闻不一。有人说后主欲固守成都,有人说后主欲东走入吴,又有人说后主欲南入建宁。姜维一时之间不能断定,乃带领军队自剑阁往广汉、郪县(东广汉郡治所,在今四川三台县)西一带,以探听虚实。过了没有多久,便接到了后主派遣太仆蒋显送来的敕命,命令姜维等投戈放甲,向驻扎在涪城的钟会投降。蜀军将士都气愤不已。姜维也无可奈何,只得去会见钟会。钟会一见姜维便说:"来何迟也?"姜维流涕说:"今日见,此为速矣!"

钟会以为姜维是"天下英俊",于是厚待之。他与姜维出则同车,坐则同席,并对他的长史杜预说:"以伯约(姜维)比中土名士,公休(诸葛诞)、太初(夏侯玄)不能胜也。"钟会如此厚待姜维,当然也还有别的目的,也就是想利用姜维的军事才能以为其叛魏效力。姜维很快便察觉到了钟会的"图谋不轨",所以也将计就计,想乘机光复蜀汉政权。一天,姜维故意试探钟会说道:"闻君自淮南以来,算无遗策,晋道克昌,皆君之力。今复定蜀,威德振业,民高其功,主畏其谋,欲经此安归乎?夫韩信不背汉于扰攘,以见疑于既平;大夫种不从范蠡于五湖,卒仗剑而妄死,彼岂暗主愚臣哉?利害使之然也。今君大功既立,大德已著,何不法陶朱公泛舟绝迹,全功保身,登峨嵋之岭,而从赤松游乎?"

钟会听了以后,说道:"君言远矣,我不能行。且为今之道,或未尽于此也。"

姜维知道钟会话外有话,于是说:"其它则君智力之所能,无烦于老夫矣。"

说罢,两人心照不宣。从那以后,钟会与姜维更是情好欢甚。

不久,钟会密报司马炎,说邓艾"所作悖逆",有"反状"。司马炎便命令监军卫瓘到邓艾军中宣其"手笔令",于是"槛车征艾"。魏景元五年(公元264年)正月,邓艾父子被囚禁,钟会于是带姜维等来到成都。钟会遣人押送邓艾上路,然后自称益州牧以叛。姜维一面应付钟会,一面密书于后主刘禅说:"愿陛下忍数日之辱,臣欲使社稷危而复安,日月幽而复明。"

钟会想给姜维援兵五万人,使为前驱,以出斜谷。但是钟会的叛旗一举,魏军将士恼怒,一齐起来斩杀了钟会及姜维。姜维的妻子及蜀将张民办等也一同遇难。据说,姜维辞世后,魏军解剖其尸体,发现姜维"胆如升大"。

钟会死后,邓艾本营士卒便北上追回邓艾槛车,还至绵竹。魏监军卫瓘又令魏将田续等讨伐邓艾,结果在绵竹之西将邓艾及其子邓忠杀死。司马炎听说邓艾"不轨",即自洛阳带兵西征。军至长安,听说钟会已死,于是停止。

蜀汉政权光复的希望就这样彻底破灭了。景元五年(公元264年)三月,后主刘禅举家迁至洛阳，而且被封为安乐县公。原蜀国的尚书令樊建、侍中张绍、光禄大夫谯周、秘书令郤正、殿中督张通等，也同时被封为列侯。刘禅在洛阳又复耽于安乐，竟然没有一丝的故国之思。有一天，司马炎与刘禅一起饮宴，故意让人表演故蜀歌舞以试探。蜀官皆为之感怆流泪，而刘禅仍嬉笑自若。司马炎对贾充说道："人之无情，乃可至于是乎！虽使诸葛亮在，不能辅之久全，而况姜维邪？"又一天，司马炎又问刘禅："颇思蜀否？"刘禅说："此间乐，不思蜀。"郤正听说此事，特意告诉刘禅说，以后司马炎再问，应该流着泪回答："先人坟墓远在陇、蜀，乃心西悲，无日不思。"适遇司马炎又问，于是刘禅于是照郤正的话重复了一遍。司马炎感到非常奇怪，说："怎么像郤正的话呢？"刘禅惊视了司马炎一下，道："就是郤正教我的。"左右听后皆大笑不止。

这位"安乐县公"就如此这般麻木不仁地活着。而对于为国捐躯的诸葛瞻父子及姜维等人，他早已抛之脑后了。至泰始七年（公元271年），刘禅逝于洛阳，终年六十五岁。

二、长兄仕吴

三国时代之魏、蜀、吴三国，诸葛氏兄弟都有人在出仕。除诸葛亮相蜀、其弟诸葛均在蜀亦官至长水校尉外，他的兄长诸葛瑾佐吴，其族弟诸葛诞仕魏；并且三人之后代仍分仕三国，天下之人没有不以此为荣。正如小诸葛瑾三十岁的吴国史官韦曜在其所著《吴书》中所写的："初，瑾为大将军，而弟为蜀丞相，二子恪、融皆典戎马，督领将帅，族弟诞又显名于魏，一门三方为冠盖，天下荣之。瑾才略虽不及弟，而德行尤纯。"韦曜，穷弘嗣，吴郡云阳人。幼年即聪慧好学，"又性精确"，曾任尚书郎，迁任太子中庶子。太子孙和废后，即为黄门侍郎。孙亮即位，诸葛恪辅政，委任他为太史令。《吴书》就是此时所作。

后来，南朝刘宋时期的刘义庆在其《世说新语》中对此事也有记述。《世说新语·品藻》云："诸葛瑾、弟亮及从弟诞，并有盛名，各在一国。于时以为蜀得其龙，吴得其虎，魏得其狗。诞在魏，与夏侯玄齐名；瑾在吴，吴朝服其弘量。"由此可见，百余年后，人们对此事仍是津津乐道。

诸葛瑾（公元174—241年），字子瑜，为诸葛亮之兄，长诸葛亮七岁。他在叔父诸葛玄统领诸葛亮等人离开阳都的当年，也就是汉献帝兴平元年（公元194年）秋，也因"本州倾覆，生类殄尽"，于是"弃坟墓，携老弱，披草莱"，再次奔赴江东避难，寄寓曲阿（今江苏丹阳）。在那个时候一起出走的诸葛氏族人还有数家，而诸葛瑾一家共四口人，除他本人以外，还有继母、妻子，和刚出生不久的女儿。

诸葛瑾来到曲阿的时候，原驻曲阿的扬州刺史刘繇已经被孙策赶走，孙策占据了整个江东地区。由于孙策采取了招纳贤才，劳赐将士，维持治安等巩固统治地区的措施，作为孙策统治中心的曲阿地区，社会秩序相对稳定。诸葛瑾在曲阿一边务农，一边读书，同时也与避乱江东的其他学子交际，而尤与张承、步骘、严畯等人相友善。张承，字仲嗣，彭城人，为东吴元老张昭长子，"少以才学知名"，后曾做官到奋威将军，封都乡侯。步骘，字子山，淮阴人，年轻时"昼勤四体，夜诵经传"，后曾拜骠骑将军，领冀州牧，赤乌九年（公元246年）代陆逊为丞相。严畯，字曼才，彭城人，"少耽学，善《诗》《书》《三礼》，又好《说文》"。其人性情朴实纯厚，自称"朴素书生"，孙权即帝位，尝以卫尉出使蜀国，"诸葛亮深善之"，晚年官至尚书令。此四人互相友善，且都是吴中瞩目的"当世君子"。曾与韦曜并述《吴书》的周昭，尝著书称赞东吴的人才说，"论其绝异，未若顾豫章（名邵，顾雍长子）、诸葛使君（瑾）、步丞相（骘）、严卫尉（畯）、张奋威（承）之为美也"。又说道，"望之俨然，即之也温，听其言也厉，使君（诸葛瑾）体之矣"。又说"使君、丞相、卫尉三君，昔以布衣俱相友善"，而"三君分好，卒无亏损，岂非古人之交哉"！

由于诸葛瑾在江东避乱的时候已表现出高尚的品格和杰出的才干，并受到吴中人士的夸赞，因此，建安五年（公元200年）孙策卒后，孙权继位，孙权的姊婿弘咨便把诸葛瑾推荐给了孙权，与鲁肃等并以宾礼相待。自那以后，诸葛瑾就被任命为孙权的长史，负责孙权官署的日常事务。那时正当赤壁之战前后，诸事繁冗，诸葛瑾都能够出色地完成。后来，又转任中司马。中司马也就是中军司马，位任较重。虽然非单独统军，然从此开始，诸葛瑾便转以军务工作为主了。

诸葛瑾任中司马后不久就奉命出使西蜀。汉献帝建安二十年（公元215年），孙权得知刘备已取益州，于是派诸葛瑾到成都去向刘备讨还荆州诸郡，没有想到却遭到刘备拒绝。就在孙、刘两家兵戎相见时，刘备鉴于曹操南攻汉中，遂派使者求和于孙权。孙权又派诸葛瑾出使，更寻盟好，而且达成协议，以湘水为界，平分荆州。诸葛瑾两次出使蜀国，并且与诸葛亮手足之情极深，然"与其弟亮俱公会相见，退无私面"。如此忠心体国、公私分明的精神，备

第九章　德音流远

受人们的称赞。

汉献帝建安二十四年（公元219年），正当关羽发动襄樊战役之时，诸葛瑾又以中司马的身份随从吴军从征关羽。最后关羽战败被杀，东吴大获全胜，而且完全占有了荆州江南诸郡。诸葛瑾因军功而被封为宣城侯。此时正值吕蒙病死，孙权又命诸葛瑾以绥南将军替代吕蒙领南郡太守，屯驻公安。蜀汉章武元年七月，刘备为替关羽报仇，统率军队伐吴，孙权迫不得已而求和。时屯于公安前线的诸葛瑾从大局出发，写信给刘备，劝刘备一定要冷静，事情的大小及轻重缓急一定要分清，不要为亲者所痛，仇者所快。但刘备并未听其劝告，仍旧一意孤行，最终导致了蜀军的惨败。是以，诸葛瑾以绥南将军和南郡太守的身份，统率军队配合大都督陆逊，败刘备于夷陵。黄武元年，诸葛瑾又因军功迁左将军，督公安，假节，封宛陵侯。自那以后，诸葛瑾便开始统军，频繁地与魏作战。

吴黄武元年（公元222年）九月，魏文帝曹丕因孙权"外托事魏，而诚心不款"，欲遣侍中辛毗、尚桓阶往与吴结盟，并征孙权之子为质，当然遭到孙权拒绝。因此，魏乃命曹休、张辽、臧霸出洞口，曹仁出濡须，曹真、夏侯尚、张郃、徐晃围南郡（江陵），全力伐吴。孙权也沿江部署，派吕范等监督五军、以舟军抗拒曹休等，诸葛瑾、潘璋、杨粲救南郡，朱桓以濡须督拒曹仁。时曹真、夏侯尚等正围攻吴将朱然于江陵，情势异常危急。诸葛瑾率兵赶到江陵后，与夏侯尚沿江对峙。诸葛瑾分部进驻中洲（江中岛屿），而夏侯尚则连夜乘油船，率步骑万余人于下游偷渡，攻打诸葛瑾军，并夹江烧他的舟船。由于魏军水陆并攻，袭击突然，诸葛瑾军失利，然而双方还一直相持着。那时，魏军为方便军队屯驻中洲，已经建成浮桥。及春天，长江水涨，吴将潘璋等做水城于上游，诸葛瑾于是统率军队进攻魏军浮桥，魏军顿时大乱。加以魏军中疾病流行，曹真、夏侯尚不得不退军。这一战，诸葛瑾"虽无大勋，亦以全师保境为功"。

吴黄武八年（公元229年）七月，孙权听说魏文帝曹丕去世，出动两路兵马伐魏：一路由孙权率军，攻入江夏（今湖北云梦西南），围石阳（今湖北黄陂西南）；一路由诸葛瑾率领，攻打襄阳。由于魏江夏太守文聘极力抵抗，再加上魏明帝曹叡派遣侍御史荀禹慰劳边防，荀禹又征发江夏附近各县兵力和所从步骑千余人，大造声势，逼得孙权退走。接着，魏明帝又命抚军大将军司马懿攻打诸葛瑾部，并斩杀吴将张霸，诸葛瑾部队亦失利。与此同时，进攻浔阳的一路吴军也被魏将曹休击退。不得已，诸葛瑾只好引军而还。这一仗，吴军两路皆无功而返。

公元229年4月，孙权即帝位，并改元"黄龙"，诸葛瑾官拜大将军、左都护，领豫州牧。在这个时候，他已经成为吴国的重要将领了。

吴嘉禾三年（公元234年）五月，孙权应诸葛亮的邀请，又分兵三路从东线伐魏，和兵出五丈原的蜀军遥相呼应。孙权遣上大将军陆逊、大将军诸葛瑾等统率万余人屯江夏、沔口，再进攻襄阳；孙韶、张承等通向广陵、淮阴；孙权自己则率主力入居巢湖口，以围攻合肥新城。那时魏军吏士正分批轮休，魏明帝仅令满宠率步兵五千，精骑三千，先行出发，骑兵来到合肥，疏其行队，多其旌旗，耀兵城下，声势大噪。随后，魏明帝才统率大军出发。满宠又招募壮士焚毁了吴军攻城的器具，并且射杀了孙权的侄子孙泰。孙权原以为魏明帝要全力应付西线的蜀军，不会亲自东下，等到看见曹叡率领魏军主力前来，于是慌了手脚。再加上东吴军中又有疾病流行，所以魏国的疑兵刚一抵达，而曹叡还远在数百里之外时，孙权便先行撤退了。随后，进攻广陵、淮阴的孙韶一路军也已退回。这样，唯一留下来与魏军抗衡的便只有诸葛瑾与陆逊一路了。并且，他们还屯兵两处，形势十分严峻。于是，诸葛瑾亲往陆逊处共商退军大计。陆逊告诉诸葛瑾："魏军知道大驾（指孙权）已还，料定我们也要撤军，因此已在我们退兵的要害之处派兵严加防守。这个时候我们要表现出退却的意思，魏军一定前来相攻，那样必定会招致失败。我们应该自定以安之，施设变术，然后退出。"诸葛瑾觉得陆逊的话非常有道理，于是两人便密谋：由诸葛瑾统率舟船，做好随时出发的准备；而陆逊则统兵上岸，佯攻襄阳。魏军向来怕陆逊，看到其欲攻城，连忙退回襄阳不出；诸葛瑾则乘机率领舟船出发。然后，陆逊又重整部伍，大造声势，步行上船，一同驶出。魏人眼见吴兵离去，却不敢进逼。行至白围（白河口），吴军又托言住下狩猎，私下里却派将军周峻、张梁等突袭江夏、新布、安陆、石阳一带，斩获千余人。这次出军，诸葛瑾与陆逊相互配合，不仅将军队安全撤回，并且还略有所获。

诸葛瑾生前所参与的最后一次战役，就是吴赤乌四年（公元241年）四月的攻取祖中之役。那个时候，吴军共分四路攻打魏国，除诸葛瑾的一路外，还有卫将军全琮略淮南，决战芍陂，烧安城邸阁；威北将军诸葛恪攻打六安；车骑将军朱然围樊城。那年，诸葛瑾已是六十八岁高龄了，然而仍斗志昂扬。他攻略祖中的举动，很快使曹魏政权深感不安。魏太傅司马懿说："柤中民夷十万隔在水南，流离无主；樊城被攻，历月不解。此危事也。"于是司马懿亲自南征。诸葛瑾闻讯，便在六月返回。而就在这年的闰六月，诸葛瑾因积劳成疾，死于军中。

第九章 德音流远

诸葛瑾的一生，从赤壁之战算起，共参加过大的战役七次。其中有胜有负。他由一名书生成长为孙权的长史、中司马、绥南将军、左将军，最后又官至大将军、左都护。他的军事才能虽不及周瑜、鲁肃和陆逊等人，然而他毕竟是吴中屈指可数的几位高级将领之一。

除军事才能外，诸葛瑾作为东吴的一名重臣，在政治和外交方面也多有所贡献。并且，由于他与孙权本人的关系非常好，所以其"谋略"对东吴的重大决策也有重大影响。孙权曾经说过："孤与子瑜有死生不易之誓，子瑜之不负孤，犹孤之不负子瑜也。"又说："孤与子瑜，可谓神交，非外言所间也。"因此，孙权非常重视诸葛瑾，而且常以"大事咨访"。而诸葛瑾也"因事以答，辞顺理正"。在曹丕死后，陆逊曾经上书孙权，分析曹魏形势，以为曹叡选用忠良，宽刑罚，布恩惠，薄赋省役，以悦民心，"其患更深于操时"。孙权不赞同陆逊的意见，他以为"伯言（陆逊）常长于计校，恐此一事小短也"。为最后拿定主意，他又"别咨"于诸葛瑾。吴黄武五年（公元226年）冬天，陆逊又劝说吴王"施德缓刑，宽赋息调"，孙权同样也"令有司尽写科条，使郎中褚逢赍以就逊及诸葛瑾"，表示自己"意所不安，令损益之"。开始，孙权曾经十分信用校事吕壹，让他"典校诸官府及州郡文书"，吕壹因此"渐作威福"，"毁短大臣，排陷无辜"，太子孙登和诸葛瑾、步骘、陆逊等屡劝，孙权却是不纳。及吕壹奸罪发露伏诛，孙权"引咎责躬"，于是派中书郎袁礼代表他向诸葛瑾、步骘、朱然、吕岱等将领赔罪道歉而且借机征求他们对时事的看法。袁礼回去以后，孙权"又有诏切磋瑾等"，期望他们"尽言直谏""拾遗补阙""匡所不逮"。

诸葛瑾时常借进谏的机会，有意保护一些文臣武将。他进谏的方法异常高明。他"与权谈说谏喻，未尝切愕，微见风采，粗陈指归。如有未合，则舍而及他，徐复托事造端，以物类相求，于是权意往往而释"。比如吴郡太守朱治、校尉殷模得罪孙权，"群下多为之言，权怒益甚"，最终却因诸葛瑾巧妙的劝解而获释。骑都尉虞翻以学识渊博名世，曾经以所著《易注》示孔融，孔融回信夸赞说："睹吾子之治《易》，乃知东南之美者，非徒会稽之竹箭也。"然虞翻生性刚直，常向孙权犯颜直谏，以致被流放至交州。当时无人敢谏，只有诸葛瑾为之说话。虞翻给自己的亲属写信称赞诸葛瑾说："诸葛敦仁，则天活物，比蒙清论，有以保分。"又如周瑜之子周胤因罪徙庐陵郡，赤乌二年（公元239年），诸葛瑾、步骘联名上书为其求情，请孙权看在周瑜的分上，让"抱罪之臣，展其后效"。然后，朱然、全琮"亦俱陈乞"。于是孙权便答应了。遗憾的是，周胤此时已辞世了。

诸葛瑾的人格品质也甚为时人和后世所称颂。较为一致的看法是,他才略虽然比不上诸葛亮,而"德行尤纯"。他"少游京师,治《毛诗》《尚书》《左氏春秋》。遭母忧,居丧至孝,事继母恭谨,甚得人子之道"。甚至"妻死不改娶,有所爱妾,生子不举",其德行之"笃慎皆如此"。并且,他"性弘缓","为人有容貌思度,于时服其弘雅",并"以德度规检见器当世"。赤壁之战期间,刘备派遣诸葛亮至吴,孙权曾经对诸葛瑾说:"卿与孔明同产,且弟随兄,于义为顺,何以不留孔明?"但是诸葛瑾却回答说:"弟之不留,犹瑾之不往也。"孙权以为"其言足贯神明"。

也许就是因为诸葛瑾德行的纯厚,器量的弘大,所以黄龙元年(公元229年)孙权称帝后迁都建业,留太子孙登在武昌,当太子孙登让骠骑将军步骘推荐在荆州的"贤人君子"时,步骘首先就推荐了诸葛瑾,其次才是陆逊、朱然、程普、潘濬、裴玄、夏侯承、卫旌、李肃、周条、石干等人。步骘以为这些"贤人"能"折冲万里,信国家之利器,崇替之所由也"。赤乌四年(公元241年)春,零陵太守殷礼也曾经劝孙权趁曹魏"幼童苻事"之际,大举伐魏,"以定华夏",而且建议"授诸葛瑾、朱然大众,指事襄阳"。这一计策虽未被孙权采纳,但从中却可以看出国人对诸葛瑾的期望之高。

诸葛瑾与诸葛亮一样,平日自奉也颇为节俭,"虽在军旅,身无彩饰"。死前,"遗命令素棺敛以时服,事从省约"。

诸葛瑾共生有三子一女,除次子诸葛乔出嗣叔父诸葛亮外,长子诸葛恪、三子诸葛融全都仕于吴。

诸葛恪(公元203—253年),字元逊,身高七尺六寸(约合今1.75米),生得"折频广额,大口高声"。他少年时代便有才名,聪慧过人,"辩论应机,莫与为对"。孙权甚为器重,对诸葛恪说:"蓝田生玉,真不虚也。"诸葛恪二十岁时拜骑都尉,与顾谭、张休等侍太子孙登,一起讲论道艺,并为宾友。后来,又从中庶子转为左辅都尉。

有关诸葛恪青年时代"辩论应机"的故事,那个时候流传甚多。据说诸葛恪"面长似驴",孙权大会群臣,让人牵一驴入,在驴脸上写着"诸葛子瑜"。诸葛恪见状,便请求让他再添加几个字。孙权同意之后,诸葛恪便在父亲的名字下面又加了"之驴"几个字,变为"诸葛子瑜之驴"。由此举座大笑,孙权以此驴赐予诸葛恪。又过了几天,孙权又见到诸葛恪,于是向他提了一个怪问题:"卿父与叔父孰贤?"诸葛恪随即回答道:"臣父为优。"孙权问其理由,诸葛恪便说:"臣父知道侍奉怎样的人主,叔父不知道,以是为优。"孙权听完

第九章 德音流远

哈哈大笑。接着,又让他给在座的诸位大臣行酒。行至张昭跟前,张昭因为先前已喝过不少,不愿再饮,就倚老卖老地说:"强我饮酒,此非养老之礼也。"孙权于是趁机对诸葛恪说:"你如果能够命令张公辞屈,他就会饮的。"诸葛恪便责难张昭说:"当初姜太公九十岁,尚秉旄仗钺,犹未告老。而今军旅之事,将军在后,酒食之事,将军在先,怎能说不养老呢?"张昭果然无以对言,尽爵而饮。当时有白头鸟落在殿前,孙权于是问何鸟,诸葛恪回答说:"白头翁也。"张昭自认为座中最老,疑心是诸葛恪在借机讥笑他,便对孙权说:"诸葛恪欺骗陛下了,从来也没听说有什么'白头翁'。如果有'白头翁',请让他再找出'白头母'来。"诸葛恪随即道:"鸟之中还有一种'鹦母',当然不成对的;如果有,请让辅吴(张昭)再找出一种'鹦父'来。"张昭不能回答。在座之人皆哈哈大笑。

诸葛恪身体肥胖,一次孙权问他:"近来以何自娱,更肥泽?"诸葛恪答道:"臣闻富润屋,德润身。臣非敢自娱,修己而矣。"孙权又让他将自己与好朋友滕胤做一番比较,诸葛恪说:"登阶蹑履,臣不如胤;迴筹转策,胤不如臣。"一天,诸葛恪向孙权进献一匹马,进献之前,故意在马的耳朵上穿孔。当时范慎在座,嘲笑着说:"马虽大畜,禀气于天;今残其耳,岂不伤仁?"诸葛恪答道:"母之于女,恩爱至矣;穿耳附珠,何伤于仁?"范慎竟然无话可说。又一天,太子跟他开玩笑,说:"诸葛元逊可食马粪蛋。"而诸葛恪对答:"愿太子食鸡蛋。"孙权问道:"人家让你吃马粪,你却让人家吃鸡蛋,这是什么意思?"诸葛恪回答道:"两者都是一个地方出来的。"孙权听后,哈哈大笑。

黄武四年(公元225年)蜀国费祎出使吴国,孙权设宴招待,还事先告诉吴国大臣们说:"使至,伏食勿起。"想借此杀一杀蜀国使臣的威风。费祎到来以后,孙权停下饮食,但是群臣果然伏食不起。费祎于是吟诗嘲笑道:"凤凰来翔,麒麟吐哺。驴骡无知,伏食如故。"费祎刚刚吟罢,诸葛恪也应声吟道:"爰植梧桐,以待凤凰。有何燕雀,自称来翔?何不弹射,使还故乡!"出其不意地给了费祎一个颇似有礼的回敬。费祎入宴,知道主食是饼,吃了一会儿,便停下来索笔作《麦赋》。而诸葛恪紧跟其后亦请笔作《磨赋》。"磨"者,磨麦之工具也,取胜"麦"一筹的意思。大家读了他们两人的赋,都称赞不已。此后又有蜀使到了吴国,群臣一起会见,孙权对蜀使道:"诸葛恪喜欢骑马,请回去告诉你们丞相,送些好马来。"诸葛恪听后即刻跪下表示谢意。孙权问:"马还没有到来,你谢什么?"诸葛恪从容答道:"蜀国就是陛下外面的马厩,现在既然有恩诏,马必定会来的,怎能不谢?"诸葛恪之才捷,由此可见一斑。

诸葛恪的"英才"受到了孙权的重视,同时也赢得了吴中人士的颂赞。但也有人认为这并不是好征兆。如张承就说过:"终败诸葛氏者,元逊也。"陆逊甚至当面对他说道:"今观君气陵其上,意蔑乎下,非安德之基也。"其父诸葛瑾亦"常嫌之,谓非保家之子,每以忧戚"。

孙权特爱诸葛恪之才,将命其为节度官。"节度"一官是孙权为吴王后所初置,初用侍中偏将军徐详,徐详辞世以后,于是欲以诸葛恪替代他。"节度掌军粮谷,文书繁猥,非其好也。"诸葛亮在蜀中风闻以后,立即给陆逊写信说道:

> 家兄年老,而恪性疏,今使典主粮谷,粮谷军之要最,仆虽在远,窃用不安。足下特为启至尊转之。

陆逊转达了诸葛亮的担心,孙权于是转而以诸葛恪统领部队。

那个时候吴国所辖有丹杨郡,和吴郡、会稽、新都、鄱阳四郡邻接,也就是今皖南及江苏大茅山、浙江天目山以西地区。那个地方山谷万重,但是"民多果劲",是非常好的兵源。诸葛恪因吴以前发兵,只得外县老百姓,遂屡求为官以尽出其民,并谓"三年可得甲士四万"。至吴嘉禾三年(公元234年),也就是诸葛亮辞世的那年,孙权于是拜诸葛恪为抚越将军,免丹杨太守,时年三十二岁。

诸葛恪到任以后,先通知周围四郡长吏,命令各保其疆界,明立部伍,凡是从化平民,全部令屯居;然后便吩咐军队,封锁山区,并"候其谷稼将熟,辄纵兵芟刈"。"于是山民饥穷,渐出降首。"诸葛恪又命令说:"山民去恶从化,皆当抚慰,徙出外县,不得嫌疑,有所执拘。"一个县令因为将一出降的恶民逮捕送至府,其时便被诸葛恪斩首示众。老百姓风闻这件事,于是扶老携幼而出,仅仅一年,就得到了预期的兵员数目。诸葛恪自己统率万人,其余分给诸将。孙权嘉赏其功,派尚书仆射薛综慰劳军队,并拜诸葛恪为威北将军,封都乡侯。诸葛恪又请求率众屯田庐江郡的皖口,并且趁机以轻兵袭击舒县,掠得其民而还。他还派出侦察兵,侦察途径,想要攻打寿春,但是孙权没有同意。

赤乌六年(公元243年)诸葛恪又征六安(今安徽六安县北),破魏将谢顺营,收其山民。诸葛恪的一系列军事行动引起了曹魏的不安,这一年,司马懿亲自率领大军进驻舒县,诸葛恪便自皖口迁于柴桑。赤乌八年,丞相陆逊卒。赤乌九年九月,孙权于是以诸葛恪为大将军,假节,驻武昌(鄂),替代陆逊领荆州事。

太元元年(公元251年)冬天十一月,孙权祭南郊而还,得风疾,不愈,

第九章　德音流远

但是太子孙亮年少。十二月，遂征诸葛恪以大将军领太子太傅。太元二年（公元252年）四月，孙权疾困，征召太子太傅诸葛恪，中书令弘，太常滕胤、将军吕据，侍中孙峻至卧内，以后事相嘱，孙权对诸葛恪等说道："吾疾困矣，恐不复相见，诸事一以相委。"诸葛恪也流着泪说："臣等皆受厚恩，当以死奉诏，愿陛下安精神，损思虑，无以外事为念。"孙权下令有司，诸事一统于诸葛恪，唯有杀人大事过后奏闻。第二天，孙权便去世了，时年七十一岁，谥曰"大皇帝"。秋七月，葬蒋陵。

孙权死后，中书令孙弘因向来与诸葛恪不和，怕为诸葛恪所治，于是匿孙权死讯，欲矫诏除掉诸葛恪。侍中孙峻把这件事情告知诸葛恪后，诸葛恪便借请孙弘议事之机，于座中将孙弘诛杀。随后便为孙权发葬，葬礼完毕，孙亮即位，更拜诸葛恪为太傅。诸葛恪罢除了为皇帝刺探军民言行的校事官，免除拖欠的田赋，除去关税，给百姓带来实惠，老百姓都很高兴。以至他每次进出，"百姓延颈，思见其状"。

当初，孙权于黄龙元年（公元229年）迁都建业，第二年，曾筑东兴堤遏巢湖水，以利舟师。随后征淮南，不料却为湖内之船所败，孙权于是对东兴堤废而不修。吴建兴元年（公元252年）十月，诸葛恪又会众于东兴，建筑大堤，左右结山，夹筑两城，各留千人，让将军全端守西城（结七宝山所筑），都尉留略守东城（结濡须山所筑），自己则引军而还。魏以吴军入其疆土，耻于受侮，于是十二月命大将胡遵、诸葛诞等统领部队七万，以攻打东兴，诸葛恪闻听，立即带领四万军队，昼夜兼行，前来救助。胡遵、诸葛诞等令魏军作浮桥渡水，最后于大堤上布阵，分兵进攻两城。因为两城地势高峻，一时难以攻下。诸葛恪到后，派将军丁奉与吕据、留赞、唐咨为前部，从山西进军。丁奉又让诸军避路而行，而自己率麾下由三千人径进。适逢北风，丁奉等船走了两天便到了东关（即东城），而且占据了关旁的徐塘。时正逢天寒大雪，胡遵等正在堤上置酒高会。丁奉看到其前部兵少，遂令士兵都解去铠甲，弃其矛戟，仅仅戴头盔，拿着刀盾，裸身往堤上攀援。魏兵见到此情此景，皆大笑之，并不严加提防。吴兵一爬到堤上，便开始鼓噪乱砍，破魏军前营。随后，吕据等到达，魏军大乱，四散奔跑，争渡浮桥，而浮桥由于超重又断绝，魏兵于是皆落于水，前后蹈藉。魏前部督韩综、乐安太守桓嘉等全部沉入水中，死者数万。吴军获得车乘、牛马、驴骡各数千，物资器具堆积如山，全胜而归。诸葛恪也因此被晋封为阳都侯，加荆、扬二州牧，督中外诸军事，赐金一百斤、马二百匹，赠布各万匹。

这次战役之后，诸葛恪于是有了轻敌之心。十二月刚刚战罢，第二年（公元253年）春天便又想出军，并使司马李衡前往蜀汉劝说姜维一起发兵，说："古人有言，圣人不能为时，时至亦不可失也。今敌政在私门，外内猜隔，兵挫于外，而民怨于内，自曹操以来，彼之亡形未有如今者也。若大举伐之，使吴攻其东，汉人其西，彼救西由东虚，重东则西轻。以练实之军，乘虚轻之敌，破之必矣。"姜维也表示赞同，而且答应自武都出石营以攻狄道。

然而吴国诸大臣则因战争刚刚结束，军队劳顿，不同意继续出征。他们一起向诸葛恪进谏，诸葛恪不听。中散大夫蒋延还因为据理力争，被诸葛恪命人架出。为了劝服众人，诸葛恪又特地"著论谕众"，说："若不及今日为国斥境，俯仰年老，而仇敌更强。"众人已经知道诸葛恪此论是"欲必为之辞"，然而却也无人敢再诘难。唯有丹杨太守聂友因素与诸葛恪相善，于是写信向诸葛恪进行劝谏。但是诸葛恪却只让他"熟省"自己的"著论"，并不改变原先的决定。

就在此时，蜀汉的越巂太守张嶷也对此举甚为担忧。他闻听诸葛恪要再攻打淮南，写信给诸葛恪的从弟、蜀汉侍中诸葛瞻说道：

东主初崩，帝实幼弱，太傅（诸葛恪）受寄托之重，亦何容易！亲有周公之才，犹有管、蔡流言之变；霍光受任，亦有燕、盖、上官递乱之谋，赖成、昭之明以免斯难耳。昔每闻东主杀生赏罚，不任下人，又今以垂没之命，卒召太傅，属以后事，诚实可虑。加吴、楚剽急，乃昔所记，而太傅离少主，履敌庭，恐非良计长算之术也。虽云东家纲纪肃然，上下辑睦，百有一决，非明者之虑邪？取古则今，今则古也。自非郎君（诸葛瞻）进忠言于太傅，谁复有进言者也！旋军广农，务行德惠，数年之中，东西并举，实为不晚。愿深采察！

张嶷借周公辅成王、霍光辅汉昭帝之故事作为鉴戒，要诸葛瞻劝告诸葛恪，不应该"离少主，履敌庭"，应当心有人借以发难。然而此刻的诸葛恪已被胜利冲昏头脑，无论谁的话都听不进了。

吴建兴二年（公元253年）三月，诸葛恪最终"违众出军"，大发二十万众以伐魏，因而百姓骚动，始失人心。此次出兵，诸葛恪原想耀威淮南，驱掠民人。但是诸将提出，引兵深入，所到之处民必相率远遁，恐怕兵劳而功少，倒不如只围新城。新城被困，救兵必至，最后围城打援，于是可大获全胜。诸葛恪同意了，便回军围新城（合肥新城）。最后攻之数月，城不能拔。吴军士

第九章　德音流远

卒劳顿，再加上天气酷热，并且饮水后又泻下流肿，病者大半，死伤满地。各营营吏全都反映病人太多，而诸葛恪却认为是在谎报，欲斩之，部下于是莫敢再言。诸葛恪自知失计，又耻攻城不下，于是愤形于色，脾气暴躁。将军朱异以军事违背诸葛恪，诸葛恪立即罢其兵权，斥还建业。都尉蔡林屡次陈述军计，诸葛恪不采用，蔡林乃策马投魏。魏知吴军战士疲病后，又开始增派救兵。至秋七月，诸葛恪毫无所获，遂引兵退去。其时伤病之卒，流曳道路，或跌进沟壑而死，或魏军俘获，存亡忿痛，大小呼嗟，沿路狼狈不堪。而诸葛恪仍然晏然自若，先到江中小岛上去游玩一月之久，随后还想到浔阳（今九江市）一带去打猎。只是由于诏书催他回去，这才缓缓旋师。至此，人们不但对诸葛恪彻底失望了，并且怨恨的情绪也已产生。

吴建兴二年八月，吴军全军退还。诸葛恪刚刚回到建业府馆，便将中书令孙嘿召来，严厉责问道："卿等何敢妄数作诏！"孙嘿害怕极了，称病回家。诸葛恪又将中枢机构的令长职司罢免另选，而且改易皇宫宿卫，用其亲信。他的脾气也愈来愈大，威严愈来愈重，动不动就责罚官员，进见者没有不胆战心惊、小心谨慎的。他仍然命令士兵严阵以待，准备向青州、徐州一带用兵。

这个时候，侍中孙峻因民之多怨，众人嫌弃，于是向吴主孙亮进言，说诸葛恪想要变乱，应设计以诛之。就在这年（公元253年）十月，孙峻与吴主孙亮置酒宴请诸葛恪。诸葛恪赴会前，虽感觉有些异常，但自信孙峻不会拿他怎样，心想那时只须提防酒食中毒就是。接着，他带上药酒登车出门。孙峻已经伏兵帷中，他看见诸葛恪驻车宫门，便亲自到门口迎接，而且假意地说："使君若尊体不安，酒也许可往后推，由我去对主上说明便是。"诸葛恪见孙峻如此言语，便说："当自力人。"就在这个时候，散骑常侍张约、朱恩等递给诸葛恪一个条子，上面写着："今日张设非常，疑有他故。"诸葛恪看毕即转身而回。没有出路门，刚好碰上了太常滕胤，他对滕胤说："突然腹疼，去不成了。"滕胤不知孙峻已经设计，便劝诸葛恪说："自从你旋师回来一直未曾露面，如今主上置酒请你，你已到了门口，应当再坚持一下进去。"诸葛恪踌躇了一会儿，于是又返身进宫，剑履上殿。谢过吴主孙亮以后，便落座。没过多久摆酒上来，诸葛恪疑而不饮。孙峻因对诸葛恪说："使君病未善平，当有常服药酒，自可取之。"到此为止，诸葛恪心意始安，于是取出自己随身所带的药酒喝了起来。酒过数巡，孙亮转回内室。孙峻也起身如厕，解长衣，着短服。过了一会儿，孙峻出来说："有诏收诸葛恪。"诸葛恪惊起，拔剑不得，而孙峻的刀交相砍下。张约从旁边去砍孙峻，仅仅伤了孙峻的左手。而孙峻应手一刀，又砍断了张约的右臂。武卫之士闻惊皆趋上殿，孙峻对他们说道："所要杀的人是诸葛恪，现在他已经死了！"于是令武士们把刀收起，而且打扫了一下现场，继续饮酒。但是诸葛恪的尸体则被卷在苇席之内，外用篾绳束之，扔到了建业城南的石子冈。这位声势显赫的五十一岁的东吴大将军，便结束了他的一生。

诸葛恪共有三个儿子。长子诸葛绰，曾任骑都尉，因为和鲁王孙霸交往被牵连，孙权便把孙霸遣付诸葛恪教诲，诸葛恪即鸩杀他。中子诸葛竦，时任长水校尉。少子诸葛建，时任步兵校尉。竦、建听说其父被杀，车载其母亲而出走。孙峻派骑督刘承追斩诸葛竦于白都（今南京市附近）。诸葛建过江以后，欲北走魏，行数十里，也为追兵所捕杀。诸葛恪的外甥张震及常侍朱恩等，皆斩杀三族，诸葛恪父子三人死后又被"驰首徇示""悬市积日"。以后经过临淮臧均上表求情，才准其故吏敛葬。

诸葛瑾最小的儿子诸葛融，字叔长，因为生于宠贵家庭，从小骄逸安乐，学为章句，也博而不精，而且其性较宽容，且多技艺，喜爱游玩。赤乌初年，命令各郡出部伍（从地方上选拔军队），新都郡都尉陈表、吴郡都尉顾承各率所领人员到毗陵（今江苏常州市）屯田，男女各数万。陈表死后，孙权即以诸葛融代陈表。赤乌四年（公元241年）诸葛瑾病死以后，因其时诸葛恪已自封侯，诸葛融又承袭父爵，而且代父摄兵业驻公安，诸葛瑾之部曲吏士亦皆附之。那个时候边疆无事，诸葛融在公安，秋冬便射猎讲武，春夏则宴朋高会。每次集会，诸葛融先历问宾客的技艺才能，最后让他们相互选择对手，合榻促席，或博弈（下棋），或摴蒱（掷骰子），或投壶，或弓弹，尽情享乐，又有甘果继进，清酒徐行。而诸葛融则周流观览，终日不倦。他还一反父兄之"质素"，满身锦绣，衣饰华丽，生活腐化。孙权死后，诸葛融徙为奋威将军。后诸葛恪征淮南，而且让诸葛融假节，引军入沔，从西路进攻。诸葛恪被诛后，孙峻便派遣无难督施宽率将军施绩（时驻江陵）、孙壹（时在夏口）的军队以取诸葛融。因事发突然，诸葛融遂饮药自杀。他的三个儿子亦皆被诛。

诸葛恪、诸葛融及其后代被斩杀以后，诸葛瑾便后继无人了。那时，只有诸葛乔的儿子诸葛攀还在西蜀。因诸葛亮已有后裔，因此，诸葛攀还复为诸葛瑾之后。诸葛攀曾官至行护军翊武将军，不久亦辞世。其子诸葛显于是成为诸葛瑾的一脉仅传。景耀六年（公元263年）魏灭蜀，第二年，也就是魏咸熙元年（公元264年），诸葛显与诸葛瞻的第二个儿子诸葛京等，一同内移河东。

至于诸葛瑾的女儿，在诸葛瑾生前就已经嫁给张承。张承仅仅小诸葛瑾四岁，并且两人又是非常要好的朋友。因此，当张承丧妻，其父张昭想要为其聘

第九章　德音流远

诸葛瑾之女时，张承颇感为难。孙权风闻，极力劝说，张承于是为诸葛瑾之婿。以后张承女（诸葛瑾外孙女）又为太子孙和的妃子，而且生孙皓、孙德、孙谦、孙俊四子。孙权死前，废太子孙和而立少子孙亮，并且徙孙和于故鄣。太元二年（公元252年），袭封孙和为南阳王，派遣他前往长沙。孙权死后，诸葛恪秉政，孙和妃使黄门陈迁从长沙到建业上书中宫，而且质问于诸葛恪。诸葛恪也就是孙和妃的舅舅。诸葛恪对陈迁说："为我达妃，期当使胜他人。"此言泄露于外面。及诸葛恪被杀以后，孙和亦被赐死，其妃张氏随即自杀。

后孙亮被罢黜，孙休（孙权第六子）即位。永安七年（公元264年）孙休死，没有儿子，于是迎立孙和之子孙皓为帝，时年二十三岁。孙皓既得志，"粗暴骄盈，多忌讳，好酒色"，吴中上下大失所望。甘露元年（公元265年）九月，孙皓曾经迁都武昌（鄂城），宝鼎元年（公元266年）十二月又重新返回都建业。自那以后直到天纪四年（公元280年）三月，晋王濬楼船开到，孙皓于是投降于晋。若论其行辈，则孙皓实为诸葛瑾女儿的外孙。

三、后嗣绵长

蜀汉灭亡后，诸葛瞻的第二个儿子诸葛京和诸葛攀之子诸葛显等，在咸熙元年（公元264年）内移河东。但是蜀亡前，诸葛攀已经早死，诸葛瞻的母亲黄老夫人也已寿终于成都。因为诸葛瑾无子，诸葛显又还嗣诸葛瑾，所以诸葛京便成为诸葛亮的一脉仅传了。

至于诸葛亮之弟诸葛均，从隆中迁蜀后，曾经担任蜀长水校尉，此后便不见有所记载。如果他健在，那么蜀亡之时，当已年近八旬。但"内移"的人员中没有他，也许已于蜀亡之前故去了。而《仙鉴》云诸葛均隐居吴下，叫作公平先生，不知何据。

诸葛亮是否有其他后代？清人张澍在他编定的《诸葛忠武侯文集》中曾引《诸葛氏谱》，谓诸葛亮尚有"第三子"诸葛怀；又引《杂记》，谓诸葛瞻另有一子名诸葛质。但此皆不经之谈，不可信据。

六朝时确有《诸葛氏谱》，为《三国志》作注的裴松之和为《世说新语》作注的刘孝标都多次引用过此书，但是此谱隋唐间已佚。张澍在《诸葛忠武侯文集·故事》中所引《诸葛氏谱》五条，除"京字行宗"一条为裴注外，剩下的四条均未见于隋代以前任何典籍，且事迹也多与史实不符。

我们先看有关诸葛怀的记载。张澍《诸葛忠武侯文集·故事》卷一《诸葛篇》引《诸葛氏谱》云：

> 晋泰始五年己丑，王览为太傅，诏录故汉名臣子孙萧、曹、邓、吴等后，皆赴阙受秩。孔明之后独不至。访知其第三子怀，公车促至，欲爵之。怀辞曰："臣家成都，有桑八百株，薄田十五顷，衣食自有余饶。材同樗栎，无补于国，请得归老牖下，实隆赐也。"晋主悦而从之。

这便是不少人引以为据的诸葛亮"第三子"诸葛怀的最初出处。然而这却是不可信的。首先，亡国以后，征服者为了安全起见，对名臣及其子孙，一般是要命令他们随亡国之君一起迁徙的。但《三国志·诸葛亮传》所附《诸葛瞻传》记随刘禅"内移"的，就只有诸葛瞻次子诸葛京及诸葛攀子诸葛显，并不见诸葛怀其人。如果武侯有所谓"第三子"，陈寿应该不会故意不提的。其次，再查《晋书·武帝纪》，于泰始五年条下，也仅有"三月己未，诏蜀相诸葛亮孙京随才署吏"，而不见有"诏录故汉名臣子孙"及征诸葛怀的记载。并且诸葛京之出仕，是罗宪所推荐，事更在泰始四年三月。《三国志·蜀书·霍弋传》裴注引《襄阳记》说："（泰始）四年三月，从帝宴于华林园，诏问蜀大臣子弟，后问先辈宜时叙用者，（罗）宪荐蜀郡常忌……琅邪诸葛京、汝南陈裕，便可全部叙用，咸显于世。"由此可见，根本不存在泰始五年"孔明之后独不至"的问题。至于王览，从《晋书·王览传》看，直至泰始末年他才被委任弘训少府，后转太中大夫，咸宁初年为宗正卿，旋以太中大夫归老，从来没有担任过太傅一职，更不曾有王览为太傅，诏录故汉名臣子孙的事情。再次，"成都有桑八百株，薄田十五顷，衣食自有余饶"数语，全部都是照抄诸葛亮辞世以前给后主刘禅的上表。特别是"衣食自有余饶"一句，完全是诸葛亮的语气，其用意是在强调他死以后，子弟不需要朝廷再加照顾，这样的话不可能出自其后代之口。所以，所谓诸葛亮有第三个儿子诸葛怀的问题，实际上是不存在的。

再看诸葛质事。张澍在《诸葛忠武侯文集·故事》卷一《诸葛篇》中云：

> 澍案《杂记》云："后帝赴洛，洮阳王恂也不忍北去，与关索定策南奔，卫瓘发铁骑追至，得霍弋、凯合攻，方退。诸葛质为使，入蛮邦结好。时孟虬为王，祝融夫人曰'却之不仁'。虬从母命，回报洮阳王，住永昌。"

第九章 德音流远

> 《杂记》所云诸葛质,瞻子也。然云霍弋、吕凯合攻,误矣。吕凯于雍闿之役被害,此时安得与霍弋合攻。

这就是世传诸葛瞻有第三个儿子诸葛质的出处。但是,这和诸葛怀的事情一样,是不可信的。

张澍所引《杂记》一书,不知道何人所撰,和《三国志》裴松之注所引《益部耆旧杂记》显然不是同一部书。按照《杂记》所说,诸葛质是为刘恂而"入蛮邦结好"的;但是在事实上,刘恂从来就没有"南奔"过。刘恂是刘禅之子,景耀二年夏天六月,被封为新兴王,而不是洮阳王,事见《三国志·蜀书·后主传》。刘禅一共有七个儿子,其太子刘璿在咸熙元年(公元264年)正月钟会作乱于成都时,被乱兵斩杀。其余六子情况,《三国志·蜀书·二主妃子传》裴松之注引东晋孙盛《蜀世谱》言之甚详:

> 弟瑶、琮、瓒、谌、恂、璩六人,蜀败,谌自杀,余皆内徙。值永嘉大乱,子孙灭绝。唯永孙玄奔蜀,李雄伪署安乐公以嗣禅后。永和三年讨李势,盛参戎行,见玄于成都也。

裴松之还在《三国志·蜀书·后主传》"公(后主降后封安乐县公)泰始七年薨于洛阳"句下又引用《蜀记》云:"谥曰思公,子恂嗣。"由此可见,刘恂不仅于蜀亡之后"内徙",而且在刘禅辞世以后还袭其父之安乐公爵,"南奔""蛮邦"的事根本不存在。从那以后又遭遇"永嘉之乱",刘禅的子孙全都"灭绝"。只有刘禅庶弟刘永(被封鲁王)之孙刘玄奔赴蜀汉,被李雄封为安乐公,到永和三年(公元347年)孙盛随军攻打李势,曾经见之于成都,但已是距蜀亡国之后80多年的事了,并且刘玄也不曾逃往"蛮邦"。至于关索及祝融夫人的名字,最早见于元、明之际的《花关索传》及《三国演义》,纯属小说家言。诸葛质既不见于隋唐以前的典籍,又和关索、祝融夫人等一起出现在后世小说中,照此推测应是虚构的人物。

有关诸葛亮女儿的事,最早见于宋代人魏了翁的《朝真观记》,略云:"出成都少城西北为朝真观,观中左列有圣母仙师乘烟葛女之祠,观西有武侯祠,是武侯故宅。故老相传,武侯有女于宅中乘云轻举。"张澍还进一步补充道:

> 忠武侯女名果,见《仙鉴》,以其奉事禳斗之法,后必证仙果,故名

果也。鹤山非妄语者,乘云上升,未可以为诞矣。

武侯有女的可能性是非常大的,但是否名字叫"果",已不得而知。而所谓"乘云轻举",虽然"故老相传",仍然属于"妄语"无疑。实际上《仙鉴》之言武侯女成仙事,和言武侯前往汝南灵山拜酆公玖为师及往武当拜北极教主为师一样,全部是神仙家言,都不应该当真。

实际上,武侯的直系后裔,仅仅有其次子诸葛京一系。诸葛京,字行宗。诸葛瞻率领诸葛尚等北上保卫绵竹时,他年龄尚幼,留在成都。至蜀国灭亡后,于是被内移。据《三国志·诸葛亮传》所附《诸葛瞻传》裴注引《晋泰始起居注》说:"(诸葛亮)其孙京,随才署吏,后为郿令。"裴松之注还说:

尚书仆射山涛《启示》曰:"郿令诸葛京,祖父亮,遇汉乱分隔,父子在蜀,虽不达天命,要为尽心所事。京治郿自复有称,臣以为宜以补东宫舍人,以明事人,副梁、益之论。"京位至江州刺史。

也就是说,诸葛京"内移"之后,经罗宪、山涛等推荐,先任郿县令,后改任江州刺史。江州是西晋惠帝永平元年(公元291年)时,分荆、扬二州所置,治所是豫章。接着,诸葛京又来到了当年他的叔曾祖诸葛玄曾为豫章太守的地方。从那以后,诸葛京之后代便随其宦游所到之处,又不断播迁。现在,根据现有的资料我们虽然难以确定诸葛京的直系后裔为何许人也,但至少有一点可以相信,从两晋、南北朝直到隋唐,下迄宋、元、明、清,诸葛亮的后代和诸葛氏家族的其他成员一起,已经继承和发扬了诸葛氏的传统家族文化,而且为中华文化的发展做出了宝贵的贡献。

现在,诸葛氏家族成员在国内的分布,除散居者以外,主要集中在山东临沂及浙江兰溪、建德、龙游等地,总人数已超过两万人。他们中间,有诸葛亮的直系后裔,还有诸葛瑾、诸葛诞、诸葛绪及诸葛氏族人的后代,而且作为阳都诸葛氏的子孙,他们一直都不忘祖德,自诸葛丰、诸葛亮以来所开创的良好家风,他们始终良好地继承着。他们还保持许多纪念祖先的形式,这些纪念形式与全国各地的武侯祠及纪念地一样,每时每刻都在提醒人们不忘诸葛亮的高风亮节,要铭记诸葛氏家族的优良传统。并且无论对民族还是家族来说,这种文化传统的继承和发扬,比单纯的人口繁衍更为重要。在一定程度上也可以说,这才是真正的"后嗣绵长"。

第九章　德音流远

诸葛氏作为中国历史上的名门望族,由诸葛丰发端,并经过诸葛亮发扬光大,已形成了自己的家族文化传统,其内涵是怎样的呢?大致说来,可以概括为以下几个方面:

一是学术思想兼容性及学风的质朴和学以致用。历史上的诸葛氏家族是耕读世家,他们一面种田,一面读书。这在封建时代是一种最普遍的处世形式。而随着儒家独尊地位的确立,诸葛氏家族的学术思想当然是以儒学为其主导。诸葛亮的远祖诸葛丰,西汉时期即"以明经为郡文学"。而汉元帝的上书中数次申明的"伏节死谊"、"杀身以安国,蒙诛以显君"等话语看来,他们学习的经典很可能还是《公羊春秋》。公羊学以"大一统"思想为准则。诸葛丰的后代诸葛亮以"大一统"为终身奋斗的目标,乃至不惜"鞠躬尽瘁"以北伐曹魏,匡复汉室,在一定程度上来说,无疑是继承了诸葛丰的这种学术渊源。诸葛亮的父亲诸葛珪先任梁父尉,后来为泰山郡丞;他的叔父诸葛玄和鲁恭王的后代刘表"素有交情",而且被袁术署为豫章太守,应该说全部是学有所成的读书人。诸葛亮的兄长诸葛瑾少游京师洛阳,治《毛诗》《尚书》《左氏春秋》,后移居江东,又与张承、步骘、严峻等一批东吴的有学之士相友善,而且被人们视为"当世君子",他的学术功底应该是很深厚的。至于诸葛亮,则不仅对《周易》《尚书》《公羊春秋》等经典深得其奥妙所在,而且还撰有《论前汉事》等多种著作。甚至连诸葛诞的孙子诸葛恢、诸葛绪的儿子诸葛玄,乃至南朝刘宋的诸葛勖、梁朝的诸葛璩、隋代的诸葛颖等,也全部都是满腹经纶。如此说来,诸葛氏家族的学术传统确实是源远流长的。

诸葛家族素有学术传统,这与其家族所在的琅邪地区浓厚的学术气氛是分不开的。特别是在两汉,琅邪地区已经是中国的学术中心。今文《尚书》的传人济南伏生,其玄孙伏孺武帝时讲学东武,于是移家琅邪。伏孺曾孙伏理除治《尚书》外,又学《诗》于匡衡,于是《齐诗》有"匡伏之学"。伏理是当世名儒,曾经以《诗》授汉成帝,而且是高密(刘宽)太傅。伏理之子伏湛,少年时代传父业,教授数百人,光武帝时,知湛名儒旧臣,征拜尚书,行旧制典礼。建武三年(公元27年),又代替邓禹为大司徒,封阳都侯。伏湛笃信好学,博识多闻,白首不衰,为师则堪为仪表,为时人所重。伏湛的弟弟伏黯,通晓《齐诗》,曾经改定章句,作《解说》九篇。黯兄子恭(出嗣于黯)少传黯学,又因为父黯章句繁多,乃省减浮辞,定为二十万言,太常试以经学,名列前茅;后拜博士,迁常山太守,敦修学校,教授不辍。伏湛玄孙伏无忌也能够传家学,为东汉名儒,无忌曾经在永和元年和黄景一起校定朝廷所藏"五经"和诸子百家、艺术之类的书，而且在元嘉中（公元151年—公元153年）与黄景、崔寔共撰《汉记》；又搜集古今文献，删著事要，从黄帝开始，直到汉质帝，号曰《伏侯注》。

《易》学方面，我们所看到的《周易》通行本，是由齐人田何传下来的。然而田何《易》即得自东武孙虞。汉代《易》学立于学官的有三大家，即施、孟、梁丘，其中的"梁丘"就是梁丘贺、梁丘临父子，便是琅邪诸县人。"施"（雠）派《易》学最重要的传人也有琅邪人鲁伯和邴丹。除此以外，汉代流行于民间的《易》学还有两大家，是费直与高相，而琅邪璜应当是费直《易》学的嫡传。至于琅邪东武人王同直接从田何受《易》而又多授生徒，更加使得《易》学在琅邪地区得以广泛流传。可以毫不夸张地说，汉代琅邪地区在当时是全国最大的《易》学中心。由此可见，诸葛亮对《易》理的精熟和成功运用，实与此种《易》学氛围有关。

除《易》《书》以外，研习《鲁诗》者，自浮丘伯以后有琅邪王扶；研习《齐诗》者，自辕固生后有琅邪人师丹、皮容；研习《大戴礼》者，有琅邪人徐良、王仲丘；研习《穀梁春秋》者，有不其（琅邪属县）人房凤等。至于习《公羊春秋》者，人数更多。诸葛丰的同乡前辈诸县贡禹学《公羊春秋》于东平嬴公、鲁眭孟，官至御史大夫，和王吉俱为琅邪地区的《公羊》学人家。琅邪人王中从东海严彭祖受《公羊春秋》，仕汉元帝，官至少府，家世传业。琅邪公孙文、东门云又全都从王中学《公羊春秋》，东门云官至荆州刺史，公孙文官至东平王太傅，门下授学者无数。琅邪人莞路先后从疏广、颜安乐受业《公羊春秋》，所以《公羊》学自颜安乐后，复有莞氏之学。诸葛氏家族成员能够"深明大义"、"伏节死谊"，与琅玡地区《公羊》学氛围也是分不开的。

二是诸葛氏家族在学术上并不保守，他们也吸收了儒家以外的多家思想，诸如法、道、黄老等思想，都对诸葛氏家族成员产生过影响。诸葛丰以"特立刚直"著称于世，元帝时为司隶校尉，严正执法，"刺举无所避"，乃至京师为之语曰："间何阔，逢诸葛。"他受法家思想的影响是显而易见的。诸葛亮作为政治家和军事家，不管是治国还是治军，都赏罚分明，"善无微而不赏，恶无纤而不贬"。他的重法的家族学术渊源，似乎也能够追溯到诸葛丰。汉代初年，琅邪地区又是黄老思想的发源地，胶西盖公即是代表人物。《史记·曹相国世家》记曹参访盖公道：

> 参尽召长老诸生，问所以安集百姓，如齐故俗。诸儒以百数，言人人

第九章 德音流远

殊,参未知所定。闻胶西有盖公,善论黄老言。使人厚币请之。既见盖公,盖公为言治道贵清静而民自定,推此类具言之。参于是避正堂舍盖公焉。其治要用黄、老术,故相齐九年,齐国安集,大称贤相。

黄老思想贵清静,诸葛氏家族成员于是就用它来"养性"。诸葛亮在《诫子书》中谈到的"静以修身,俭以养德,非淡泊无以明志,非宁静无以致远",很显然就是从黄老思想中得到了借鉴。但是,诸葛氏家族所说的"养性",和后世道家所讲的"养生",当然不是一个概念。"养生"纯是为了追求长寿和享乐,而且与世隔绝;但是"养性"却是为了"励精"和致用,最终目的仍是"接世"。至于诸葛亮为后主"写《申》《韩》《管子》《六韬》",以及诸葛玄精通《老子》《庄子》,诸葛璩的博学通识并协助臧荣绪著《晋书》,就更能说明诸葛氏家族成员在学术思想上的兼容性了。

诸葛亮的子孙后代,全部遵循诸葛亮《诫子书》的教诲,讲求保持一种空远、宁静的精神境界。如果上溯史籍,这一思想最早源于《淮南子》。《淮南子·主术训》云:"非淡薄无以明德,非宁静无以致远,非宽大无以兼覆,非慈厚无以怀众,非平正无以制断。"在这五句之中,重点自然是前两句,而"淡薄(泊)""宁静"两个词语又是最关键的重心。《淮南子》原本的意思是阐明人主的用人之术,然而诸葛亮却把它加以改造,将其附会于普通人的人生观问题。他以此要求自己,并以此教育子孙后代,而值得注意的是,"淡泊""宁静"之义,经过诸葛亮的改造,以及诸葛氏族人的实践,已被赋予了新的含义。所谓"淡",不仅仅是指道家所说的"恬淡寡欲",也包括不追名逐利,对统治者的不趋炎附势,这是高尚道德的表现。而所谓"静",也不仅仅指"养生之静"和"致学之静",也不是一味求静;而是静中有动,以静求动,以静制动,动静相辅而相承。也就是袁准在《诸葛公论》中所说:"亮之行军,安静而坚重。安静则易动,坚重则可以进退。"即朱熹所说的"静者养动之根,动者所以行其静"。其实,"静"不仅仅是一种精神境界,同时也是智慧和力量的源泉。

就好像"中庸"是孔门的根底一样,"淡泊""宁静"也成为诸葛氏家训的核心和旨归。诸葛氏之子孙们,无论穷达、贫富、从军、从政、业医、务农,也不论是否诸葛亮的直系后裔,都不约而同地保持此种心境。例如浙江兰溪县诸葛村的诸葛后裔们,是最能够体现此种特点的。他们虽重视教育子孙,甚至在其《家规》中规定,"凡子弟资性聪敏者,舞勺时便当择师友,课读书,长辈稍加优礼。其有家计不足而志趣向上者,至亲宜资给以成就之";但他们并不囿于传统的科举制度，而是以读书为乐趣，讲学、陶冶身心，同时积极建设书院及藏书楼。该村在清朝末年所建义塾"笔云轩"甚至规定，攻读前，学子都要从事农业生产，以培养其淡泊、宁静的心境。现在日常生活中，该地也有不少农作物及物品以"诸葛"命名。如"诸葛大青豆""诸葛白""诸葛瓜"及"诸葛行军鞋"（草鞋）、"诸葛行军菜"（咸菜）、"诸葛行军散"（中药）等。这种空远、宁静的生活一旦同"诸葛"相联系，则常不免令人联想到诸葛亮的《诫子书》，从而使自己的精神境界得到升华，并自觉地保持其宁静、高远的精神氛围。

三是谋求从政，传统上积极入世。诸葛氏家族虽重"修身""养性"，然其最终目的还是"兼善天下"，也就是诸葛亮在《诫子书》中所说的"接世"。诚然，"接世"并不等于追求名利，而其途径也各不相同。但是，政治即是"管理众人之事"，其"接世"的功能似乎显得更为明了。这就是诸葛氏家族成员们一有机会便要入仕大展宏图的原因。诸葛氏家族从他们的先祖诸葛丰任司隶校尉开始，经过东汉、三国以迄魏晋、南北朝、隋唐，其从政（或从军）者可谓代不乏人。特别是三国时期，诸葛瑾为吴大将军，诸葛亮为蜀汉丞相，诸葛诞是魏征东大将军又迁司空，一门三方皆为冠盖，其家族从政风尚可谓达于极盛。他们的后代子孙中，从政者也为数不少。如诸葛瑾之子诸葛恪曾官至东吴大将军，在孙权死后，曾一度主持朝政；诸葛亮之子诸葛瞻官至蜀行都护卫将军并平尚书事，曾与董厥、樊建一起主持蜀国后期的军政大计；而诸葛诞之子诸葛靓原本被吴国抓去作为人质，其后却又成为吴国的大司马，并左右着吴国后期的政治生活。至于诸葛亮及其兄弟的第三代，入晋以后，也有不少人参与政治。如诸葛亮之孙诸葛京仕晋为郿县令、江州刺史；诸葛诞之孙诸葛恢仕晋为会稽内史、尚书左仆射；诸葛恢之兄诸葛颐亦仕晋为太常卿。在曾孙一代中，诸葛诞之曾孙诸葛虪及诸葛衡，分别仕至散骑常侍及荥阳太守。其他诸葛氏族人之入仕者，更是不胜枚举。如魏雍州刺史诸葛绪的长子诸葛冲入晋后曾一度为廷尉，次子诸葛玄官至司空主簿；诸葛冲之长子诸葛铨（一作诠）又官至兖州刺史，次子诸葛玫更为御史中丞。综上所举诸例，都可以说明诸葛氏族人在参与国家政权方面所表现出的极大热情。

诸葛家族的这种从政传统，早已被融入了中华文化之中。而诸葛亮作为诸葛家族的代表，不但为诸葛氏族人代代奉祀，更受到中华民族的永远敬仰。其实，诸葛亮俨然是集华夏民族忠臣与谋略于一身了。

诸葛亮确是永垂不朽的，而历史名门世家诸葛氏，也是永远不会被人们所忘却的。